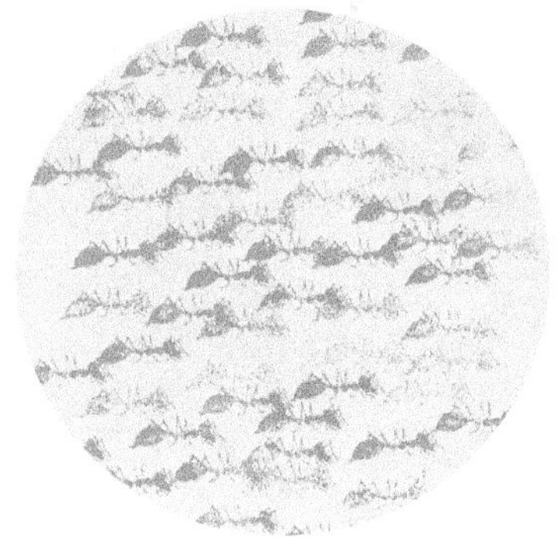

Arte e antropologia in Italia negli anni Settanta
di Sara Fontana

@ 2018 Postmedia Srl, Milano

In copertina: Mario Cresci, *Impronta su creta*, Matera 1977
cm. 38x26 dalla serie *Misurazioni*

www.postmediabooks.it
ISBN 9788874901975

Arte e antropologia

in Italia negli anni Settanta

Sara Fontana

postmedia●books

Il tentativo di definire i rapporti tra arte e antropologia si scontra inevitabilmente con la difficoltà di discernere dei percorsi fondati di fronte al crescente abuso, o all'uso improprio, dell'attributo "antropologico". Inoltre, la ricerca dei nessi fra l'arte e l'antropologia porta inevitabilmente a slittare nei territori, altrettanto indefiniti, della natura, dell'archeologia, della memoria e dell'identità e apre affondi e prospettive verso la storia della cultura materiale, oltre a una vitale dialettica con il contesto sociale. Non c'è dubbio che l'espressione "Arte antropologica" denoti un linguaggio non facilmente incasellabile e in alcuni casi un'unità sintattica funzionale, soprattutto oggi quando tali pratiche sembrano fare tendenza, ma essa connota pure l'ipotetica definizione di un'area di ricerca che a partire dalla fine degli anni Sessanta, e per circa un decennio, ebbe una certa diffusione. Tra le ragioni della sua scarsa fortuna critica ed espositiva, va annoverata una maggior visibilità concessa a ipotesi artistiche diverse: in primo luogo il gruppo dell'Arte Povera, su posizioni in parte tangenti a quelle dell'arte antropologica ma con il vantaggio di un immediato inserimento nel sistema dell'arte, grazie a una forte strategia iniziale; poi altre tendenze più legate all'immaginario, al linguaggio come mediazione, alla riflessione sulla pittura e alla proposizione ideologica; quindi, negli anni Ottanta, la preponderanza di orientamenti diversi, impregnati di un romanticismo eroico e aggressivo e sensibili soprattutto al linguaggio pittorico.

D'altra parte la scarsità di contributi teorici e storiografici in lingua italiana su queste tematiche contrasta vistosamente con la precoce fioritura di studi nel contesto internazionale, dagli Stati Uniti alla Francia alla Germania, paesi dove esiste una tradizione di studi antropologici di lunga data e, soprattutto, una formazione culturale che ha indirizzato la teoria e la critica storico-artistica, favorendo la crescita e la conseguente storicizzazione di autori operanti entro queste coordinate.

L'indagine proposta in questo volume, pur prendendo le mosse dall'esplorazione del tessuto artistico e culturale della Lombardia, da me affrontata per la prima volta a partire dal 2001 nell'ambito della mia tesi di dottorato, si è ampliata innanzitutto all'intero panorama italiano - gli artisti che costituiscono i perni di questa ricerca sono in gran parte di origine meridionale e hanno mantenuto un saldo legame con i riti e le tradizioni del sud Italia - e in secondo luogo al contesto internazionale, in particolare tedesco, dove intorno alla metà degli anni Settanta si delinea una situazione interessante dal punto di vista dell'arte antropologica.

Le ricerche effettuate hanno spinto a individuare, con una certa cautela critica ma con l'appoggio degli studi prodotti ad esempio da Enrico Crispolti e da Vittorio Fagone, un gruppo ristretto di artisti la cui attività viene messa a fuoco in questa sede. In particolare, Claudio Costa e Antonio Paradiso vengono riconosciuti, anche sul piano critico internazionale, come appartenenti a una tendenza configuratasi negli anni Settanta come "Arte Antropologica".

L'attenzione si è quindi inizialmente concentrata sull'attività di Claudio Costa, la cui predisposizione antropologica diviene esplicita fin dal 1971, quando egli pubblica il volume *Evolution-Involution*, prima tappa di un lungo itinerario di indagine antropologica da lui condotta sui libri e sul campo e sfociata in una serie di volumi, oltre che nella realizzazione di opere e installazioni. Inoltre Costa è l'unico artista italiano che espone nelle principali mostre europee che fra il 1974 e il 1977 tentano di delineare una sorta di tendenza definibile "Arte Antropologica", grazie anche all'apporto critico di Günter Metken e alla disponibilità delle istituzioni museali tedesche. Il Kunstverein di Amburgo e poi la Lenbachhaus di Monaco ospitano nel 1974 la mostra *Spurensicherung: Archäelogie und Erinnerung* (*Conservazione delle tracce, archeologia e memoria*), a cura di Metken e di Schneede. Sempre in quell'anno Costa espone *Il Museo dell'uomo* a Colonia in *Projekt 1974* e tiene una personale alla Neue Galerie-Sammlung Ludwig di Aachen, mentre nel 1977 viene invitato da Metken alla *Documenta 6* di Kassel nella sezione *Schöne Wissenschaften oder die Archäologie des Humanen* (*Le Belle Scienze, ovvero l'Archeologia dell'umano*). L'artista vi presenta *Antropologia riseppellita*, un lavoro che in verità segna ormai la fine del suo ciclo propriamente antropologico, annunciando l'avvio della fase alchemica. Costa partecipa anche alle principali tappe italiane, negli anni fra il 1974 e il 1980, di un ideale percorso critico ed espositivo centrato sui rapporti fra arte e antropologia. Un percorso costruito grazie al coinvolgimento di critici come Daniela Palazzoli, Vittorio Fagone, Giorgio Cortenova, Renato Barilli, Filiberto Menna, Achille Bonito Oliva e articolato attraverso alcune mostre in particolare: nel marzo 1974 *Tempo e ricognizione* a La Bertesca di Genova; nel 1976 *La ricerca delle origini* alla Galleria d'Arte Moderna del Teatro di Parma e *Antropologia e omaggio a Lévi Strauss* allo Spazio Chiarini di Sestri Levante; nel 1979 *L'estetico e il selvaggio*.

Associazione, dissociazione, dissezione: l'obliquità dell'arte alla Galleria Civica di Modena, a cura di Giorgio Cortenova. Si è quindi evidenziato come anche Antonio Paradiso - che ai suoi esordi nel 1966 aveva recuperato "oggetti di usura umana" in pietra leccese - abbia un proprio percorso, dalla pubblicazione *Storia naturale del quaternario* (1972), alla personale al Museum am Ostwall di Dortmund nel 1975, intitolata *Arte+Antropologia/ Antropologia+Arte*, fino alla Biennale di Venezia del 1978, che segnò la sua consacrazione definitiva. Nel 1977 la Galleria Apollinaire da alle stampe il volume *Situazione antropologica. Dall'uomo al paesaggio*, con testi di Claudio Costa, Enrico Pedrini e dello stesso Paradiso. La galleria di Guido Le Noci ha un ruolo fondamentale anche per Armando Marrocco: fin dal gennaio 1971 ne accoglie le sperimentazioni d'avanguardia, in una doppia personale con Giovanni Valentini. Marrocco presenta le duemila formiche vive dell'*Habitat per formiche*, Valentini *Cyborg e il mondo vegetale*, due proposte difficilmente assimilabili dal mercato e quindi destinate a non lasciare quasi traccia. Di Marrocco, nel gennaio 1975, Le Noci pubblicherà il volume monografico *Calendario*. Di seguito, ma in realtà parallelamente, si è affrontato un discorso già apertamente sconfinante verso argomenti di sociologia urbana attraverso l'attività iniziale di Ugo La Pietra, che nel 1969 è tra i protagonisti di *Campo urbano* con un intervento spiazzante, al pari di quelli del gruppo Art Terminal - di cui fanno parte, tra l'altro, Armando Marrocco e Livio Marzot - e di altri artisti. Inoltre, a partire da quell'anno, La Pietra conduce una ricognizione sulla periferia milanese (anche con Livio Marzot), portando alla luce molti aspetti della cultura materiale urbana povera. Infine, si sono ulteriormente raggruppati alcuni artisti dediti quasi esclusivamente alla fotografia quali Mario Cresci, Michele Zaza, Aldo Tagliaferro e Franco Vimercati. Presupposto originario di quest'ultima parte, in verità negato dagli autori trattati, era stata la considerazione che la ripresa fotografica o filmica di luoghi antropologicamente significativi fu una pratica diffusa anche in Italia fin dai primi anni Cinquanta nell'ambito della ricerca scientifica etno-antropologica. Parallelamente, si è fatto cenno ad altri artisti (Aurelio Caminati, Giuliano Mauri, Livio Marzot, Gabriella Benedini, Giovanni Valentini, Elio Marchegiani, Ferdinando Greco, Giovanni Rubino), forse meno esplicitamente coinvolti nelle problematiche antropologiche e soltanto interessati a una temporanea riflessione su di esse. Autori comunque tutti estranei a quelle esperienze di citazione o ripetizione da un lato e di smaterializzazione dall'altro che caratterizzano il versante più propriamente concettuale degli anni Settanta.

Sul versante tecnico-formale, si è posto in rilievo il crescente differenziarsi delle tecniche e la presenza simultanea di media diversi (pittura, scultura, fotografia, cinema, teatro, performance, registrazione sonora, happening, scrittura). Si è accennato anche ad alcuni aspetti critico-metodologici e ai principali aspetti filosofici utili a una lettura del rapporto fra arte e antropologia. Tutto ciò a partire dall'analisi dei concetti di cultura materiale, di bene culturale e di territorio, che proprio a partire dagli anni Settanta subiscono sostanziali modificazioni in conseguenza della revisione del concetto di cultura, con la rivalutazione delle tradizioni popolari e delle culture subalterne.

Anche indipendentemente dalla teorizzazione critica, sul piano internazionale, di un filone denominato "Arte antropologica", è impossibile definire questi intrecci un "movimento". Analizzando l'itinerario creativo degli autori in esame, si riscontrano intervalli temporali significativi tra i periodi in cui essi tentano un approccio all'antropologia, anche se appare evidente che un interesse non casuale e un'inclinazione consapevole verso questo tipo di ricerche cominciano a evidenziarsi nel 1970-1972 e si protraggono almeno fino agli anni 1976-1978, in qualche caso oltrepassandoli.

Quelle riunite in questo volume sono personalità in apparenza distanti, e in alcuni casi effettivamente non comunicanti, ma in realtà unite fra loro da rapporti di conoscenza e di stima reciproca e, soprattutto, a conferma di un'affinità comunque circolante, spesso legati agli stessi elementi del sistema dell'arte. Anche gli artisti fotografi sono incamminati lungo un proprio itinerario critico ed espositivo che a tratti si incrocia e si sovrappone a quello dei primi. Pensiamo ai contributi critici di studiosi come i citati Crispolti e Fagone. Inoltre, ad esempio, Tagliaferro partecipa a *Arte e critica* a Modena nel 1970, a *Fotomedia* fin dall'edizione di Dortmund e alla Biennale di Venezia del 1970. Il lavoro di Michele Zaza è seguito da altre gallerie, ma nel 1975 è presente a Rimini alla rassegna *Empirica* accanto a quello di Claudio Costa. Più isolato è forse il percorso di Mario Cresci, avviato con le personali a Matera e Tricarico, ma intersecante gli itinerari dei colleghi attraverso rassegne quali *Fotomedia* o la Biennale di Venezia del 1978.

BREVI CENNI ALL'ECO DELLE TEORIE DI CLAUDE LÉVI-STRAUSS

Nella narrazione si è tenuto conto della diffusione in Italia delle opere dell'antropologo Claude Lévi-Strauss, divulgatore della disciplina, non ponendo tuttavia come discrimine la conoscenza diretta di studi di etnologia e di antropologia culturale da parte degli artisti individuati. L'antropologia indagata da Claudio Costa prende avvio verso il 1970 nel solco della metodologia scientifica della paleontologia e dell'etnografia, per approdare, dopo la metà del decennio, agli studi di antropologia strutturale di Claude Lévi-Strauss. Un approccio in parte seguito, in concomitanza con i suoi primi viaggi nel Sahara, da Antonio Paradiso. Nel caso di Costa i riferimenti teorici sono comunque sempre esplorati di prima mano. L'antropologia nel cui ambito si collocano quasi tutti gli altri artisti (Armando Marrocco, Mario Cresci, Michele Zaza) è invece un'antropologia più propriamente culturale (connaturata nelle loro origini o nei territori in cui hanno operato e spesso non estranea alle tesi di Ernesto De Martino) o, al contrario, sempre concentrata sul problema dell'identità ma con un forte accento sulla dimensione sociale (Ugo La Pietra, Aldo Tagliaferro).

È necessario premettere che l'interesse verso l'opera di Claude Lévi-Strauss, nato nel 1908 a Bruxelles e considerato il padre dell'antropologia contemporanea, si diffuse in Europa, a livello scientifico, già all'indomani della pubblicazione delle sue opere, trovando quindi un'effettiva divulgazione subito dopo l'uscita delle relative traduzioni. I suoi studi più importanti sono stati pubblicati in Italia da Il Saggiatore, quindi da Einaudi e da Feltrinelli.

Ad esempio *Tristes Tropiques*, edito dalla Librairie Plon di Parigi nel 1955, con 62 fotografie eseguite dall'autore in appendice, viene pubblicato a Milano da Il Saggiatore nel 1960 (*Tristi Tropici*), con la traduzione di Bianca Garufi ma privo di foto (ne saranno inserite 30 nella seconda edizione, del 1965). Nel libro Lévi-Strauss racconta, mescolando ricerca sul campo e commozione, aneddoto e interrogazione filosofica, delle sue spedizioni - nella seconda metà degli anni Trenta - presso le popolazioni indigene dell'Amazzonia Meridionale e del Mato Grosso, dove fece le sue prime indagini propriamente etnologiche. Al di là dei rimandi all'illuminismo di

Rousseau, l'autore riflette sull'antropologia come "rimorso dell'Occidente" e sull'attività dell'antropologo come "tentativo di riscatto". Lévi-Strauss ritiene che questi popoli non siano "primitivi", ma siano i superstiti di culture antiche, miracolosamete risparmiate dagli uropei.

In Italia la lezione di Lévi-Strauss viene tempestivamente promossa da Ernesto De Martino, che nell'introduzione a *La terra del rimorso* (1961) è molto critico verso l'etnografia positivista, che a suo parere tende a celare quelle passioni che sono alla radice della professione di ricercatore. A questa concezione sterile e falsa l'etnologo italiano contrappone l'insegnamento di Lévi-Strauss in *Tristi Tropici*, volume che segna un nuovo corso dell'indagine etnografica e dal quale De Martino riporta domande e osservazioni di profonda risonanza: "Che cosa siamo venuti a fare qui? Che cosa è propriamente un'inchiesta etnografica? L'esercizio normale di una professione come le altre, con la sola differenza che l'ufficio o il laboratorio sono separati dal domicilio da qualche migliaio di chilometri? O è la conseguenza di una scelta più radicale, che implica la messa in causa del sistema nel quale si è nati e cresciuti". E altrove: "Se l'Occidente ha prodotto degli etnografi è perché un cocente rimorso doveva tormentarlo, obbligandolo a confrontare la sua immagine a quella di società diverse [...] la condizione di etnografo è simbolo di espiazione". E ancora, citando "il più etnografo dei filosofi", Jean-Jacques Rousseau: "Lo studio di questi selvaggi ci ha dato ben altro che la rivelazione di uno stato di natura utopico o la scoperta di una società perfetta nel cuore delle foreste: essa ci aiuta a costruire un modello teorico della società umana, che non corrisponde a nessuna realtà osservabile, ma con l'aiuto del quale noi riusciremo a distinguere "quello che vi è di originario e di artificiale nella natura attuale dell'uomo e a ben conoscere uno stato che non esiste più, che forse non è mai esistito, e di cui tuttavia è necessario avere nozioni giuste per giudicare la nostra condizione presente"[1].

Una delle analisi di Lévi-Strauss che ebbe maggior eco tra critici e artisti è quella relativa alla "pittura figurativa nell'arte occidentale", che ne *Il pensiero selvaggio* (1964) assume, paradossalmente, due caratteri: da una parte il rigetto di ogni destinazione ("una pittura non destinata a un uso particolare") e dall'altra l'esaltazione dell'esecuzione, come chiave di qualsiasi tipo di pittura in una serie di ripetizioni di modelli "non esistenti". "Una contraddizione che, dall'informale in poi, la ricerca estetica va verificando". Questo osservava Vittorio Fagone alcuni anni dopo, riallacciandosi alla psicoanalisi e all'antropologia per ribadire i motivi profondi del ritorno dell'arte alla primitività intesa come luogo di purezza e di libertà espressiva[2].

Ed è sempre *Il pensiero Selvaggio* ad essere al centro delle riflessioni critiche di Aldo Tagliaferri in un contributo da lui dedicato alle culture dei popoli primitivi valutate dagli artisti occidentali[3].

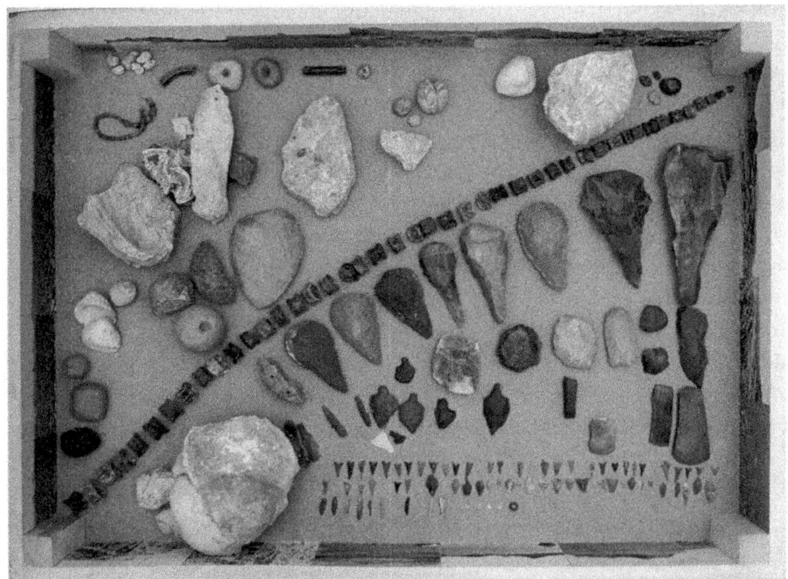

Antonio Paradiso, *Contenitore scientifico*, 1974. Courtesy Archivio Antonio Paradiso

Claudio Costa studiò tutti i testi di Lévi-Strauss, definendolo "il più chiaro, il più semplice, il più accessibile ed anche il più importante o il più conosciuto"[4] - specie in confronto con autori quali Boas, Frazer, Malinowski, Mauss e altri sui quali si era formato - e lo dimostrò nel volume *Due esercizi di antropologia*. *Due esercizi di antropologia*, edito nel 1974 da Nuovi Strumenti. Esso era il frutto degli studi di etnografia e di antropologia compiuti dall'artista negli ultimi due anni, una volta smorzatosi l'interesse per la paleontologia da cui era nato, fra il 1971 e il 1972, il volume *Evoluzione-Involuzione*. Per l'indagine sui Maori, che rappresentò l'inizio del suo lavoro propriamente antropologico e che confluì nel volume sopra citato, Costa si basò sui libri e sulla documentazione inviatagli dal Museo di Wellington, trovando inoltre un prezioso supporto nelle fotografie per la costruzione dei suoi lavori. A questa prima indagine antropologica filtrata per via teorica seguì immediatamente la sua prima indagine condotta sul territorio. Nel 1974 Costa decise di studiare dal vivo un villaggio in Marocco: il tentativo si scontrò con la difficoltà di realizzare fotografie e con altri ostacoli posti dalle tradizioni religiose di quel paese. L'artista decise quindi di spostare la sua indagine sulle capanne stagionali disseminate lungo l'intera costa del Marocco, espressione del perenne stato di nomadismo dei marocchini, anche di quelli ormai integrati nelle grandi città come Fez, Tangeri e Casablanca. Queste capanne, costruite con sterpi, legno, paglia e altro materiale recuperato sul posto, erano vere e proprie "residenze estive", destinate ad essere abbandonate al termine della stagione e quindi distrutte dal vento. Dal confronto iconografico di documenti riguardanti queste due culture - quella Maori e quella del Marocco - nacque appunto *Due esercizi di antropologia*. Non solo. Dall'idea di un confronto fra un villaggio marocchino e un villaggio ligure nacque il lavoro su Monteghirfo e il Museo di Antropologia Attiva.

Non altrettanto diretta, né documentata, è invece la conoscenza di questi testi teorici da parte di altri artisti, che si sono sempre affidati a un approccio intuitivo e spontaneo privo di approfondimenti e di mediazioni culturali. Tuttavia la conoscenza teorica e libresca resta un elemento assolutamente secondario nella valutazione del discorso antropologico effettivamente affrontato dagli artisti qui considerati. Basti pensare ad esempio come invece Gianfranco Pardi, un artista della loro stessa generazione ma da sempre orientato verso una ricerca di tipo astratto geometrico e costruttivista, dunque quanto mai distante dalle ricerche esaminate in questa sede, abbia letto appassionatamente e "con grande piacere" *Il crudo e il cotto*, pubblicato in italiano nel 1966, poco dopo l'edizione francese.

Vale inoltre la pena di ricordare il caso di un artista tedesco non estraneo a queste tematiche e alla cultura italiana di quegli anni, Daniel Spoerri. Il suo interesse per l'etnografia si acuì tra il 1966 e il 1967, quando l'artista andò a vivere, con Kichka Baticheff, sull'isola greca di Symi, nell'Egeo. "Sull'isola di Symi avevo con me dei libri di Lévi-Strauss, che lessi in quei mesi"[5]. Nel corso di quei tredici mesi Spoerri scrisse un libro su un personaggio locale che si credeva Dio e una sorta di diario gastronomico. Ispirandosi alle antiche religioni sincretistiche-animistiche, creò una serie di venticinque *Oggetti di magia balorda*, che saranno esposti nel 1968 a Düsseldorf. Inoltre, in uno scritto del dicembre 1997, lo stesso Spoerri cita Jacques Monod, autore centrale anche nel pensiero di Costa: "Infine ancora la citazione di Jacques Monod (1971) sulla teoria dell'evoluzione: "Il puro caso, nulla se non il caso, l'assoluta cieca libertà a fondamento della meravigliosa struttura dell'evoluzione [...]"[6].

A proposito dei ready-made di Duchamp, che nella lettura dell'opera di Costa vengono spesso chiamati in causa dalla critica (in particolare da Enrico Pedrini e da Sandro Ricaldone), sono interessanti le considerazioni di Claude Lévi-Strauss in un'intervista rilasciata a Georges Charbonier nel 1961, in cui l'antropologo stabilisce una relazione tra il valore semantico dell'*objet trouvée* e l'uso poetico della parola. Definita la pratica dello "straniamento" come "una nuova perequazione fra significante et significato, che era già nell'ambito del possibile, ma che nella situazione primitiva dell'oggetto non era apertamente realizzata [...]", Lévi-Strauss paragona la scoperta delle proprietà latenti nell'oggetto (proprietà che non erano percepibili nel contesto iniziale) all'opera compiuta dal poeta quando utilizza una parola o una costruzione insolita. E più avanti mette in guardia da una pericolosa confusione: "Non è l'oggetto in se stesso, ma certe disposizioni e accostamenti di oggetti, che determinano l'opera d'arte. La stessa cosa avviene per le parole nel linguaggio: le parole in sé hanno un significato molto vago, quasi nullo, e solo in un preciso contesto acquistano significato"[7]. Infine, dopo aver ribadito che nel ready-made sono le frasi costruite con degli oggetti ad avere un senso, e non l'oggetto da solo, qualunque cosa si sia voluto fare o dire, Lévi-Strauss conclude: "Una conchiglia muta significato secondo che si trovi in un museo di storia naturale oppure sul tavolo dell'amatore di curiosità..., così come certe curve sono delle equazioni per il matematico e oggetti meravigliosi per altre persone"[8].

Per Costa, come per Paradiso e Marrocco e anche per La Pietra, l'oggetto comune, d'usura o di recupero, modificati o meno, non funzionano come il *ready-made* classico, cioè avocando a sè un valore estetico in nome della propria oggettualità, ma valgono piuttosto per le loro potenzialità evocative di qualcosa di magico oppure di intimamente legato alla memoria di un individuo o di un luogo.

L'"Arte Antropologica" nella storiografia artistica italiana

Le ricerche orientate a formulare l'ipotesi critica dell'identificazione di un filone antropologico nell'arte italiana degli anni Settanta hanno da subito messo in luce due aspetti fondamentali: da un lato, la difficoltà di fornire definizioni precise del sintagma "Arte Antropologica", che pure affiora saltuariamente nella critica militante di quel decennio ed è presente in recenti studi di carattere generale della nostra storiografia artistica, sempre in riferimento ad autori e contesti qui analizzati; dall'altro lato, le interrogazioni implicite nella congiunzione posta fra le due discipline in questione, appunto arte "e" antropologia, e nell'utilizzo dell'attributo "antropologica" in riferimento all'arte[9]. Altra questione, qui non pertinente, è quella della cosiddetta "antropologia dell'arte".

Si tratta di scienze che nel corso dei decenni hanno notevolmente travalicato i loro confini, con la conseguenza di rendere inadeguate molte delle tradizionali definizioni, anche se parallelamente si sono raggiunti livelli di approfondimento e di specialismo prima impensabili, differenziando i relativi linguaggi e obbligando a un utilizzo di vocabolari specifici.

La definizione "Arte Antropologica" rimanda a un linguaggio artistico difficilmente incasellabile, oggi come negli anni Settanta. Anche per questo motivo, allora come oggi di tale definizione si sono appropriati molti artisti,

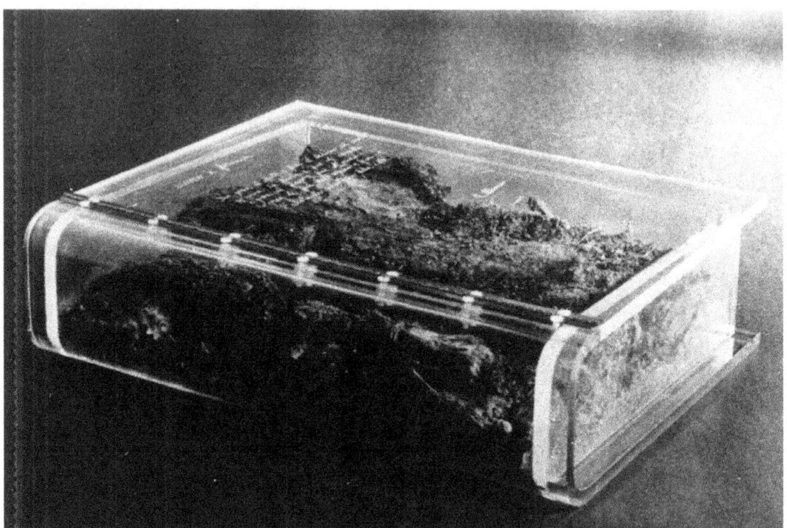

Armando Marrocco, *Uomo e formica*, 1970. Courtesy Archivio Armando Marrocco

talora superficialmente, talatra sulla base di un reale interesse verso le sperimentazioni avviate in quella direzione, anche in campo internazionale[10]. Parlare di "Arte Antropologica" implica il riferimento a un linguaggio artistico fondato, tra l'altro, su quel concetto di "primordiale" che nell'odierna riscoperta delle neoavanguardie degli anni Sessanta va suscitando tante polemiche sulla primogenitura, dimenticandone il massiccio utilizzo fin dalle limpide teorizzazioni, soprattutto italiane, degli anni Venti e Trenta.

Fin dal 1977 Enrico Crispolti, parlando del problema del decentramento culturale nell'area napoletana - un problema a suo dire riproponibile a Milano rispetto all'*interland* milanese - chiama in causa le tecniche povere, le forme culturali in qualche modo autonome e tradizionalmente subalterne. Tuttavia mette in guardia sui rischi di questa operazione: "È chiaro che in questo senso si opera una sorta di riconquista antropologica di presenza di aspetti di creatività altrimenti emarginata, usando però questo termine "antropologico" in senso corretto, cioè rispettando in realtà quelle situazioni e non viceversa imponendo loro in modo colonialistico dei modelli, e parlando distortamente di antropologia a livello puramente astratto, come accade nel linguaggio mistificatorio di certa critica d'arte "d'avanguardia" [...]"[11].

Circa vent'anni dopo lo stesso Crispolti, in un volume dedicato alle ricerche dell'arte italiana dagli anni Settanta in avanti, nel capitolo intitolato *Riflessione antropologica, e "ripetizione differente"* definisce quello dell'"Arte antropologica" un filone forte e diramato di ricerca, un'esperienza che "apre a nuove prospettive di interessi operativi mirando a rompere in modo alternativo il circuito tradizionale del "sistema dell'arte", mentre "operazioni quali "Arte come Storia dell'Arte" tendono a rinchiudervisi"[12]. Il critico sintetizza così la fortuna internazionale dell'"Arte antropologica": "annunciata dalla presenza di Thek, con proposizioni oggettuali-installative di riferimento animale anche paleontologico, in *Documenta 5* a Kassel nel giugno-ottobre 1972, e da quella di Costa, con analisi puntuali sull'evoluzione dell'uomo, fra gli italiani, nella VIII^ Biennale di Parigi nel settembre-ottobre 1973, si registra nell'edizione successiva della grande mostra di Kassel, nel 1977, nella specifica sezione "Archeologia degli umani", a cura di Metken"[13]. Premesso che alla *Documenta 5* Paul Thek, con il mistico environment *Ark, Pyramid,* è fra i 95 artisti (sui 180 presenti) accomunati da Harald Szeemann sotto il denominatore *Individuelle Mythologien* (Mitologie Individuali)[14], includente esponenti dell'arte processuale, concettuale, Happening e Fluxus (da Boltansky e Paolini, da Penck a Filliou), resta indubbio il ruolo di primo piano, in un contesto appunto internazionale, di Claudio Costa.

Crispolti individua come protagonisti, in Italia, di questa azione di rottura Claudio Costa e Antonio Paradiso e li pone in rapporto con le tendenze di "Arte nel sociale". Scrive infatti: "Di notevole consistenza in un panorama internazionale, in Italia, pur essendone condivise le sollecitazioni (benché in prospettive meno originarie e remote), come vedremo, anche dall'operatività artistica territoriale e sociale (interessata tuttavia a uno spessore antropologico più recente), l'"Arte antropologica" si è affermata sostanzialmente appunto nell'opera di Costa e di Paradiso"[15]. In merito ai rapporti con il poverismo e il concettualismo, Crispolti riconosce che l'artista antropologico si indirizza in una rotta ben diversa dalle prospettive di carattere "povero" quanto "concettuale", giacché si contrappone al confezionismo oggettuale delle prime (malgrado vi ricorrano intenzionalità antropologiche, ma più neoromantiche che analitiche), e al rastremato mentalismo spinto, di disancoramento da ogni grado di esperienza sensibile, delle seconde"[16].

È superfluo ricordare che l'Arte Povera, lanciata da Germano Celant nel 1967 proprio in quella Galleria La Bertesca che ospiterà l'opera di molti artisti qui considerati, viene in verità preparata negli anni precedenti. Senza risalire al 1962, come è stato fatto in una rassegna internazionale dedicata all'Arte Povera[17], è innegabile che molti futuri poveristi fossero orientati in quella direzione già intorno al 1965-1966. E in ogni caso l'opzione privilegiata per la semplice presentazione del materiale e per il comportamento o l'attitudine interiore dell'artista, parallelamente al rifiuto della (neo)rappresentazione, avvicinano l'Arte Povera a molte tendenze artistiche allora emergenti sul piano internazionale, quali l'Antiform, l'Arte Concettuale, la Land Art, la Body Art, la Performance Art e la Narrative Art.

Infine Crispolti richiama i nessi dell'"Arte antropologica" con l'"Arte nel sociale": "[...] in certa misura infatti le intenzioni dell'"Arte antropologica" si connettono, né soltanto in Italia, appunto con aspetti almeno di modalità operative e interessi teorici dell'"Arte nel sociale" [...][18]. Il critico fa quindi riferimento a un contenuto di memorie e pratiche antropologiche sociali che emergono dai lavori napoletani dei primi anni Settanta di Riccado Dalisi, a quella sorta di archeologia antropologica attuata nell'area triestina da Enzo Navarra, con l'operazione nella dismessa filanda di Cordenons nel 1978, e al versante comportamentale, visto in una prospettiva di sociologia urbana, nei numerosi rilevamenti analitici operati nell'area milanese da Ugo La Pietra.

Fra il 1977 e il 1978 vedono inoltre la luce i principali contributi teorici esplicitamente dedicati all'arte antropologica in Italia, opera di Giorgio Cortenova e di Enrico Pedrini, senza dubbio i due soli critici italiani che hanno continuato a seguire e a promuovere le ricerche in un ambito di Arte Antropologica anche nei decenni successivi, in particolare l'opera di Claudio Costa e di Antonio Paradiso. Costa e Paradiso sono autori a loro volta, in quegli stessi anni, di testi specifici sull'argomento e protagonisti, nell'aprile 1978, del *Seminario per un'antropologia dell'arte* all'Università di Salerno, con interventi di Apolito, d'Avossa, Cascavilla, Costa, De Rosa, Paradiso, Mele e Trimarco[19]. Testi che tuttavia, come i precedenti, ebbero una circolazione elitaria.

Il segnale più importante, almeno sul piano critico e storiografico italiano, proviene dall'uscita del "breve saggio" di Giorgio Cortenova *La creazione volgeva alla fine. "Antropologia" come Arte delle cose*, pubblicato a Genova dalla Galleria Unimedia di Caterina Gualco. Cortenova vi presenta una serie di artisti europei e statunitensi, nati negli anni Quaranta e comunemente individuati come promotori dell'"Arte Antropologica": Jean-Marie Bertholin, Claudio Costa, Nancy Graves, Nikolaus Lang, Antonio Paradiso, Anne e Patrick Poirier, Charles Simonds, Alan Sonfist e Dorothee von Vindheim. È evidente la discendenza diretta, sul piano delle scelte dell'autore, dalla sezione *Schöne Wissenschaften oder die Archäologie des Humanen* alla Documenta di Kassel dell'anno prima. Rispetto ad essa vengono esclusi i nomi di Ugo Dossi, Jochen Gerz, Paul-Armand Gette, Anna Opperman e vengono aggiunti quelli di Alan Sonfist e di Nancy Graves. Metken è presente nel volume con due testi del 1976 su Nancy Graves e Charles Simonds e, indirettamente, con un testo inviato a lui e ad altri da Nikolaus Lang nello stesso 1976. Gli altri artisti sono presentati da note autografe.

Nella premessa al volume, Cortenova dichiara apertamente i limiti nella definizione di questa corrente dell'arte: "Il titolo di questo breve saggio evita con intenzione qualsiasi riferimento a tendenze precise e catalogate nel panorama delle ricerche attuali". Tuttavia ammette di collocarsi entro l'arco di esperienze denominate "arte antropologica" ossia "col 'nome' più prevedibile ed ormai acquisito". Spiega di essersi voluto interessare al contesto culturale più che alle posizioni individuali, giustificando così l'inclusione di Nancy Graves, il cui lavoro "antropologico" copre in realtà un arco di tempo limitato rispetto alla sua storia artistica.

Vale la pena di riportare le parti salienti del saggio, che solo verso la fine affronta direttamente le problematiche inerenti l'arte antropologica, dopo una lunga e affascinante digressione nutrita di allusioni culturali e di ragioni metaforiche. Scrive Cortenova: "Il segno sorge solo e semplicemente per essere segno: segnale di se stesso e comunicante privo di comunicati che non siano quelli della propria esistenza ed interiorità"[20]. Emergono evidenti sia il disagio che la polemica nei confronti della società contemporanea e del suo preteso dominio sui mezzi e sui significati. L'indipendenza del sistema dei segni dalla realtà sembrerebbe negare la modernità del positivismo logico di Russell e di Wittgenstein, per riaffermare, al contrario, il ruolo sciamanico dell'artista. Nell'elevare il segno a simbolo, Cortenova sottolinea gli aspetti tautologici e metaforici di questa operazione e vede, nello scontro dialettico tra metafora e tautologia, la dimostrazione di una tensione nostalgica dell'uomo verso la natura e verso la ricomposizione dello strappo originario. La ricomposizione dello strappo originario - la perdita dell'Eden - sarebbe il motore sia della ricerca linguistica che della ricerca antropologica. In questo senso il segno e la parola sono in "cattività". L'arte contemporanea è giunta a svolgere un ruolo di interrogazione sui segni, ma è a sua volta in "cattività": interroga ed è segno interrogante. Inoltre l'artista che lavora antropologicamente si fa egli stesso "corpo interrogante"[21]. E Cortenova prosegue: "Il "luogo delle ricerche antropologiche" si forma dove e quando "la creazione volgeva alla fine". Se il suo spazio è nel soggetto in quanto tale, lo è però nel suo essere intenzionalmente attivo; e se appartiene al risultato tangibile di questa ipotizzabile creatività, esso va però fermato un momento prima che l'azione si alieni nel prodotto e nell'oggetto. Ma [...] un simile territorio diventa storicamente praticabile, soltanto se l'oggetto viene citato nell'oscurità del reperto, svuotato della sua funzione strumentale. Nel caso dell'arte, esso va colto una volta che sia definitivamente uscito dal suo statuto, ricaricandosi di quei fluidi, ancestrali, allusivi, metaforici, che appartengono all'interezza psicofisica dell'essere"[22].

Poi il critico precisa affinità e distanze tra l'artista antropologico da un lato e l'artista concettuale o il comportamentista dall'altro: "[...] all'artista concettuale interessa solo che la proposizione funzioni; l'artista antropologico insegue invece quei segni e quelle proposizioni che hanno smesso di funzionare"[23]. E l'artista antropologico non è neppure un bodyartista. "Se per il "bodyartista" si tratta di porre attenzione all'espandersi attivo e fluente, all'articolazione della propria fisicità, per l'antropologico si tratta invece di riportare la propria fisicità alle correnti della creazione: non più fango ma non ancora carne ed ossa; oppure si tratta di riallacciarsi metaforicamente al rito arcaico, al mito ancestrale. In ogni caso il corpo si sprofonda nel buio e viene sostanzialmente praticato come un reperto"[24].

Cortenova riconosce come tipico di un'arte antropologica il disporsi come "interrogazione sull'uomo, sulle sue fonti". Anzi, "l'artista sceglie la pratica interrogante come 'luogo' del proprio lavoro"[25]. E ancora: "Il "luogo" specifico dell'arte antropologica è la consapevolezza della "cattività" doppia dell'arte, della duplice "cattività" del segno". Poi segnala un altro aspetto problematico dell'arte antropologica: "L'aspetto volutamente allegorico, la ricostruzione dell'ambiente, il ritrovamento del reperto e la sua ipotetica ricomposizione; infine il vestire i panni del ricercatore e subito dopo quelli del ricercato". E avverte: "Sono metodologie, queste, volutamente ambigue, giocate sul filo del rasoio di una credibilità necessaria e di un'altrettanta necessaria incredulità. In ciò la chiave allegorica, ritualistica: per porre un'idea più semplice, il vestito di scena. Ma chi è più reale, a questo punto? Il personaggio o l'attore, il reperto trovato o quello ipotizzato e progettato? [...] Forse di "vero", di concreto, non c'è che l'impulso desiderante: e dunque è il grado del desiderio a stabilire la realtà del fantasma che ne scaturisce. [...]"[26].

Il libro di Cortenova viene presentato alla Galleria Unimedia, dove tra maggio e giugno viene pure allestita una collettiva degli autori in esso analizzati. Esso è inoltre occasione di un dibattito sul tema *Antropologia, storia dell'arte, storia delle cose* all'Istituto di Storia dell'Arte di Genova. Moderato da Corrado Maltese, l'incontro è arricchito dagli interventi di Cortenova, Antonio d'Avossa, Angelo Trimarco e Joachim Burmeister.

Sarà di nuovo Cortenova, l'anno seguente, a riportare l'attenzione sull'Arte Antropologica di Costa, dei Poirier, di Simonds e della Von Windheim, cui accosta anche Hidetoshi Nagasawa, nell'ambito di una rassegna panoramica ampia ed eterogenea, che in nome de "l'obliquità dell'arte" include pure Paolini, Calzolari, Parmiggiani, Boezem, Tonello, Gastini, Benati, Maraniello, Chia, Cucchi, Della Volpe, Trotta e Ongaro[27].

È chiaro che Caterina Gualco ebbe un ruolo fondamentale nella promozione dell'Arte Antropologica in Italia, sia per il rapporto privilegiato che la legò a Claudio Costa sia per l'attività svolta attraverso la Galleria Unimedia, inaugurata nel 1970, trasformata nel 1995 in Archivio Caterina Gualco e nel 2995 in UnimediaModern. L'attenzione fu rivolta da subito, oltre che all'Arte Antropologica, alle esperienze di Poesia Visiva e Concreta (o Scrittura Visuale), alla Body Art e alla performance, all'Arte Concettuale e a Fluxus[28]. Anni fa, nel corso di una conversazione, rispetto al tema dell'arte antropologica in Italia Caterina Gualco ha insistito sui nomi di Costa e di Paradiso, ribadendo che in Italia, al contrario che in Germania, la tendenza fu debole e poco diffusa. Ha precisato che parlare di Arte Antropologica implica quasi necessariamente parlare di Land Art, o comunque di interventi sul territorio, e che a volte le due tendenze rischiano di confondersi. Ha inoltre notato che in Italia quel fenomeno è riemerso a partire dagli anni Novanta, nel lavoro di artisti delle ultime generazioni, ad esempio il gruppo di Pontassieve[29].

A distanza di oltre vent'anni dal volume citato, nel testo per l'antologica di Costa a Villa Croce, Giorgio Cortenova inviterà a rileggere la vicenda umana e artistica di Costa "al di fuori di quegli eccessi interpretativi "concettuali" che hanno caratterizzato gli anni Settanta, decennio in cui Costa si è di fatto affermato nel panorama europeo". Tuttavia - ricorda il critico - al successo europeo non fece riscontro il conforto della serenità tra le mura di casa. E Cortenova conclude perentoriamente: "Costa [...] non era assolutamente omologabile con il sistema delle tendenze. Ciò vale perfino nel caso di un'arte cosiddetta "antropologica", cui io stesso diedi allora un forte contributo di definizione e di promozione. Dell'"arte antropologica" Costa fu senza dubbio l'iniziatore. Ma anche in questo caso lo spazio gli andava stretto"[30].

Sempre in ambito genovese, andrebbe poi ricordata la personalità di Enrico Pedrini, che diviene amico intimo di Claudio Costa ed è insieme a lui durante il viaggio in Marocco del 1974. Enrico Pedrini evidenzia l'importanza dell'aspetto "religioso" per l'artista genovese e sottolinea il ruolo critico fondamentale svolto negli anni Settanta da Günter Metken nella teorizzazione dell'Arte Antropologica e nel suo consolidamento[31]. A suo parere Costa è inseribile, sin dalle sue mostre del 1969-1970, all'interno della problematica delle "Mitologie Individuali". Di questo fortunato termine, coniato da Szeemann nel 1963, Pedrini fa ampio e frequente uso per indicare quel movimento artistico che ha meglio caratterizzato, a suo dire, il mutamento globale della fine degli anni Sessanta, anticipando alcune tematiche post-moderne della fine del decennio successivo. All'interno delle "Mitologie Individuali", ossia di un'arte "che ha bisogno di ricostruire i ricordi per costruire una storia, una possibilità di evasione", Pedrini colloca i nomi di Christian Boltansky, Anne e Patrick Poirier, Jean-Marie Bertholin, Dorothee von Vindheim, Charles Simonds, Nikolaus Lang, Nancy Graves, Claudio Costa e Antonio Paradiso. L'opera dell'artista genovese - secondo Pedrini - "più ha mostrato un'incessante esigenza alla ricostruzione dell'identità umana nella sua totalità"[32].

Nel testo pubblicato nel volume *Situazione antropologica dall'uomo al paesaggio*, edito nel 1977 dalla Galleria Apollinaire, Pedrini individua nella volontà di denuncia nei confronti della società le ragioni per cui negli ultimi anni alcuni artisti hanno spinto le loro ricerche nel campo dell'antropologia (pensando in particolare a Costa e a Paradiso): "Il loro lavoro punta su un recupero di società secondarie a struttura linearmente stratificata, rivisitando i rapporti, le connessioni e gli interscambi con la natura, l'ambiente e gli oggetti. La loro ricerca non si riferisce alla catalogazione, esposizione, raffronto di reperti del passato [...] ma diventa denuncia violenta dello stato attuale di totale mitizzazione del reale astratto. [...] Gli oggetti, i riti, i miti, i costumi della cultura contadina e le sculture atemporali di una natura che non cambia, assumono un tono di denuncia vibrata contro la presente società che tutto ha coperto, snaturato, disgregato"[33].

All'interno della ricerca artistica di carattere antropologico, Enrico Pedrini propone una divisione fra tre aree di azione, con un'articolazione sommaria ma in realtà funzionale a un rapido inquadramento del fenomeno. Innanzitutto un'area di cultura mediterranea, che comprende a suo parere lavori come quelli di Christian Boltansky del 1968 o come *Ostia Antica* di Anne e Patrick Poirier, *Evoluzione e Involuzione* di Claudio Costa, il *Teatro Antropologico* di Antonio Paradiso e i *Dolmen* di Jean-Marie Bertholin. Quindi un'area di cultura celtica, che include ad esempio i graffiti arcaici di Penck, i lavori antropologici di Nikolaus Lang o gli affreschi staccati dai muri di Dorothee von Vindheim. Infine un'area americana, con i cammelli costruiti da Nancy Graves, i lavori di Alan Sonfist, le dimore di Charles Simonds. Tale tripartizione indurrebbe appunto a comprendere gli autori italiani nella prima sezione, tenendo conto però - sottolinea Pedrini - della profonda differenza tra la concezione del tempo degli artisti francesi, più legata alla memoria, e quella degli artisti italiani (Costa e Paradiso), più legata invece all'antropologia.

Anche Vittorio Fagone, tra i primi ad occuparsi, come vedremo, degli studi sulla cultura del mondo popolare, nel 1979 stende l'introduzione al quaderno realizzato in occasione della mostra *Fuori dalle città: le altre culture*, il primo numero di una serie dedicata al tema "arti visive-ambiente". La rassegna, organizzata presso il Centro Internazionale di Brera nel maggio-giugno di quell'anno, raccoglie le esplorazioni "periferiche" di Claudio Costa, Ugo La Pietra, Riccardo Dalisi, Gruppo Superstudio e Gruppo A3. Una mostra che potrebbe funzionare, a posteriori, per dimostrare la sensatezza, se non la veridicità, delle tesi perseguite in questo lavoro di ricerca. Fagone dichiara la propria estraneità verso "l'opposizione retorica Arte e non arte" di lontana matrice crociana e, al contrario, ribadisce il proprio interesse verso gli "atti tradizionali efficaci" delle tecniche, verso gli utensili e la cultura che questi producono, e scrive: "*Fuori dalle città* segna non la riflessione speculare sui processi del "fare arte": il compasso che usano questi operatori [...] con i quali sono lieto di accomunare anni di fitte ricerche considerate *eccentriche*, non ritorna automaticamente al centro, a chiudere e confermare l'esattezza circolare di una pratica e di una teorizzazione, ma scopre creative diseguaglianze, percorsi obliqui [...]"[34]. Di seguito il critico ripropone parte

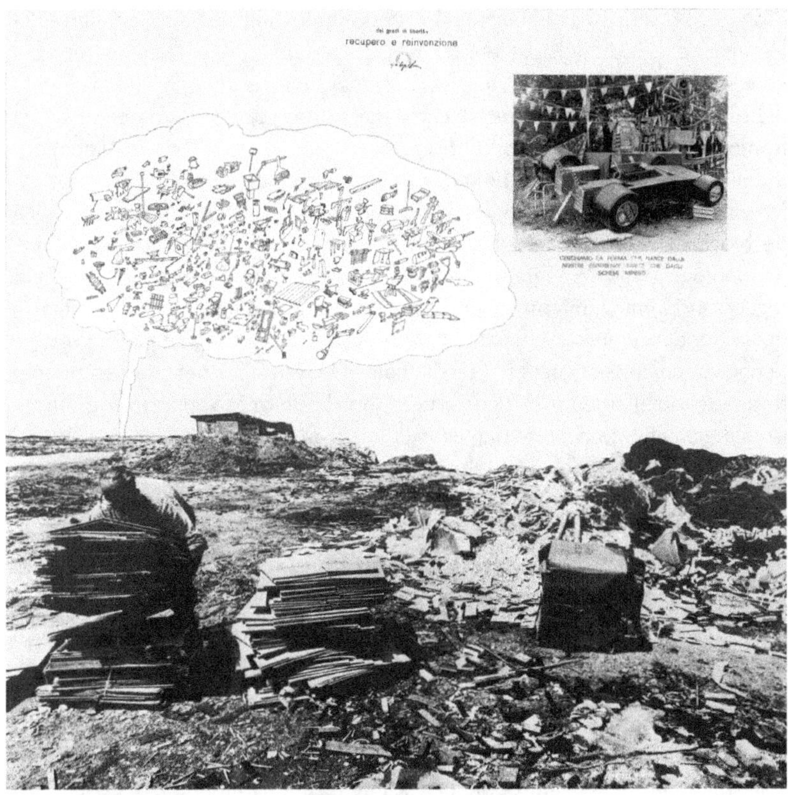

Ugo La Pietra, *Recupero e reinvenzione*, 1969. Courtesy Archivio Ugo La Pietra

di un suo saggio di alcuni anni prima sul mondo degli utensili, che è pure una serrata ricognizione attraverso le dotte analisi di carattere filosofico, antropologico e psicologico di studiosi come Bachelard, Washburn, Bergson, Viaud, Leroi-Gourhan, Mumford, Semper e Rapaport.

Inoltre nel 1980 Fagone scriverà l'introduzione al volume *Teatro antropologico. La vita, l'usura, la morte*, prodotto e pubblicato in fotocopie da Antonio Paradiso, sostenendo che lo scultore pugliese media i termini di natura e cultura "in una inedita e favolosa posizione antropologica", cercando di "mettere a nudo i segni profondi e essenziali" della cultura contadina meridionale, dunque una cultura non scolastica né accademica[35].

Anche in seguito, pur non avendo forse mai affrontato direttamente e organicamente la questione, Fagone ha prodotto contributi sciolti su singoli artisti e tematiche. Inoltre lo studioso ha inserito artisti come Claudio Costa, Antonio Paradiso, Ugo La Pietra, Aldo Tagliaferro, Franco Vimercati, Michele

Zaza e molti altri chiamati in causa in questo studio nell'ambito di una rassegna allestita nel 2002 al Padiglione d'Arte Contemporanea di Milano. In quel contesto Fagone, intitolando *Arte e antropologia, oltre le antinomie* un paragrafo del suo testo in catalogo, precisa che l'arte antropologica è ben documentata in mostra dalle opere di Costa, di Paradiso e del tedesco Rainer Wittenborn (Berlino, 1941) - ai quali potremmo aggiungere gli italiani sopra citati e, forse, Michael Badura -, e procede con alcune avvertenze: "Non didascalica né bloccata nei formulari di una prevedibile retorica figurale, questa linea antropologica, lucidamente sincretica, dell'arte contemporanea si è sviluppata recuperando immagini, materiali e comportamenti subito significativi, fuori da ogni ridondanza nella dichiarata ricerca di una evidenza ragionata, singolare e riconoscibilmente efficace. [...] Le difficoltà e le resistenze nell'apprezzamento di questo orientamento di ricerca derivano da una contrapposizione, ormai storica, nell'ambito degli studi e della critica d'arte"[36].

Un breve paragrafo dal titolo *Arte e antropologia* è incluso nell'ampia ricognizione storica compiuta da Lara-Vinca Masini sul finire degli anni Ottanta. Introdotto da alcune citazioni dai testi di Costa, Pedrini e Cortenova, esso è costruito sulla presentazione monografica di Claudio Costa, Antonio Paradiso, Charles Simonds, Anne e Patrick Poirier, Nancy Graves, Jean-Marie Bertholin, Dorothee von Vindheim e Alan Sonfist, in pratica tutti gli artisti presenti nel citato testo di Cortenova, con l'inspiegabile esclusione di Nikolaus Lang[37].

Anche il saggio di Sandro Ricaldone e Franco Sborgi nell'ambito del ricco *excursus* sull'arte e la cultura degli anni Sessanta e Settanta a Genova si sofferma sulla "ricerca antropologica", sintetizzando l'itinerario di Costa negli anni Settanta, accennando a quello di Aurelio Caminati e quindi ricordando la presenza in città, nelle gallerie private, di altri artisti appartenenti all'area dell'Arte Antropologica. Si citano in particolare la mostra di Charles Simonds da Samangallery nel 1975 e quella dei coniugi Poirier, l'anno prima, alla Galleriaforma, sede che nel 1976 ospiterà le "sculture antropologiche filmate" di Antonio Paradiso. Inevitabile la menzione della mostra *La creazione volgeva alla fine* alla galleria Unimedia, con il catalogo a cura di Giorgio Cortenova e con il dibattito all'università. Tutto ciò in quello stesso 1978 che vede Palazzo Ducale ospitare l'esposizione *Tracce in Italia*, dedicata all'attività svolta in Italia da Joseph Beuys[38].

Negli ultimi dieci anni si è registrata una crescente attenzione, anche nella letteratura italiana, alle tematiche inerenti la contaminazione delle pratiche artistiche con studi e teorie legate all'antropologia. Una panoramica sintetica delle problematiche critiche e storiografiche e delle poetiche artistiche qui affrontate è apparsa, a cura di chi scrive, in un volume dedicato all'arte dell'impegno negli anni Settanta[39].

Al fine di approfondire alcuni aspetti critico-metodologici e le principali prospettive filosofiche utili a una lettura del rapporto fra arte e antropologia tra anni Sessanta e Settanta, si è voluto dedicare un'attenzione non superficiale agli studi sulla "cultura materiale", che rappresentano una componente importante del clima culturale dell'epoca. Infatti, a cominciare da quegli anni, i concetti di "cultura materiale", di "territorio" e di "bene culturale" subirono modifiche sostanziali, anche in conseguenza della revisione del concetto di cultura, con la rivalutazione delle tradizioni popolari e delle culture subalterne.

Fra i critici che hanno mostrato un interesse non occasionale ai rapporti fra arte e antropologia va ricordata, di nuovo, la centralità di Vittorio Fagone. Sul finire del 1980 Antonio Paradiso riuscì a strappargli l'introduzione al volume *Teatro antropologico. La vita, l'usura, la morte*[40]. Del resto pochi mesi prima l'artista era stato invitato alla bella mostra *Camere incantate, espansione dell'immagine*, curata dal critico a Palazzo Reale di Milano, proprio con il film in 16 mm *Teatro antropologico*. Tra l'altro alla rassegna esponevano pure De Filippi, La Pietra, Tagliaferro, Zaza e, come Gruppo Videoarte Ferrara, presente al Video Forum, Marrocco e Marchegiani[41]. Ma il nome del critico ricorre spesso nelle bibliografie degli autori qui considerati, e non solo fra coloro che hanno privilegiato la fotografia o il film[42]. Quello che va sottolineato è come fin dal 1970 Fagone abbia orientato i suoi interessi verso il campo vastissimo dell'artigianato e delle arti popolari, in particolare in Lombardia, e come non sia difficile cogliere il nesso tra quelle tematiche e la poetica di molti artisti qui considerati.

Ripercorrendo in sintesi gli studi di Fagone, si risale al 1970 con un volume che documenta gli sviluppi e i caratteri delle lavorazioni artigiane tipiche della Lombardia e che fornisce un panorama illustrato delle attività allora correnti[43]. Sotto il titolo *Artigianato, arti minori e mondo popolare in Lombardia* Fagone illustra la storia e le forme di diverse "voci": oreficeria, argento e peltro, rame, utensili, campane, ferro battuto, armi, ceramica, pietra ollare, vetri, mosaici e vetrate, legni scolpiti e torniti, cesti e vimini, barche, strumenti musicali, pezzotti, merletti e ricami, costumi, stampe e carte, marionette e burattini, zufoli e zufoli da richiamo. Segue un *Repertorio delle produzioni correnti*, a cura di Umberto Zimelli. Il materiale raccolto nel volume era stato rilevato in un'inchiesta condotta negli anni 1966 e 1967 e ciò conferma la precocità di questo lavoro rispetto alla diffusione dell'interesse verso tali argomenti che avrebbe caratterizzato gli anni Settanta[44].

Sugli oggetti dell'artigianato, all'epoca al centro di un nuovo interesse storiografico e riscoperti dai designers industriali, resta ancora illuminante l'introduzione di Umberto Eco a un suo volume dedicato all'artigianato dato alle stampe nel 1976 e che ebbe notevole diffusione in Italia[45]. Eco vi afferma che il linguaggio degli oggetti di cui oggi si serve l'antropologia culturale appartiene a una sapienza antica, essendo già noto all'archeologia. Le scienze umane contemporanee hanno scoperto soltanto che "gli oggetti parlano perché, come i suoni e le parole della lingua [...] si costituiscono in *sistema*". Ed Eco cita in proposito il padre dell'antropologia strutturale europea, sottolineando il processo metodologico da lui sostenuto: "Nel suo discorso inaugurale al Collège de France del 1960 Claude Lévi-Strauss, per definire cosa fosse l'antropologia culturale, diceva tra l'altro: *Delle tecniche prese isolatamente possono apparire come un dato bruto (...) Ma quando le si situa entro l'inventario generale della società che l'antropologia si sforza di costituire, esse appaiono sotto nuova luce* [...] Forse non occorrerebbe altro per introdurre questo libro. [...]"[46].

Nello stesso volume, Fagone spiega invece che gli oggetti della vita quotidiana pubblicati nel libro possono fornire "un'immagine riconoscibile e significativa della cultura materiale in Italia, della sua arte popolare e del suo artigianato, se si preferisce isolare ciascuno di questi tre termini [...]" e accenna al dibattito in corso sulla definizione di "cultura materiale": "Ma la contrapposizione è oggi ancora viva, anche se spesso non esplicita, tra lo storico che tende a correlare cultura materiale e sviluppo economico come due termini di uno stesso processo evolutivo - e perciò parla di civiltà materiale - e l'etnologo che può rubricare la cultura materiale insieme all'organizzazione sociale , al religioso e al magico, all'arte e al gioco, tra i parametri della differenziazione culturale [...]". Da qui, le sue conclusioni: "Non è forse possibile una lettura della civiltà italiana contemporanea, e probabilmente di nessuna civiltà, che non passi da una riflessione sul momento artigiano [...]"[47]. Non è un caso se tra i riferimenti bibliografici Fagone citi le opere di Alfred Louis Kroeber (1876-1960), una delle figure principali dell'antropologia americana, al quale si deve la formulazione della teoria del "determinismo culturale"[48]. Va ricordato che alle opere di Kroeber deve il proprio iniziale interessamento alla cosiddetta "storia delle cose" anche il noto studioso di arte e architettura centroamericana George Kubler, che già a ventisei anni è in contatto epistolare con l'antropologo statunitense. Nel 1961 Kubler pubblica un saggio di metodologia che sposta radicalmente prospettive e problematiche della storia dell'arte, un volumetto che avrà grande fortuna e diffusione negli Stati Uniti lungo tutti gli anni Sessanta e che verrà edito da Einaudi nel 1976[49].

Sempre nel 1976 è di nuovo Fagone, in una conversazione a più voci con Roberto Leydi, ad affrontare la questione della cultura del mondo popolare in Lombardia[50]. Quest'ultima, a torto, è giudicata inesistente, anche a causa di atteggiamenti pregiudiziali, ossia l'idea che la "conservazione" di modi di comunicazione o di comportamento tradizionali sia necessariamente legata a condizioni economiche arretrate e a condizioni di vita isolate oppure il fatto che la Lombardia per tutto il XIX secolo abbia partecipato in misura modesta al lavoro di ricerca e di edizione della demologia italiana. Grazie alla documentazione presentata in questo lunario, la realtà del mondo popolare acquisisce finalmente un'immagine dinamica[51]. Scrive Fagone: "Se del mondo popolare si possono estrarre con uno schematismo di comodo due poli, uno quello della cultura materiale degli antropologi (come complesso di tecniche, strumentazioni, utensili, manufatti orientati verso una destinazione utilitaria), e l'altro, quello dell'espressività, della "festa" o, se vogliamo azzardare una definizione oggi guardata con sospetto, dell'"arte popolare", è soprattutto il primo a essere registrato minuziosamente (anche se, va detto, con una intenzionalità indiretta: il capitalismo preindustriale ha sperimentato sulle campagne). La dimostrazione invece che in Lombardia si canta e si è cantato [...] è piuttosto recente. Mi pare che a questa "nuova" convinzione abbiano contribuito i tuoi vent'anni di ricerca". E a questa ipotesi di Fagone Leydi risponde che ormai insorgono nuove necessità, ad esempio quella di usare l'eredità della tradizione come strumento di protesta o, almeno, di affermazione di alterità o di identità. Ciò spiega - prosegue Leydi - il ritorno sempre più forte al rito, il ripristino di carnevali e feste popolari, la ripresa dell'uso del dialetto. D'altra parte Leydi si dichiara scettico sulla possibilità di collegare le nuove forme di cultura popolare (mass-media) con quelle tradizionali, fatta eccezione per i casi in cui un prodotto viene assunto a livello popolare e rifunzionalizzato: "ad esempio un corteo operaio della OM a Milano era il riemergere, non consapevole, di modalità contadine, popolari, "altre" (il rito contadino appena visto in Polonia) [...] in un momento di tensione emotiva collettiva come quello dello sciopero". E qui entra in scena, con prepotenza, la "rappresentazione". Fagone conclude la conversazione ammettendo che "uno degli errori compiuti da noi che ci siamo occupati del mondo popolare è stato quello di guardare sempre fuori delle città: oggi il confine che divide il mondo popolare e il mondo delle classi agiate, e i due tipi di cultura corrispondenti, non corre più al di fuori della città".

Una valutazione, quest'ultima, che sembra incontrarsi con quella, più volte citata, indirettamente fornita da Crispolti, pur partendo da premesse diverse e in un ambito di studio espressamente dedicato a problematiche storico-artistiche, e che porta quindi a considerare con una certa legittimità sia l'esperienza rurale di Costa nel Museo di Monteghirfo sia la riappropriazione della città messa in atto in vari modi da La Pietra (ad esempio con la riconversione di "paletti e catene" in oggetti di arredo domestico).

Paradossalmente, la nuova cultura più aperta al sociale che è emersa sul finire degli anni Sessanta alimenta l'interesse e il recupero della tradizione nelle sue varie sfaccettature, si tratti di un episodio storico memorabile oppure di una ritualità di matrice religiosa. Anche limitandoci ai pochi autori qui considerati, si potrebbero citare, a titolo di esempio, la trascrizione della peste del 1630, che Aurelio Caminati mette in scena a Milano, sul Naviglio Grande e alla Darsena, la sera del 30 ottobre 1976, o l'azione *Mortedison*, che ha luogo a Marghera durante lo sciopero del 27 febbraio 1973, sotto la regia di Giovanni Rubino (un fantoccio legato alla croce, nudo, e con una maschera antigas sul volto, viene issato davanti ai cancelli del Petrolchimico).

È chiaro che ogni discorso sulla cultura materiale e sulla riappropriazione della cultura popolare non può prescindere da effettive considerazioni sul *genius loci* e sulle radici di un prodotto, valutando le reali risorse di un territorio e valorizzandone le diversità. Quindi molti altri elementi emersi da quanto detto sopra sono facilmente collegabili all'attività degli artisti qui trattati: ad esempio il recupero dei dialetti, di proverbi e canti popolari, di forme musicali dimenticate; la riscoperta di particolari tecniche del lavoro artigianale o industriale in rapporto con l'identità storico-culturale del territorio; la rimessa in circolo dell'aspetto estetico e formale di molti oggetti nati con precise destinazioni e quindi prima considerati solo per una pura funzione d'uso; infine il ripristino di forme rituali e di feste popolari, con la conseguente espressione di una cultura della rappresentazione.

Che quest'ultima sia connaturata al mondo popolare, è un fatto evidente in molte opere di Paradiso, a cominciare dai filmati dei primi anni Settanta, in cui il concetto di rappresentazione è centrale. Peraltro anche i suoi "oggetti d'usura" appartengono a un patrimonio contadino e naturale. Scelti forse non tanto in deliberata polemica con la cultura industriale e consumistica, ma per un desiderio, di lontana matrice romantica, di riappropriarsi, almeno in parte, delle proprie radici, materiali e culturali. Senza dubbio in quest'ultimo senso va interpretata anche la poetica di Marrocco, con la presenza di oggetti artigianali da lui rifatti (le trottole e gli elmi dei cavalieri) o con il ricorso al dialetto leccese nelle opere ascrivibili all'ambito della "poesia visiva". Recupero, quest'ultimo, che insieme all'atto del masticare la carta con la bocca piena di inchiostro si colloca a priori nella prospettiva di una cultura "del fare", alquanto distante dall'attitudine descrittiva e mentale che è alla base, soprattutto in Italia, della maggior parte delle esperienze di "nuova scrittura".

La riabilitazione dell'oggetto e della cultura materiale contadina che passa attraverso i feticci di Marrocco o le pietre pugliesi di Paradiso coinvolge organicamente un intero ambiente nel Museo di Monteghirfo di Claudio Costa, dove gli oggetti, ricontestualizzati nel loro naturale ambiente d'uso, recuperano il loro "statuto antropologico", oppure si colloca nella prospettiva di un dialogo tra artigianato e design con gli oggetti fotografati da Mario Cresci nella serie delle *Misurazioni*. Immagini, queste ultime, dotate di una chiarezza

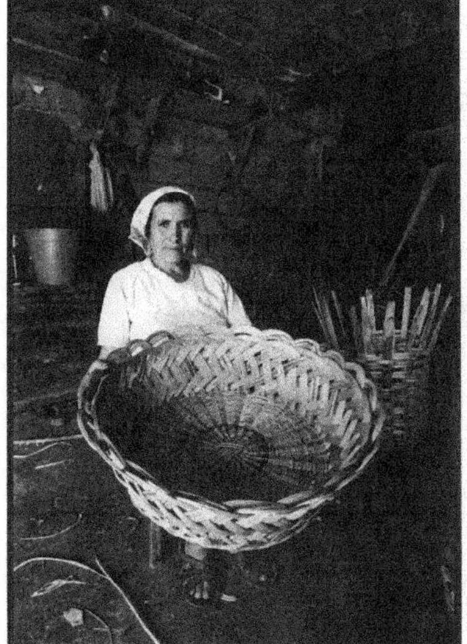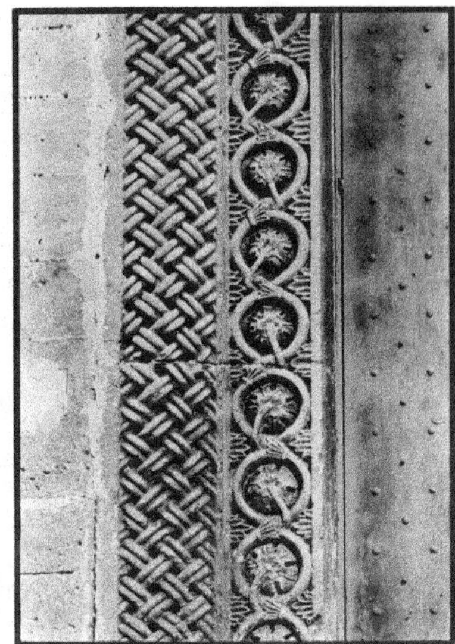

Mario Cresci, dalla serie *Misurazioni*, 1977. Courtesy Archivio Mario Cresci

didascalica degna dell'*Encyclopedie* e accostate sulla base di analogie a livello visivo: ad esempio l'intreccio del vimini ostentato da un'anziana cestaia di Viggianello (località quasi al confine con la Calabria) e un dettaglio della decorazione d'ingresso della cattedrale di Matera. Per Marrocco, Paradiso, Costa e La Pietra si potrebbe addirittura parlare, in generale, di una riappropriazione di funzioni, di un processo di "paesamento" dell'oggetto, processo più o meno deliberatamente opposto a quello di "straniamento" impugnato dalle avanguardie.

Si è già accennato all'interesse di La Pietra per le culture subalterne e per il recupero di tecniche e materie povere e naturali, interessi da lui condivisi per alcuni anni con il gruppo di "Global Tools" e poi perseguiti, pressoché continuativamente, lungo l'intero arco della sua attività[52]. Fra il 1985 e il 2000 sarà sempre il richiamo del *genius loci* a spingere La Pietra a riscoprire l'artigianato artistico coinvolgendo diverse aree territoriali (alabastro di Volterra, marmo di Carrara, vetro di Murano, ceramica di Faenza, mosaico di Monreale, pietra leccese, pietra lavica, pietra lavagna, mobile di Cantù ecc.). Al contrario, Aldo Tagliaferro si rivela assolutamente disinteressato, lungo tutto il suo itinerario artistico, all'oggetto in sé. Per lui l'oggetto non può essere avulso da un rapporto diretto e palese (ossia visualizzato) con l'uomo, con la sua identità e con il contesto politico, sociale e culturale che lo avvolge. In questo senso egli è invece attratto da quelle che Leydi definisce le "nuove forme di cultura popolare", ossia i mass-media: infatti dal 1965 utilizza immagini fotografiche recuperate dalla cronaca, elaborandole in funzione di un'analisi critica del contesto socio-politico e del comportamento dell'uomo. Scarso interesse al ruolo dell'oggetto rivela inizialmente anche Franco Vimercati, che ancora nel 1973, nel tentativo di cogliere le professioni degli individui di un territorio ben connotato (le Langhe), resta comunque concentrato sull'espressione dell'identità. Ma fin dal 1975 subentra in lui una vera e propria ossessione su oggetti quotidiani impersonali (la bottiglia di Levissima o il cartone del latte) e, in seguito, strettamente "personali" (una zuppiera sbeccata, un bicchiere a calice, una moka per il caffé), tuttavia al fine di superarne la rappresentazione, segnando quindi la sua maturazione in direzione analitica e concettuale. Gli umili oggetti quotidiani (il tavolo, la sedia, il piatto da cucina, l'interruttore elettrico) presenti all'interno della sua abitazione di Molfetta sono presenze costanti nelle prime fotografie di Zaza. Oggetti che andranno poi gradualmente scomparendo, per lasciare spazio ai volti dei suoi familiari, rafforzando in tal modo il discorso sull'identità.

Al tema "Arte Popolare Moderna" era stato tra l'altro dedicato, secondo le direttive di Giulio Carlo Argan, il XV Convegno di Verucchio del 1966, con il relativo dibattito sui concetti di "arte popolare" e "arte di massa". Del relativo volume, edito da Cappelli nel 1968, interessano qui le relazioni iniziali di Alberto Maria Cirese e dello stesso Argan, oltre al contributo di Eugenio Battisti, che volutamente sorvola sulle interpretazioni equivoche del "problema del popolare", soffermandosi invece sui differenti livelli del fenomeno[53].

1. De Martino Ernesto, *La terra del rimorso. Contributo a una storia religiosa del Sud*, (1961), Net, Milano 2002, pp. 20-21. Su questi argomenti Vedi pure Merico Maurizio, *Ernesto de Martino, la Puglia, il Salento. Temi d'analisi, testimonianze, documenti*, Edizioni Scientifiche Italiane, Napoli 2000, collana "Pubblicazioni dell'Università degli Studi di Salerno. Sezione di Studi Psicologici, Pedagogici e Sociologici", p. 37.

2. Fagone Vittorio, "Verso una nuova riflessione critica sull'arte", in "L'uomo e l'arte", 1, aprile 1971, p. 14.

3. Tagliaferri Aldo, "Per una critica del puro feticcio", in "L'uomo e l'arte", 3/4, giugno- luglio 1971, pp. 1-8.

4. *Seminario per un'antropologia dell'arte*, Università di Salerno. Istituto di storia dell'arte e di sociologia, 20 aprile 1978: interventi di

Apolito, d'Avossa, Cascavilla, Costa, De Rosa, Paradiso, Mele, Trimarco. Riportato in Paradiso Antonio, *Teatro antropologico. La vita, l'usura, la morte*, in proprio, Milano 1980, p. 26.

5. Vedi Parmiggiani Sandro, *La messa in scena degli oggetti. Una conversazione con Daniel Spoerri*, in Parmiggiani Sandro (a cura di), *Daniel Spoerri. La messa in scena degli oggetti*, catalogo della mostra (Reggio Emilia e Trieste, febbraio - giugno 2004), Skira, Milano 2004, p. 30.

6. Spoerri Daniel, *Il carnevale degli animali*, in Ivi, pp. 72-73.

7. Lévi-Strauss Claude, *Primitivi e civilizzati. Conversazioni con Georges Charbonnier*, prefazione di Ugo Fabietti, Rusconi, Milano 1977, pp. 80, 82. Tali considerazioni sono riportate anche, nella versione originale in francese, da Arturo Schwarz in: Schwarz Arturo, in *Les dix facettes d'une poétique libertaire*, in Blistène Bernard, Legrand Véronique, *Poésure et Peintrie. "D'un art. L'autre"*, cat. della mostra (Centre de la Vieille Charité, Musées de Marseille, 12 febbraio-23maggio 1993), p. 198. Il testo originale da cui Schwarz ha tratto le citazioni di Lévi-Strauss è invece Charbonnier Georges, *Entretiens avec Claude Lévi-Strauss*, Plon-Juilliard, Paris 1961, pp. 97-101.

8. Lévi-Strauss Claude, *Primitivi e civilizzati...*, cit. 1977, p. 82.

9. Si veda in proposito, anche se concentrati esclusivamente su un contesto internazionale e con un'attenzione preponderante agli artisti emersi negli anni Novanta: Schneider A. - Wright C. (a cura di), *Contemporary Art and Anthropology*, Berg, Oxford 2006; Schneider A.- Wright C. (a cura di), *Between Art and Anthropology. Contemporary Ethnographic Practice*, Berg, Oxford 2010.

10. È interessante quanto scrive Hal Foster in *The return of the Real* (1995). In particolare, nel capitolo *L'artista come etnografo*, il critico americano sostiene che poiché buona parte dell'arte contemporanea prodotta nel mondo occidentale a partire dalla metà degli anni Settanta ha preso una piega etnografica o antropologica, da allora molte mostre si sono ispirate a questa intuizione, tentando di esplorare collegamenti e connessioni reali fra arte e antropologia, mentre i testi critici e storiografici si sono sempre più riempiti dell'attributo "antropologico". Vedi Foster Hal, *The return of the Real: Art and Theory at th End of the Century*, Mit Press, October Books, 1996 [trad. it. *Il ritorno del reale. L'avanguardia alla fine del Novecento*, Postmedia, Milano 2006].

11. Crispolti Enrico, *Arti visive e partecipazione sociale. Da "Volterra 73" alla Biennale 1976*, De Donato, Bari 1977, pp. 230-231.

12. Crispolti Enrico, *Riflessione antropologica, e "ripetizione differente"*, in Pirovano Carlo, a cura di, *La pittura in Italia. Il Novecento/3. Le ultime ricerche*, Electa, Milano 1994, p. 75. Tuttavia Crispolti riesce a leggere un'analogia anche fra i due poli della sua trattazione: "Se l'"Arte antropologica" riflette sui segni oggettuali testimoniali di un passato remoto in tutta la loro dimensione onnicomprensiva di primordiale vissuto, un atteggiamento per molti versi analogo si sviluppa parallelamente, attraverso tuttavia una mediazione operativa maggiormente "concettuale", all'inizio degli anni Settanta relativamente ai segni dell'arte del passato storico". Quindi cita alcune mostre capitali sul tema: *20-12-'71*, con il sottotitolo "Appunti per una tesi sul concetto di citazione e di sovrapposizione", a Gap a Roma; *La ripetizione differente* curata da Renato Barilli allo Studio Marconi di Milano nell'ottobre 1974; *Arte/Storia dell'Arte* curata da Massimo Carboni alla Galleria Peccolo di Livorno nel settembre 1978, cui partecipano, fra l'altro, Adriano Altamira e Guido Biasi. Vedi Crispolti Enrico, *op. cit.*, 1994, pp. 74-75.

13. Crispolti Enrico, *Riflessione antropologica*, cit., 1994, p. 72.

14. Con il fortunato termine *Individuelle Mythologien*, da lui coniato fin dal 1963, Szeemann indica quei "fenomeni senza denominatore comune, tuttavia comprensibili come parte di un'idea della storia dell'arte dell'intensità, che non si riferisce soltanto a criteri formali, bensì all'identità tra intenzione ed espressione".

15. Crispolti Enrico, *Riflessione antropologica*, cit., 1994, p. 73.

16. Ibidem.

17. Floods Richard, Morris Frances, a cura di, *Zero to infinity: Arte Povera 1962-1972*, cat. della mostra itinerante organizzata da Walker Art Center di Minneapolis e Tate Modern di Londra, Minneapolis 2001.

18. Crispolti Enrico, *op. cit.*, 1994, p. 75.

19. *Seminario per un'antropologia dell'arte*, cit., pp. 25-29.

20. Cortenova Giorgio, *La creazione volgeva alla fine. "Antropologia" come Arte delle cose*, Unimedia, Genova 1978, p. 9.

21. Ivi, p. 19

22. Ivi, p. 20.

23. Ivi, p. 21.

24. *Ibidem*.

25. Ivi, p. 22.

26. Ivi, p. 23.

27. Cortenova Giorgio, *L'estetico e il selvaggio. Associazione, dissociazione, dissezione: l'obliquità dell'arte*, Edizioni Galleria Civica di Modena, maggio-luglio 1979.

28. Vale la pena di ricordare alcuni eventi, fra quelli che riguardano le tematiche in esame. Nella stagione 1974-1975, sotto il titolo *Nuove Relazioni*, la galleria genovese organizza una serie di manifestazioni su vari temi, cominciando dalla presentazione del libro di Lea Vergine *Il corpo come linguaggio*, accompagnata dall'intervento di vari critici (Germano Beringheli, Vittorio Fagone, Paolo Fossati, Edoardo Sanguineti, Lea Vergine) e da una mostra includente opere di Acconci, Brus, Gilbert&George, Lüthi, Nitsch, Ontani, Pane, Zaza. Nel marzo 1975 *La riappropriazione dell'ambiente*, con films e opere di Ugo La Pietra commentate da Gillo Dorfles, apre la serie di incontri *Mixta Media*, che proseguiranno con Franco Vaccari, Plinio Mesciulam e Luca Patella. Nel febbraio 1978 lo spazio ospita una mostra di Land Art (Christo, de Maria, Dibbets, Flanagan, Fulton, Heizer, Long, Oppenheim, Smithson, Mattiacci, Olivotto, Patella, Penone) introdotta da un testo di Ettore Sottsass Jr. *Graffi d'amore sulla pelle del pianeta*. Fra maggio e giugno è la volta della rassegna *La creazione volgeva alla fine*. Seguono, nel marzo 1979, la personale di Costa con due ambienti intitolati *Le case di fango* (in collaborazione con la Galleria R. Rotta di Genova) e la presentazione del volume *Materiale e Metaforico*. Subito dopo, una mostra di Narrative Art. Fra le numerose personali, citiamo quelle di Bertholin (1979 e 1981), di Ferdinando Greco con *Catalogo Reperti N°...* nel maggio 1980 e infine di Costa con *Le farfalle della cattedrale* (1982). Vedi C. Gualco, *Lo spazio, le stagioni, le opere*, Unimedia, Genova 1983.

29. Comunicazione personale, 15 maggio 2001.

30. Cortenova Giorgio, *Il teatro del naufragio*, in Solimano Sandra (a cura di), *Claudio Costa. L'ordine rovesciato delle cose* (Genova, Museo d'arte contemporanea di Villa Croce, 19 gennaio-30 aprile 2000), Skira, Milano 2000, p. 54.

31. Comunicazione personale, 15 maggio 2001.

32. Pedrini Enrico, *Agriculture terrestre et agriculture céleste: les paramètres d'un parcours*, in *Claudio Costa. Prehistoire et anthropologie*, cat. della mostra, Galerie 1900-2000, Paris, 5-29 febbraio 1990 Genova 1990, p. 4.

33. Pedrini Enrico, *Dal mito dell'oggetto al mito del metareale. Testo antropologico teorico*, in Costa C. - Paradiso A. - Pedrini E., *Situazione antropologica. Dall'uomo al paesaggio*, Edizioni Apollinaire, Milano 1977, pp. 52-53.

34. Fagone Vittorio, *Altri modelli*, in La Pietra Ugo (a cura di), *Fuori dalle città: le altre culture*, "arti visive-ambiente", quaderno n. 1, Centro Internazionale di Brera, Milano 1979, s.p.

35. Fagone Vittorio, *Il teatro antropologico di Antonio Paradiso*, in A. Paradiso, *Teatro antropologico. La vita, l'usura, la morte*, in proprio, Milano 1980, p. 4. Il volume viene prodotto da Antonio Paradiso e pubblicato in fotocopie, per mille esemplari, numerati da uno a mille, di cui i primi cento accompagnati da un disegno originale dell'autore, il primo gennaio 1981.

36. Fagone Vittorio, *Prospetto e premessa a un'esposizione*, in Fagone V. - Madesani A. (a cura di), *Utopie quotidiane. L'uomo e i suoi sogni nell'arte dal 1960 a oggi*, cat. della mostra (Milano, Padiglione d'arte contemporanea, 23 ottobre 2002 - 19 gennaio 2003), Silvana Editoriale, Milano 2002, p. 13.

37. Masini Lara-Vinca, *Arte contemporanea. La linea dell'unicità. Arte come volontà e non rappresentazione*, vol. II, Giunti, Firenze 1989, pp. 1054-1055; 1075-1085.

38. Ricaldone S., Sborgi F., *Percorsi e linguaggi internazionali del contemporaneo. Anni sessanta-settanta*, in Solimano Sandra (a cura di), *Attraversare Genova. Percorsi e linguaggi internazionali del contemporaneo. Anni '60-'70*, cat. della mostra, Genova (Museo d'arte contemporanea di Villa Croce, 10 novembre 2004 - 27 febbraio 2005), Skira, Ginevra-Milano 2004, pp. 55-57.

39. Fontana Sara, *Ricerche antropologiche e utopie ecologiste nel segno/sogno di alcuni

artisti italiani, in Casero Cristina - Di Raddo Elena (a cura di), *Anni '70: l'arte dell'impegno. I nuovi orizzonti culturali, ideologici e sociali nell'arte italiana*, Milano 2009, pp. 113-132.

40. Fagone Vittorio, *Il teatro antropologico di Antonio Paradiso*, in A. Paradiso, *Teatro antropologico. ...*, cit., 1980.

41. Fagone Vittorio (a cura di), *Camere incantate, espansione dell'immagine* (Milano, Palazzo Reale, 15 maggio - 15 giugno 1980), Milano 1980.

42. Fra i suoi contributi inerenti il tema in esame, basti citare il testo nel catalogo della personale di Aldo Tagliaferro del 2001 (Milano, Galleria Milano e Busto Arsizio, Fondazione Bandera per l'Arte) o la già ricordata mostra milanese *Utopie quotidiane*.

43. *Artigianato lombardo*, introduzione e testo di Vittorio Fagone, repertorio delle produzioni correnti a cura di Umberto Zimelli, a cura dell'ENAPI, Ente nazionale per l'artigianato e le piccole industrie, Carlo Bestetti editore, Roma 1970.

44. In ciò va ovviamente tenuto conto dell'interesse quasi sistematico, soprattutto se rapportato alla totale assenza di studi fino a quel momento, manifestato parallelamente dalla Regione Lombardia, che promuove una serie di libri, film, dischi e mostre dedicati alla cultura del mondo popolare, facendosi nel contempo strumento di valorizzazione delle ricerche e degli studi locali. I materiali prodotti in questi anni, apprezzati dagli specialisti sebbene di taglio divulgativo, costituiscono un corpus di strumenti di studio ma anche di conservazione dei materiali, privilegiando i fatti e le cose invece che le parole e l'interpretazione ideologica. Basti citare la ricca collana "Mondo popolare in Lombardia". Vedi Leydi Roberto, *Premessa*, in Leydi Roberto, Bertolotti Guido, *Cremona e il suo territorio*, vol. 7, "Mondo popolare in Lombardia", Regione Lombardia, Silvana Editoriale, Milano 1979, pp. 9-11.

45. *Il momento artigiano. Aspetti della cultura materiale in Italia*, testi di Vittorio Fagone, introduzione di Umberto Eco, Silvana Editoriale d'Arte, Milano 1976.

46. Eco Umberto, *Introduzione*, in Ivi, p. 8.

47. Fagone Vittorio, *L'utile, il necessario e il superfluo negli oggetti della vita quotidiana*, in Ivi, pp. 13-15.

48. Secondo la teoria del "determinismo culturale", la cultura determinerebbe i comportamenti degli uomini appartenenti a un certo gruppo, rendendo illusoria la loro autonomia decisionale. La cultura cui sui riferisce Kroeber, nel solco della lezione del maestro Boas, è intesa non nelle sue forme specialistiche ma come patrimonio di conoscenze e motivazioni condiviso da un gruppo umano, funzionale alla realizzazione dei suoi bisogni e dei suoi valori.

49 Kubler George, *La forma del tempo. La storia dell'arte e la storia delle cose* (1961), Einaudi, Torino 1989, p. 9.

50. Fagone V. – Sordi I., *Lunario lombardo. Il mondo popolare in Lombardia*, testi di Vittorio Fagone, Alberto Fumagalli, Roberto Leydi, Italo Sordi, Roberto Togni. Ricerche e fotografie di Gloria Lunel, Banco Ambrosiano, Silvana Editoriale d'Arte, Milano 1976.

51. Non va tuttavia dimenticato che il volume è l'ideale proseguimento di un altro pubblicato due anni prima: *L'altra Lombardia. Immagini della cultura contadina e popolare*, Banco Ambrosiano, Silvana Editoriale d'Arte, Milano 1974, presentazione di Francesco Ogliari, testi di Roberto Leydi, Vittorio Fagone, Alberto Fumagalli, Italo Sordi, Roberto Togni, Elio Bertolina. Immagini di Gloria Lunel.

52. All'interno di una cultura materiale urbana si potrebbero citare anche i *Tombini* realizzati da Ferdinando Greco a partire dal 1975, concepiti quasi come una catalogazione di reperti urbani e accompagnati in qualche caso dall'impronta dei pneumatici sull'asfalto.

53. Fratini Francesca R. (a cura di), *Arte Popolare Moderna*, collana "Gli incontri di Verucchio", Cappelli editore, Bologna 1968.

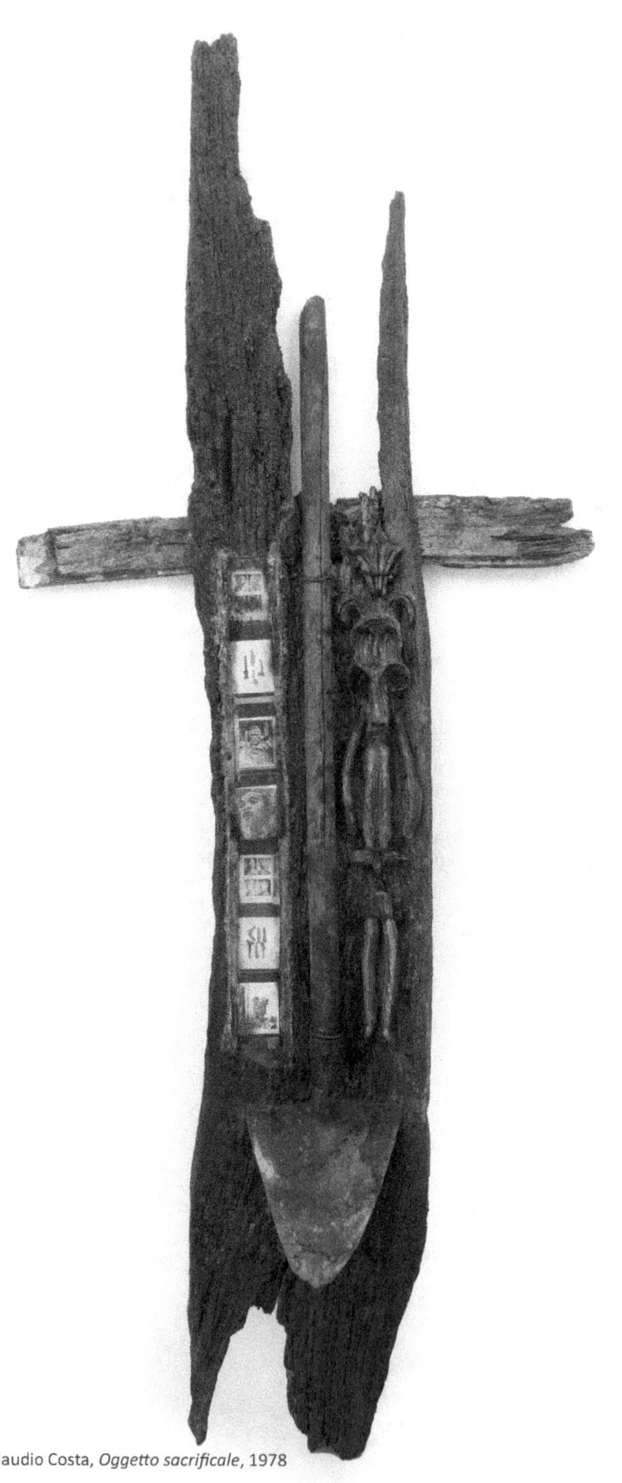

Claudio Costa, *Oggetto sacrificale*, 1978

Claudio Costa

Del nucleo di artisti presenti in questo volume, Claudio Costa (Tirana, Albania, 1942 - Genova 1995) fu senza dubbio tra i più interessati agli studi antropologici e affiancò costantemente la sua attività propriamente artistica con una sequenza ininterrotta di contributi teorici. Delineò personalmente questo doppio percorso, con acuto senso critico, in una serie di contributi teorici che costellarono senza sosta la sua attività propriamente artistica. Un'attitudine all'autostoricizzazione che d'altra parte accomunò i libri e gli scritti dell'artista con le sue numerose "opere museo" (dal *Museo dell'uomo* al *Museo dell'alchimia*, dal *Museo senza oggetti* al *Museo Attivo delle Forme inconsapevoli di Quarto*, fino al progetto rimasto interrotto dello *Skull Brain Museum*) e che in parte giustifica l'articolazione del lavoro in cicli tematici talora complessi. Una tendenza perseguita con un accanimento degno di Guglielmo Achille Cavellini, anche se non paragonabile a quella dell'amico (da lui ritratto nel 1972) per la distanza delle rispettive poetiche, accomunate però, curiosamente, dal gioco finzione-realtà.

Il gruppo di artisti sostenuto da Metken restò un'esperienza circoscritta e presto esauritasi, anzi ormai quasi spenta nel momento della sua consacrazione definitiva, nella *Documenta* del 1977. Tuttavia fu soprattutto grazie a Costa che questo fenomeno stimolò anche altri artisti italiani a orientare le proprie ricerche verso l'area dell'arte antropologica e determinò, artefice o mediatore lo stesso Costa, una serie di mostre e di pubblicazioni sul tema. Tuttavia non è superfluo ribadire che tale processo fu avviato intorno alla metà del decennio, quando Costa stava ormai dirigendo le sue nuove ricerche verso altri territori. Il suo itinerario resta esemplare e anticonformistico: la scelta dell'antropologia, presto divenuta "antropologia attiva", nei primi anni Settanta; il successivo interesse verso l'alchimia, che determina la discesa verso forme estreme e "barocche", intrise di una vitalità violenta e selvaggia, primitiva ed espressionista, che lo impongono all'attenzione in Italia.

Costa compie questo cammino sperimentando la manipolazione di tutti i materiali, lasciandosi coinvolgere da disparate avventure intellettuali e alimentandosi continuamente di nuove discipline, dalla medicina alla psichiatria, dalle scoperte geografiche a quelle astronomiche. Basti pensare a come la frequentazione e gli scambi reciproci, intorno al 1969-1970, con un radiologo ligure, già compagno di studi in gioventù, o con lo psichiatra Mauro Mancia, esperto dei meccanismi della veglia e del sonno, contribuiscano ad accelerare e a moltiplicare interessi e curiosità in lui già vivissime. Un percorso, a ben vedere, non facilmente periodizzabile né circoscrivibile entro categorie definite (si tratti pure della paleontologia o dell'antropologia, dell'alchimia o della follia), come invece lascerebbero supporre certe griglie descrittive e interpretative predisposte dallo stesso autore, quasi volesse autodifendersi dalle frequenti derive verso "visioni donchisciottesche" (così Massimo Valsecchi, che lo frequentò per molti anni, allude al senso di onnipotenza con cui Costa si gettava a capofitto in progetti ambiziosi e sovrumani).

Consapevoli di sacrificare la ricchezza dei collegamenti tra i diversi cicli del lavoro di Costa, si analizzerà soltanto una parte di quel percorso, cominciando dal passaggio tra l'esperienza del Sessantotto, vissuta a Parigi, e il ritorno a Genova, dove era nata da poco l'Arte Povera. Quindi il suo approdo, intorno al 1970, all'analisi antropologica (*Craneologie*) e il conseguente passaggio allo studio dei Maori della Nuova Zelanda e di altre civiltà primitive, con la ricostruzione materiale di reperti e di oggetti. Inoltre, l'apertura a Monteghirfo del "Museo di antropologia attiva", dedicato all'antica cultura contadina ligure e infine, nel 1977, la partecipazione a *Documenta 6* a Kassel e la teorizzazione del "work in regress", che è ormai l'avvio della fase propriamente alchemica di Costa. Quest'ultima fase e i relativi sviluppi sono stati sintetizzati a grandi linee in un paragrafo finale.

È lo stesso Costa, come si diceva, a periodizzare in maniera dettagliata il suo percorso artistico mediante una sorta di tavola sinottica apparsa in un volume pubblicato nel 1991 e riportata qui di seguito[1]. Egli prende le mosse, per autostoricizzarsi, dal 1970, evidentemente considerando la sua esperienza artistica anteriore a quella data ancora immatura e appesantita da una scarsa consapevolezza. Analizzando un periodo dopo l'altro, Costa evidenzia con chiarezza non solo la sua attività artistica (i viaggi di studio, i cicli di lavoro e i volumi da lui pubblicati), ma anche i riferimenti scientifici e bibliografici tesi a collocare la sua opera nell'area di riflesso delle scienze da lui coltivate. Emergono quindi la volontà e la capacità dell'artista di mantenere, nell'arco di oltre vent'anni, un rigore estremo nella costruzione del suo percorso, un rigore altrettanto scientifico di quello delle scienze cui egli fa riferimento. È, in un certo senso, il rovescio della medaglia rispetto al suo temperamento vitale, impetuoso e irruente. Da questo testo di Costa apprendiamo che secondo lui l'antropologia è fondamentale ma è solo la prima tappa di un percorso complesso, un percorso che muove dalla paleontologia (studio dei fossili), passa per l'etnografia (studio delle razze) e approda all'antropologia (studio dell'uomo). La tappa successiva è l'antropologia culturale (ossia lo studio delle forme del pensiero umano), che lo spinge ad approfondire la scienza delle religioni e la mitologia. In questo cammino di rifondazione Costa si accosta, intorno al 1980, all'alchimia e alla filosofia zen, poi alla magia e alla filosofia tantra e, nella seconda metà del decennio, alla psichiatria, alla psicologia e alla psicoanalisi.

In realtà, come si è detto, non ci fu mai una così rigida demarcazione dei confini tra i campi disciplinari. Al contrario, questi sono spesso intrecciati l'uno con l'altro, continuamente arricchiti dagli scambi intellettuali con professionisti di vari ambiti, anche della scienza e della medicina. In ogni caso tale lettura fu avanzata con fine intuito da Wolfgang Becker nel 1974, introducendo la personale di Costa alla Neue Galerie-Sammlung Ludwig di Aachen: "Queste citazioni mostrano che Claudio Costa va affrontato sul piano filosofico. Costa delinea uno schema evolutivo che parla della nostra stessa vita; la preistoria gli serve per progettare le possibilità di vita del futuro. La preoccupazione per la vita dell'uomo dà luogo a un umanesimo europeo, propenso più agli idealismi che alle ideologie. Le opere dell'esposizione sono in stretto rapporto con la filosofia. È però sbagliato prendere Claudio Costa per un filosofo, come sarebbe sbagliato considerarlo un artista nel senso tradizionale. Se le sue opere non sono citazioni, ma collezioni visive di materiali scientifici, anche i suoi testi non sono citazioni, ma adattamenti dalla filosofia antropologica. Nei confronti dell'arte e della filosofia, l'artista si pone in una posizione di tensione in cui il rischio di essere preso invece per filosofo, o museologo, è calcolato. Costa è entrambe le cose, senza identificarsi nell'una o nell'altra. Egli documenta una linea di pensiero della storia contemporanea, per lui importante dal punto di vista dell'arte"[2]. D'altra parte, secondo Lévi-Strauss l'etnografia, quando nacque, non fu che un'estensione del primo umanesimo: allo studio degli Antichi (un "altrove" più nel tempo che nello spazio) seguì, per un processo di evoluzione naturale, quello delle civiltà extraeuropee (un "altrove" più nello spazio che nel tempo).

Mentre Enrico Crispolti, dopo aver ricordato come nella formazione di Costa concorrano "anche le sollecitazioni di un'attenzione nuova d'ordine strutturalista, intimamente connessa con il rilancio di fondativi interessi antropologici; e più generalmente con le sollecitazioni di una considerazione nuova delle cosiddette "scienze umane"" - una lettura condivisa da Günter Metken nell'analisi dell'esperienza dei *Spurensicherer* (letteralmente, coloro che scoprono e registrano tracce) -, conclude che "l'itinerario creativo di Costa si è venuto sviluppando in una sterminata attività di lettura immaginativa-restitutiva di segni, del vissuto più remoto e originario, quanto degli accadimenti biologico-naturali secolari, nonché delle connesse valenze archetipe, magiche, alchemiche, mitiche. [...]"[3].

Interessante è anche la lettura dell'attività di Costa offerta da Sandro Ricaldone, che identifica in Duchamp prima e in Beuys più tardi i poli di riferimento e di confronto costante del lavoro maturo di Costa, collocando comunque l'intero suo itinerario artistico entro un orizzonte prevalentemente antropologico, aperto a diverse suggestioni (paleontologia, mitologia, allegoria, alchimia), tra loro fortemente intrecciate. Il critico è l'unico a porre in rilievo l'esordio di Costa, "nei primi anni Sessanta, sotto il segno della ricerca dubuffetiana sull'*art brut,* tematica cui in anni recenti l'artista ha dato coerente sviluppo con la fondazione dell'Istituto per le Materie e Forme Inconsapevoli (1989) presso l'Ospedale Psichiatrico di Genova-Quarto"[4].

Anni 1970/73:

Scienza di riferimento: Paleontologia.

Bibliografia: C. S. Coon, F. Boas, G. Clark, B. Malinowski, A. Resenfeld.

Cicli di lavoro: Ricerche su materiali: Acidi, Colle, Amido, Grafite, Fotocopie. Ricerche sul cranio e sul cervello umano ("Craneologie"). Ricostruzioni di uomini primitivi.

Volumi pubblicati: "Sintomi di un lavoro" (Ed. Masnata, Genova, 1970).

"Interpretazione intera (Sub riferimento per un filtro tecnologico)" (Ed. Masnata, Genova 1970).

"Evolution-Involution" (Ed. Produzentengalerie, Berlino 1971)

"Evoluzione-Involuzione" (Ed. Masnata, Genova 1972).

Anni 1973/75:

Scienze di riferimento: Etnografia - Antropologia.

Bibliografia: L. Levy Bruhl, E. Cassirer, A. Cirese.

Cicli di lavoro: "I Maori".

Viaggi: viaggio in Marocco, indagine sul Magreb.

Volume pubblicato: "Due esercizi di Antropologia" (Ed. Nuovi Strumenti, Brescia 1974).

Anni 1975/77:

Scienza di riferimento: Antropologia culturale.

Bibliografia: C. Levi Strauss, L. Lombardi, M. Freedman.

Cicli di lavoro: Fondazione del "Museo di Antropologia attiva (Sezione Arte Moderna)", Monteghirfo (Genova), 1977. "Antropologia riseppellita" (Documenta 7, Kassel, 1977). Definizione del concetto di "Work in regress".

Anni 1977/80:

Scienza di riferimento Mitologia - Scienza delle religioni.

Bibliografia: A. Leroi Gourhan, M. Mauss, M. Eliade, E. Durkheim.

Cicli di lavoro: "L'Ordine rovesciato del vivere", "Le case di fango".

Viaggi: viaggio in Spagna. Interventi nel "Museo Vostell", Malpartida di Caceres.

Volume pubblicato: "Materiale e Metaforico" (ED. Unimedia, Genova 1978).

Anni 1980/83:

Scienze di riferimento: Alchimia - Filosofia Zen.

Bibliografia: Paracelso, R. Guénon, A. Watts, R. Suzuki.

Cicli di lavoro: "Meduse". "Araldica Indios". "Diva bottiglia (gaia scienza)". Apertura della bottega "Antipiano" (Genova, 1980).

Viaggi: Soggiorno a Firenze con interventi a Villa Romana.

Volumi pubblicati: "Anti/Piano (La Bottega dell')" (Genova 1980).

"Sublimato potabile" (Ed. Massimo Valsecchi, Milano, 1981).

Anni 1983/85:

Scienze di riferimento: Magia Filosofia Tantra.

Bibliografia: C. Agrippa, A. Croowley, E. Zolla, Lao Tse.

Cicli di lavoro: "I veri oggetti producono Esseri mirabili".

"L'insettitudine degli oggetti".

"L'estasi barocca".

"Il fantasma dell'Opera".

"La sostanza del giallo".

"Il nero come materia (Musei senza oggetti)".

Anni 1985/91:

Scienze di riferimento: Psichiatria - Psicologia - Psicoanalisi.

Bibliografia: C. G. Jung, S. Freud, G. Bateson, M. David, J. Chasseguet-Smirgel.

Cicli di lavoro: "Le macchine alchemiche".

"I colori e i segni delle ruggini".

"Lavori africani". Biennale di Venezia 1986 (Arte e Alchimia).

Viaggi: Due soggiorni di lavoro in Kenia.

Volumi pubblicati: "L'assedio instancabile del fare" (Ed. Nuovi Strumenti, Brescia 1989).

"Preistoria e antropologia" (Ed. 1900/2000 Parigi, 1990).

"Ex hora prae istoria" (Ed. Il Cenacolo Trento, 1990).

"Per case di ruggine" (Ed. Balestrini, Albisola, 1990).

"Monteghirfo evocato" (Ed. CNA, Genova, 1991).

"Africa" (Ed. Parise, Verona 1991).

"Il segno antropologico" (Fuxia Art-Della Scala Ed., Verona, 1991).

L'attività di Costa è legata principalmente a Chiavari, che è anche la città dell'infanzia, ma non va dimenticato che la sua vera formazione avviene nell'ambiente artistico milanese. A Milano Costa è approdato nel 1961, fuggendo dall'ambiente chiuso e tradizionalista della Riviera Ligure[5], per iscriversi alla Facoltà di Architettura del Politecnico, ma alla carriera universitaria preferisce presto l'ambiente artistico, in particolare quello gravitante intorno alla Galleria del Grattacielo di Enzo Pagani[6].

È a Milano che Costa ottiene i primi riconoscimenti come artista: nel 1962 vince il premio 'Diomira' della Raccolta Bertarelli per il disegno e nell'anno successivo si classifica secondo al premio 'San Fedele'. Nella sua prima personale, allestita nel 1961 alla galleria Montenapoleone e presentata da Germano Berlingheli, espone un gruppo di dipinti vicini al linguaggio violento e materico dell'Art Brut. Questi premi e queste ricerche ancora testimoniano l'adesione al mondo ufficiale dell'arte, ma nel frattempo Costa è attento all'attivismo trasgressivo di Fluxus e alle esperienze d'avanguardia proposte dalle principali gallerie del capoluogo lombardo. In particolare è attratto dalle mostre allestite alla galleria Schwarz. Si pensi soltanto a *L'oggetto nella pittura* (marzo 1961), alle due personali di Daniel Spoerri (marzo 1961 ed aprile 1963), alla *Mostra internazionale del Surrealismo* (maggio 1961), alle due personali di Kurt Schwitters (novembre 1961 e ottobre 1963) e alle due di Marcel Duchamp (giugno 1964 e dicembre 1965), l'artista con cui Arturo Schwarz aveva inaugurato il suo primo spazio nel 1954[7]. Schwitters è uno dei due artisti - l'altro è Joseph Cornell - ai quali Costa dichiara di poter collegare in modo preciso il suo lavoro[8]. A loro andrebbe aggiunto anche il nome di Duchamp, polo di confronto costante nella maturazione di Costa e da lui richiamato implicitamente in diversi scritti, anche se apertamente citato in rare occasioni[9].

Un'analisi approfondita delle radici del dialogo tra arte e antropologia porterebbe alla luce puntuali riscontri con il surrealismo[10], una componente implicitamente allusa da Costa quando nomina Joseph Cornell fra le sue "radici" e tra l'altro in sintonia con le predilezioni espresse dallo stesso Lévi-Strauss quando racconta dei suoi incontri con i Surrealisti, in particolare con Yves Tanguy, Max Ernst, Andrè Breton e Georges Duthuit, nella New York del 1941[11].

Nel 1964 Costa vince una borsa di studio per l'incisione indetta dal governo francese e ha l'occasione di trasferirsi a Parigi, dove lavora nell'atelier di William Stanley Hayter a Montparnasse, approfondendo le tecniche calcografiche, pur continuando a mantenere i contatti con Enzo Pagani. Sono anni irripetibili sotto il profilo culturale, politico, artistico e, per Costa, anche personale: nel 1965 sposa Anita Zeiro, poco dopo nasce la figlia Marisol, nel 1967 conosce Marcel Duchamp, il quale frequentava saltuariamente l'atelier Hayter, e nel 1968 partecipa al maggio francese, realizzando affiches di sapore pop con un gruppo di artisti internazionali (affiches poi pubblicate nel libro *Mai '68 Affiches*). L'orientamento del suo stile verso una Pop visionaria non immune da suggestioni surrealiste e contaminata dall'utilizzo di materiali e di oggetti trovati (tubi di gomma, scritte da imballo, fogli di plastica) è testimoniato nel catalogo della personale di quell'anno alla Galleria Tonino di Campione d'Italia[12].

È un artista ormai maturo quello che nell'autunno del 1968 rientra in Italia e si trasferisce con la famiglia a Rapallo, e poi a Genova, riallacciando immediatamente i rapporti con gli artisti residenti nel capoluogo lombardo, attraverso la Galleria La Bertesca di Genova e la sua gemella Modulo di Milano[13]. Fondata nel 1966 e diretta da Francesco Masnata, nel 1967 la Bertesca aveva ospitato la prima mostra dell'Arte Povera, curata da Germano Celant[14], e si era imposta nel giro di pochi anni fra le gallerie di tendenza italiane[15]. Frequentando La Bertesca, Costa ritroverà molti artisti Fluxus, cui la galleria dedica una serie di personali nel 1973, e stabilirà contatti con Robert Filliou, Ben, George Brecht, Giuseppe Chiari, Wolf Vostell.

Costa affronta questo periodo tenendosi in bilico tra suggestioni dirette dell'arte povera da un lato e di quella concettuale dall'altro, ma nel frattempo matura una propria svolta, che sarà documentata dai cicli dedicati all'indagine sui materiali e, soprattutto, dai tre libri d'artista da lui prodotti fra il 1970 e il 1971 grazie alle edizioni Masnata. L'importanza di questi lavori per l'attività successiva di Costa non è mai stata da lui rinnegata né ridimensionata. Al contrario, è a questa fase iniziale che egli ha spesso ricondotto la sua ricerca sulla cultura materiale e sugli oggetti d'uso.

Come si è detto, Claudio Costa ricordava l'importanza per il suo lavoro di due personaggi come Schwitters, con il collage e specialmente con il Merzbau, e Joseph Cornell, anche lui per il collage e per le sue cassette "magiche". Riguardo alla scienza antropologica, ossia un ritorno a considerare tutto quanto si riferisce all'uomo, che è quanto pensava di avere messo di nuovo, ammetteva: "In questo senso devo dire che le esperienze contemporanee che hanno inciso su di me e che forse non sono chiaramente leggibili nel mio lavoro, non in superficie almeno, sono state l'Arte Povera (proprio per i mezzi che gli artisti di questa corrente usavano, tendendo a presentare le cose, per quanto possibile, "nude") e, per altro verso, il Concettuale, che mi ha interessato parecchio, sebbene questo possa non apparire evidente (perché io ho sempre usato l'opera ridondante), e si connette comunque all'idea, potrei dire alla concezione stessa, del "work in regress"[16]. Una dichiarazione densa di spunti e di riferimenti. Effettivamente esistono stringenti analogie fra le opere di Costa degli anni 1968-1969 e quelle dei poveristi raggruppati da Celant negli stessi anni. Si pensi, per fare soltanto due esempi, a *Il letto* del 1966 in gomma, piombo e ferro di Gilberto Zorio o ai *16 pezzi di ardesia* del 1967 di Carl Andre[17]. Tuttavia l'artista genovese è forse più attento alle qualità dei materiali in sé, oltre che in rapporto con l'uomo, che non a un processo di diretta presentazione, pur se in chiave tautologica. Fra il 1968 e il 1969 Costa privilegia l'uso di un materiale "locale" come l'ardesia, radicato nel territorio dell'entroterra ligure. Materiale facilmente sfaldabile e non modellabile, l'ardesia viene combinata con altri materiali "poveri" (piattina di rame, poliuretano espanso, corda), solo in apparenza evocativi e simbolici (il legno di alloro utilizzato per *La vela* del 1969 o per *Cordato* dello stesso anno gli interessa per le caratteristiche di durezza, oltre che per l'odore).

Alla Galleria La Bertesca Costa tiene due personali che, a breve distanza di tempo, danno la misura di una svolta decisiva nel suo lavoro, sempre nell'ambito del recupero e della manipolazione dei materiali. Nel luglio 1969, con Roberto Maini, presenta assemblaggi materici con fogli di plastica e coperchi di scatole con scritte, collocati però in un contesto naturalistico. Nel novembre-dicembre 1969, nella personale *La vela e altro* Costa espone nove opere recentissime, tutte realizzate nel 1969 eccetto *Spine*, del 1968. Il catalogo, introdotto dal racconto di Costa del suo viaggio di ritorno da Parigi, contiene due testi di Carlo Morandi e di Germano Beringheli e frammenti di un dialogo fra Costa e Tommaso Trini. Qui l'artista spiega al critico come le *Spine* siano nate sia da un'immagine simbolica di atteggiamento pungente sia dall'aver visto scarti di ardesia accumulati a terra o gettati in un fiume. Trini sottolinea "un interesse dunque del materiale come fine a sé stesso, ma poi c'è l'organizzazione del tuo lavoro, che mi sembra attuato ad un livello di avventura [...] non soltanto un atteggiamento poveristico, ma soprattutto un'apertura e una integrazione verso l'ambiente che circonda l'opera". E a proposito del processo di raffreddamento evidente in *Cuneo*, il critico precisa: "Questo mi sembra abbastanza importante per smitizzare la tautologia che c'è di solito nel far vedere di un atto, solamente il risultato dinamico [...] quello che ti interessa è ricreare un tuo universo con tutto quello che trovi [...]". E alla domanda se in lui prevalga la ricognizione all'esterno oppure la costruzione, Costa risponde che in lui sussistono entrambi gli aspetti: "questo interesse per le cose che scopro unito al mio intervento in esse per salvarle dall'essere scorie"[18].

Dieci anni dopo, nel corso di un'intervista con Sarenco, a proposito di una possibile influenza dell'Arte Povera su alcuni suoi lavori del 1968-1969, Costa risponde: "Credo ci sia stata un'influenza non tanto di tipo estetico, quanto programmatico perché, appena tornato da Parigi, dove avevo vissuto il maggio francese, mi sembrò che quel clima di barricate fosse trasportato nell'Arte Povera. Direi che c'è stato anche un tipo di influenza osmotica (l'Arte Povera è nata a Genova). In una mia mostra nel 1969, a Genova, il materiale principale era l'ardesia, un materiale certamente "povero", ma penso di averla usata quasi per un gioco, filtrandola dai miei ricordi d'infanzia, quando cercavo sui fiumi le scaglie lucenti di lavagna e ne facevo pistole, aerei, navi. L'anno successivo ho cominciato una diversa ricerca metodologica, che mi ha allontanato dalle problematiche dell'Arte Povera e mi ha portato, lentamente, a studiare l'evoluzione delle forme umane"[19].

3. 1970/73: RICERCHE SUI MATERIALI; *CRANEOLOGIE*; RICOSTRUZIONI DI UOMINI PRIMITIVI; *I COLORI DELLA PELLE UMANA.*

Gli anni 1970-1971 rappresentano uno dei periodi più fervidi nell'attività di Costa, che si muove fra l'utilizzo del disegno e della fotografia, il lavoro sui materiali, l'indagine sul cervello umano e l'interesse per la Paleontologia, ma che in pratica ha già attuato la propria scelta di campo dell'antropologia culturale. In questa fase creativa in cui prevale un'attività classificatoria della realtà, sia del passato che del presente, Costa trova nella fotografia uno strumento utilissimo. Del resto, nel 1970 è presente nelle collettive *Arte e fotografia* al Palazzo dell'Arte a Milano e *Fotografia creativa* al Centro la Cappella di Trieste.

Nel 1970 le edizioni Masnata pubblicano il libro d'artista, in trenta copie numerate, *Sub riferimento per un filtro tecnologico. 17 progetti 5/2/70-10/6/70*, in cui si ritrova la medesima attenzione al processo che caratterizza il lavoro sui materiali condotto all'epoca da Costa[20]. Come spiega Francesco Masnata nell'introduzione, il libro "è stato ottenuto attraverso operazioni particolari per arrivare a trasporre dall'<u>originale</u> di partenza l'<u>originale</u> riprodotto"[21] [sottolineature dell'autore]. La trasposizione avviene mediante quattordici passaggi di "filtro" tecnologico e manuale (fotocopie, fotografie delle fotocopie, eliografie, alternate a interventi manuali) e il risultato è l'eliografia degli originali. Quindi all'inizio e alla fine del processo "gli originali si identificano". Valutato a distanza di alcuni decenni, il volume assume un'importanza notevole nell'arco dell'itinerario di Costa, poiché - come ha suggerito Sandra Solimano -, "concentra e spiega il processo logico e operativo di costruzione ed elaborazione del prodotto artistico e costituisce il fondamento, a un livello mentale e concettuale, di quel principio di trasformazione del reale che a partire dai materiali finirà per coinvolgere l'uomo e la sua storia"[22].

Il fascino emanato da alcune fotografie tratte da radiografie del cervello umano, trovate da Costa "quasi casualmente" in una rivista medica nel 1969, lo spingono ad esaminare il cervello umano come reperto da sezionare e a realizzare una serie di lavori intitolati *Craneologie* o *Mappe craniche*, che in verità danno inizio al suo studio sull'Uomo. Opere in cui l'artista utilizza liberamente radiografie (ad esempio quella del proprio cranio, insieme a quattro lampade da 60 watt, in *Mappa cranica n. 6*), fotocopie acidate e tavole scientifiche o, in altri casi, assembla oggetti tridimensionali (*Calotta cranica calotta polare*). Inoltre, quelle immagini del cervello inducono Costa ad approfondire l'argomento anche in termini scientifici e teorici, come testimonia la complessa installazione intitolata *Respiratore* da lui realizzata e presentata nel 1970: il vapore acqueo del respiro condensato su una lastra di vetro e la registrazione su nastro della voce di Nobuo Sekine che legge le pagine dell'enciclopedia Utet dedicate al cervello visualizzano e sintetizzano il concetto di vita. In seguito Costa individuerà nel cervello uno dei primi strumenti di lettura del mondo e uno dei simboli più frequenti: infatti il cervello visualizza in sé l'immagine complessa del labirinto e diviene quindi metafora del viaggio. Uno sviluppo delle *Mappe craniche* dei primi anni Settanta si ritroverà nell'*Africa settentrionale* e nel progetto dello *Skull Brain Museum*, suggerito dalla corrispondenza tra la sagoma costiera del continente africano e il profilo del cranio dell'Homo erectus.

Suggestioni evidenti del versante concettuale dell'Arte Povera affiorano sporadicamente nelle opere compiute all'inizio del 1970: come non pensare a un'eco di Giulio Paolini di fronte all'obiettivo di una macchina fotografica che si rivolge verso di noi?[23] Tuttavia si tratta di episodi isolati, poiché Costa ha già spostato definitivamente il proprio interesse sulle qualità intrinseche di alcuni "materiali", dissimili tra loro ma che a suo dire apparivano legati e omogenei dopo averli manipolati. Avendo ormai esplorato quasi tutte le possibilità dell'ardesia, fra il 1970 e il 1971 egli è attratto soprattutto dagli acidi, dalle colle animali e vegetali e dagli amidi, vale a dire materiali che, una volta stesi sulla superficie della tela, proseguono la loro azione su di essa, reagendo e modificandola. La colla di pesce, stesa liquida sulla tela, continua a subire le variazioni meteorologiche essendo sensibile alle diverse gradazioni di temperatura. I diversi acidi vengono usati con una funzione corrosiva e distruttiva della carta e della tela, probabilmente sfruttando anche i processi appresi da Costa presso l'atelier parigino di Hayter. Ecco allora, nel 1970, le lunghe sequenze di *Tele acide*, fra cui la serie di *Omaggi ad Albers* (ove già si palesa un curioso dualismo fra una sperimentazione di tipo materico-informale e un "modello" di tipo analitico e altamente formalizzato) e le sequenze di *Superfici incollate*, spesso di ampie dimensioni, fra le quali *Barella*.

L'amido (o appretto) gli serve invece per "stirare" parti di tela da lenzuolo che prima ha spiegazzato, mentre la grafite, ossia la matita grassa, talvolta utilizzata su altre tele, simboleggia per lui la "nigredo" della materia, il "nero" che è dentro ogni cosa, prima della "calcinazione" o sbiancatura. Ecco allora la serie di fotocopie usate come "filtro" per sbiancare l'immagine originale, ossia per arrivare alla dissolvenza dell'immagine di quelle zone rese nerastre dalla grafite e ritornare così al bianco, alla "calcinazione" (*Sopra un'opera abbandonata*).

Questa modalità di Costa di affrontare il processo artistico, che delega parte della responsabilità all'azione del tempo, oltre che alle peculiarità del materiale, verrà da lui rinnovata molti anni dopo nei cicli delle "Ruggini". Non è forse un caso che parlando degli acidi, gli ultimi materiali sui quali Costa indagò in forma diretta, dopo aver minuziosamente descritto i tipi di acido utilizzati e il processo da lui seguito nella creazione delle proprie opere, egli chiami in causa l'alchimia: "Era come lavorare, con un diverso sistema artigianale, a una sorta di alchimia della trasformazione profonda di alcune materie, attraverso una serie di reazioni a catena diluite nel tempo (i 'liquori' acidi erano chiamati dagli alchimisti 'Acqua di vita' e quest'Acqua era in grado di dissolvere parzialmente tutto ciò che poteva essere fuso o liquefatto)[24].

Saranno proprio i lavori sui materiali (fotocopie, colle, tele e carte acidate), insieme a sei grandi *Craneologie* collocate su "letti" appoggiati alla parete, a formare il nucleo della personale di Costa alla galleria Modulo di Milano nel novembre 1970, intitolata *Craneologia e altre situazioni*. Avrà il medesimo titolo anche la personale da lui allestita alla Modern Art Agency di Napoli due mesi dopo, sul finire del gennaio 1971. In quest'occasione Corrado Maltese scrive "[...] lo affascinano *l'immagine-progetto* e l'esplorazione dei risultati delle *varianti di una operazione strutturalmente ripetuta*". Cita ad esempio la sequela di aste di ardesia collegate con cordicelle appesa sul muretto del giardino, la sequenza di telai metallici che tendono ciascuno una tela bianca, dove appaiono immagini fotografiche, disegni, diagrammi. Quindi spiega: " È la "Craneologia" di Costa: tutto sul cervello: spaccati, diagrammi, foto, numeri, materia [...] registrazione su nastro. Anche questa volta è una operazione che si ripete, e al grado più complesso [...] Forse c'è ironia, forse c'è una disperazione [...] I testi scientifici sono pieni di *immagini-progetti*. [...] Così nel lavoro di Costa si scopre che anche la fantasia, il mito, il sarcasmo e la disperazione seguono una logica ferrea, concreta, reale"[25].

In quello stesso gennaio 1971 viene stampato, sempre dalle edizioni Masnata, *Sintomi di un lavoro*, un libro sobrio e severo in cui Costa ripercorre tutte le recenti tappe della sua ricerca, con una ricca documentazione di testi dattiloscritti e di immagini di opere e progetti: *Tele acidate; Mappe craniche; Opere abbandonate; Superfici incollate; Sostituzione di spazio; Zuppa di cagna; Calotta cranica, calotta polare; Il cervello nel muro*[26]. Nel 1971 Costa tiene una personale alla Bertesca con Athos Ongaro, nella quale presenta, tra l'altro, *Il letto di Sarah Bernhardt, Due strisce acidate con acido cromico e I legacci per pennelli di Renoir*, testimonianze di altre direzioni della sua ricerca, in seguito non approfondite[27].

Fu proprio prendendo in esame la forma del cranio e del cervello che Costa si rese conto delle modificazioni da essi subite nel tempo e avvertì per la prima volta il bisogno di avvicinarsi alla Paleontologia come a "una materia da esplorare e da ricercare anche da un punto di vista estetico, da artista, proprio per il campo vastissimo delle possibilità che essa affronta e per gli stimoli che vengono forniti dalla sua continua mobilità". Poco prima aveva infatti spiegato come in quella scienza fosse "insito un grande impegno immaginativo, poiché i ritrovamenti ed i reperti fossili, che vengono usati per le deduzioni sulle catene evolutive, non sempre sono chiaramente identificabili e precisamente datati"[28].

Quindi Costa si avvicina al campo degli studi dell'antropologia fisica e della paleoantropologia, ossia lo studio biologico-naturalistico dell'origine e dell'evoluzione degli ominidi nel passato, con la consapevolezza di trovarsi di fronte a una scienza di grande potenza immaginativa - fattore, quest'ultimo, cui egli attribuisce grande importanza -, e avvia così una propria riflessione teorica, in inverso rispetto a quella del paleontologo. Il fatto di muoversi dal cervello di oggi per risalire a quello delle proto-scimmie sembra annunciare la concezione del "work in regress", che lo stesso Costa teorizzerà nel 1977. È a questo punto che diviene chiara la specificità della ricerca di Costa e la sua inclinazione verso un'arte antropologica. Sfruttando gli studi e le metodologie dell'indagine scientifica, Costa riproduce fedelmente, in terracotta dipinta, le parti anatomiche dei nostri antenati. Risalendo a ritroso nel tempo, Costa ricostruisce in tal modo l'Australopiteco africano, il Pitecantropo, l'Uomo di Neanderthal e l'Uomo di Cro-Magnon, lasciando che in tutte quelle forme si ritrovino in parte le sue sembianze o, in alcuni casi, quelle di amici quali Guglielmo Achille Cavellini. Del resto è noto l'utilizzo di stampi e di forme in gesso nell'archeologia e nell'antropologia fisica, in quanto particolarmente adatti allo studio di certe caratteristiche[29]. Spiega lo stesso Costa: "Da questo lavoro, riguardante specificamente la Museografia dell'Evoluzione, giunsi a un interesse più preciso e circonstanziato per l'antropologia culturale (devo dire qui che non ho mai usato il termine Evoluzione intendendolo come un miglioramento delle forme, come un accrescimento qualitativo, ma solo come una parola che esprime le modificazioni nelle quali sono intercorse le varie specie viventi attraverso i millenni. In un mio libro del 1972, "Evoluzione-Involuzione", ho detto che l'uomo ha perso spazio di fronte alla natura e ai suoi misteri, da un punto di vista mentale, proprio nel corso della sua "evoluzione")"[30].

Sul finire del 1971 Dieter Hacker, artista tedesco proprietario di una galleria a Berlino, offre a Costa la possibilità di esporre una parte di quel lavoro pseudoscientifico: una serie di disegni sulle mani, sui piedi e sulle teste di scimmie e di proscimmie, confrontati con i calchi delle sue mani, dei suoi piedi e della sua testa. In quell'occasione viene realizzato anche un libretto in Rotaprint intitolato *Evolution-Involution*[31]. Il volume, che verrà pubblicato in italiano l'anno seguente, raccoglie e ordina sistematicamente le ultime ricerche di Costa. Il titolo *Evoluzione e Involuzione* condensa, nelle intenzioni dell'autore, il passaggio dalla libertà dell'uomo primitivo di fronte ai fenomeni naturali, che egli ancora non conosce, all'irrimediabile perdita di un diretto contatto con la natura nell'uomo di oggi. Infatti Costa avvertiva nel destino dell'uomo una sorta di condanna ad evolvere continuamente, a perdere le sue radici e a investire tutte le sue speranze sul futuro trascurando di vivere il suo presente[32]. Costa lo definisce un "testo a carattere saggistico", ma avverte che il linguaggio adottato non è strettamente scientifico e che molte notizie risultano non approfondite. Consapevole della sua distanza dai testi specialistici, riguardo alle ascendenze dell'uomo avverte che "il campo delle probabilità è vastissimo, ma proprio per la sua continua mutabilità, stimolante"[33]. Quindi Costa si sforza di utilizzare un registro divulgativo di fronte a una materia complessa e ancora misteriosa che egli stesso sta studiando e assimilando in quei mesi: una materia che parallelamente costituisce la fonte principale d'ispirazione per il suo lavoro artistico di quegli anni. In calce al volume Costa indica una bibliografia essenziale nella quale elenca, tra l'altro, *Linguaggio e mito* di Cassirer, *L'origine della specie* di Darwin, *Essere e tempo* di Heidegger, *L'io e l'inconscio* di Jung, *Gli uomini preistorici* di Leroi-Gourhan, *Antropologia strutturale* di Lévi-Strauss, *Linguaggio e cibernetica* di Singh, *Il caso e la necessità* di Monod (questo saggio, pubblicato per la prima volta nel 1970[34], viene citato da Costa diverse volte fin dalle prime pagine).

Il corrispondente visivo di questo libro di Costa è senza dubbio *Il Museo dell'uomo*, un'opera grandiosa e complessa, compendio di tutto il lavoro da lui svolto a partire dall'inizio del decennio, assemblata e ultimata agli inizi del 1974, anche se giustamente assegnata - ad esempio nel catalogo di Villa Croce - agli anni 1971-1973, considerandone la lunga elaborazione e la presentazione parziale nella personale del 1972 alla Bertesca. Infatti nell'estate 1974 *Il Museo dell'uomo* viene esposto a Colonia nella mostra *Kunst bleibt Kunst. Aspekte internationaler Kunst am Anfang der 70er Jahren, Project 74*[35] e lo stesso artista lo presenta come un'opera realizzata appositamente per *Projekt '74*: "Per questa esposizione usai un grande vecchio mobile della fine dell'800, che serviva nelle drogherie come contenitore di pasta secca e di cereali. Costituito da una serie di vetrine accostate e da cassetti estraibili, con un vetro davanti, era l'ideale per il mio "Museo dell'Uomo", per il "Mercato mobile dell'Umano". Lo riempii di oggetti appartenenti alle culture primitive: grattatoi, raschiatoi, asce a mano, carpioni, punte di freccia, punte di laccia, bastoni da comando, oggetti neolitici e paleolitici, circa 150 reperti ricostruiti

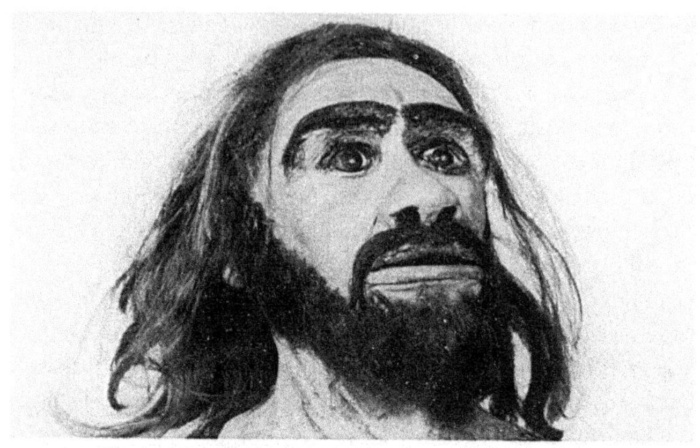
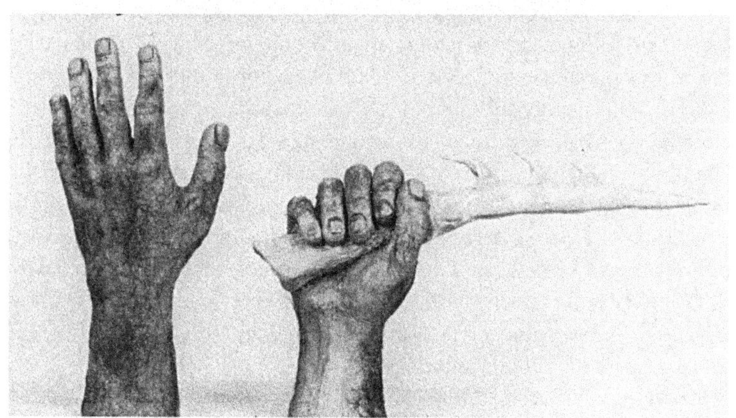
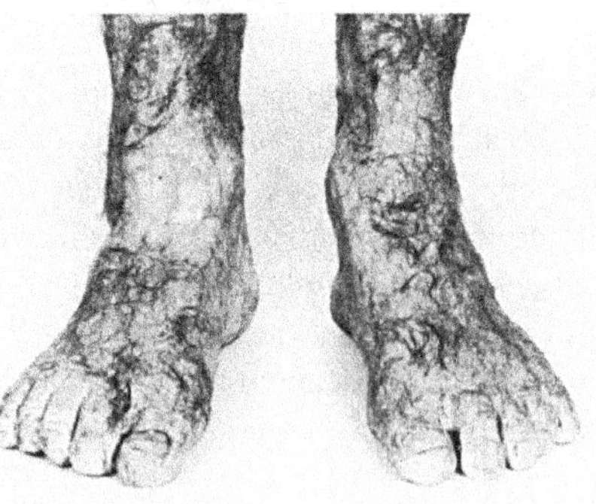

Claudio Costa, Tavola da *Evoluzione e Involuzione*, 1972. Courtesy Archivio Claudio Costa

in terracotta, pazientemente, mentre riscoprivo il senso della manualità nel rifare le 'cose'"[36]. Infatti *Il Museo dell'uomo* comprende, disposti con ordine maniacale, dodici teste in terracotta, da quella di Costa a quella della scimmia, dodici esemplari di piedi, dodici esemplari di mani e quindi gli utensili sopra citati da Costa. L'ultima fila di cassetti contiene i *miti*, che saranno l'oggetto principale delle sue indagini di lì a pochi anni: il mito dell'uomo, il mito dell'arte, il mito degli animali, il mito della luce e delle tenebre e altri ancora, evocati da oggetti semplici e quotidiani, spesso combinati tra loro.

Vale la pena di ricordare che nel catalogo della mostra di Colonia viene pubblicato per la prima volta anche il testo *L'arte antropologizzata* di Joseph Kosuth, che vi parla a lungo di Art & Language e della propria particolare appartenenza al gruppo come "non-collaboratore"[37]. Più articolato sarà il successivo saggio di Kosuth *L'artista come antropologo*, pubblicato per la prima volta nel 1975 sul primo numero della rivista "The Fox" da lui fondata quell'anno. Qui l'artista spiega come si sia modificato il suo lavoro ultimo, in riferimento sia all'ultima mostra alla Galleria Leo Castelli di New York nel gennaio 1975 sia alla nozione di "arte antropologizzata", da lui elaborata secondo un modello a suo dire ancora "piuttosto accedemico" nel corso dei suoi studi di antropologia nel 1971-1972[38].

Il Museo dell'uomo era stato acquisito dal Wallraf-Richartz Museum di Colonia (l'acquisizione avrebbe dovuto essere perfezionata) e, grazie ad Evelyn Weiss, venne inviata subito dopo a Milano ed esposta nella mostra *La ricerca dell'identità* a Palazzo Reale[39]. Per diverse ragioni ne nacque un caso internazionale e *Il Museo dell'uomo* non rientrò più in Germania.

Come ha osservato Sandra Solimano, è "difficile individuare le fonti di questo lavoro, che solo più tardi troverà una più precisa collocazione storico-artistica nell'ambito delle ricerche europee dedicate all'arte antropologica e alla ricognizione del tempo. In questo momento iniziale sembra più corretto fare riferimento al crescente diffuso interesse per gli studi di Levy Strauss; a letture e "conversazioni scientifiche" in ambiente medico e universitario ricordate da molti testimoni da me interpellati, ma anche all'immaginario filmico di quegli anni (si pensi a *Il Pianeta delle Scimmie* per non ricorrere alla ormai ovvia citazione di *2001 Odissea nello spazio*)"[40].

Come si è accennato, la prima presentazione, pur parziale, del lavoro che sarebbe poi confluito ne *Il Museo dell'uomo* avviene nel 1972 nella personale *Sull'evoluzione* nella sede milanese de La Bertesca, gestita da Massimo Valsecchi. La galleria accoglie le diverse tappe dell'evoluzione, dai protozoi fino all'Homo sapiens sapiens, con la ricostruzione della scimmia collocata a terra e le ricostruzioni dell'Australopithecus, dell'Homo sapiens Neanderthal, dell'Homo sapiens Cro-Magnon e dell'Homo sapiens sapiens collocate, in scala ascendente, su sottili supporti metallici. Un allestimento che tuttavia non soddisfa totalmente l'artista, il quale, non appena troverà il mobile di legno sopra citato, darà una nuova forma a tutto il lavoro. A distanza di due anni dall'ultima personale a Milano, questa mostra alla Bertesca aggiorna la critica e il pubblico sugli esiti ultimi delle ricerche di Costa, qui illustrate in maniera esaustiva, come del resto accadrà nella personale allestita poco dopo alla Galleria 2000 di Bologna e intitolata *Scala evolutiva*.

Proprio nel 1972 Milano accoglie la grande rassegna *Metamorfosi dell'oggetto*, un lungo itinerario che documenta l'evoluzione della concezione contemporanea dell'oggetto, dalle sperimentazioni delle avanguardie di inizio secolo a quelle dell'ultimo decennio. Nata dalla collaborazione del Comune con i maggiori musei europei e allestita a Palazzo Reale all'inizio del 1972, la mostra dovette essere visitata con un certo interesse da gran parte degli artisti qui considerati. Costa, ad esempio, vi ritrovò molte opere di Joseph Cornell, di Kurt Schwitters e di Marcel Duchamp, per citare soltanto alcuni nomi cui si è accennato. L'americano Cornell, vicinissimo ai surrealisti europei e noto fin dai primi anni trenta per le sue "scatole" contenenti oggetti eterogenei, è presente con due assemblages, del 1933 e del 1961. Di Duchamp sono esposte sei opere, tutte provenienti dalla Galleria Schwarz, fra cui le celebri *Ruota di bicicletta*, *Scolabottiglie* e *Fontana*. Schwitters figura con ben otto opere, la metà delle quali sempre di Schwarz[41]. D'altra parte l'attività delle gallerie private lascia spazio alle ricerche d'avanguardia (ricordiamo la personale di Hans Haacke, sempre nel 1972, alla Galleria Françoise Lambert a Milano), con particolare attenzione alle proposte attestate sulla linea della "dematerializzazione dell'arte", con soluzioni oscillanti tra la "dispersione" nell'azione estetica e nell'evento vitale da un lato e la "centralità" di una progressiva concettualizzazione dall'altro[42].

Costa respira volentieri questo clima e inizialmente pare condividerlo, pur scegliendo da subito l'oggetto "artigianale", l'oggetto fatto o rifatto con le proprie mani. Dunque un oggetto presente e concreto, frutto di una manualità che tuttavia è sempre affiancata da una profonda speculazione teorica. Come si è detto, l'artista ha sempre riconosciuto nel proprio lavoro una forte ascendenza dal Concettuale, ascendenza tuttavia poco evidente avendo egli "sempre usato l'opera ridondante". E al Concettuale Costa riconnette l'idea e la concezione stessa del "work in regress", che a suo dire sarebbe scaturita in questa prima fase di ricerca e riconduce, in ultima analisi, l'origine del suo interesse verso l'alchimia: "Come dicevo, comunque, il *work in regress* è nato in contrapposizione a Joyce, da cui è nato il *work in progress*. Dietro a questa prima idea c'era però il riferimento all'*origine*, un tentativo - cioè - di decifrazione dell'origine dell'uomo. Facevo delle ricostruzioni in terracotta, in disegno, in pittura, che partivano dalle origini dell'uomo. [...] Eh sì, diciamo più esattamente, risalivano. Infatti questo è stato proprio un lavoro "al contrario". Questo lavoro, del *Museo dell'uomo*, partiva dai calchi recenti, miei, fatti sul mio corpo (oppure su quello di persone che volevano così farsi rilanciare all'indietro) e risaliva pian piano, nel corso dell'evoluzione, agli uomini primitivi o, ancor prima, a quelle forme che, del resto, non sono state ancora ben chiarite dalla scienza antropologica, paleontologica. Dunque diciamo che il *work in regress* è qualcosa che si riferisce all'*origine*. Tiene conto anche delle culture, delle culture primitive, queste sacche di esseri che sono rimaste così fuori dalle tradizioni culturali dominanti, fuori dalle cosiddette civiltà indoeuropee e che hanno seguito un'evoluzione lentissima, del tutto diversa dalla nostra. Credo che queste culture primitive conservino qualcosa di magico, un qualcosa di primario che noi, tutto sommato, abbiamo perso. Credo, in altri termini, che questi uomini siano più vicini di noi all'*origine* e abbiano una connessione con le cose, un rapporto che conserva un aspetto magico, o mitico, che a noi sfugge assai sovente... Allora, per riassumere nuovamente: come lavoro concettuale in contrapposizione al *work in progress* di Joyce; *work in regress* come riproposta dell'*origine*, certo non come quella del "buon selvaggio" di Rousseau, ma come ricerca antropologica (in fondo, un'altra componente di cui non ho parlato prima e che mi ha influenzato profondamente, è la scienza, l'idea di scienza, la scienza anche come metodo di lavoro). In terzo luogo, il *work in regress* è qualcosa che ci riporta al magico, al mito, al rito. Da tutto questo è iniziato un mio interesse per un fenomeno che è stato sempre molto vicino all'*origine*, molto vicino a teorie al di fuori della cultura ufficiale: la scienza alchemica, l'alchimia...[...]"[43].

Inoltre non va dimenticato che un polo di confronto costante sono stati per Costa l'opera di Duchamp e le questioni teoriche impostate dall'artista francese, pur sviluppando egli un lavoro personale e con esiti, criticamente consapevoli, di segno opposto. Tuttavia verso fine decennio, a fronte di richiami più puntuali, Costa preferirà rivendicare la propria attenzione verso l'oggetto manufatto, allontanando così ogni sospetto di concettualismo troppo spinto. Quando infatti Sarenco nota, nella sequenza *Strumenti solidali con una agricoltura terrestre* del 1977, uno spostamento "verso una *antropologia concettuale*: un passaggio dall'oggetto alla sua definizione linguistica", Costa risponde: "No. Sono le fotografie che possono far pensare a questo, a una catena di ordine intersemiotico sul tipo di quella usata da Kosuth. Nella sequenza "Per un'agricoltura terrestre", l'oggetto vero non compare mai: la madia è ricoperta di terra e, con il corno e il letame, assume un valore simbolico di feticcio animale. La pala, la zappa ed il rastrello appesi al muro, sono ricostruzioni in terracotta artigianali, come l'oggetto preso in esame ha anch'esso una funzionalità artigianale ben precisa. La fotografia incorniciata dell'oggetto vero mi serve come traccia, come riferimento per la sua ricostruzione, mentre l'impronta in terra mi da la misura della sua dimensione reale. Penso quindi che tutto ciò sia molto lontano da una antropologia concettuale: il mio interesse è per l'artigianalità, per il rifare le cose con le mani, pazientemente, quasi con cautela, ripetendo antichi gesti sul più antico dei materiali usati dall'uomo: l'argilla, che può sopportare la prova del fuoco"[44].

D'altra parte, anche Caterina Gualco giudica l'attenzione verso l'oggetto manufatto l'unico elemento comune nelle ricerche degli artisti che lavorano sull'arte cosiddetta "antropologica" e spiega: "Direi che con il concettuale è stato un riportare tutto a un grado zero, però tutto poi si muove dal concettuale, anche il loro stesso lavoro, in qualche modo. In fondo non c'è una grande differenza tra un Venet che ti pone una tavola scientifica come opera d'arte e un Paradiso con le sue catalogazioni di pietre e di oggetti, o il lavoro di Costa sui Maori etc. Se mai c'è un andare avanti nel lavoro del concettuale, in quanto oltre a portare un discorso che parte dalla scienza, questi artisti lo arricchiscono con l'intervento fantastico". Quindi prosegue notando uno spostamento di questi artisti verso una riscoperta delle discipline esoteriche e forse anche verso "un tentativo di riallacciarsi alla natura nel senso di una natura naturale, una natura reale, esistente"[45].

Non essendo mai stata ufficializzata in Italia e nella storiografia artistica più divulgativa una corrente di "arte antropologica", è comunque impensabile non includere Costa fra le nostre "esperienze concettuali" di punta, almeno nei primi anni Settanta[46].

In un dattiloscritto di Costa, che è il diretto precedente della tavola sinottica riportata in apertura di questo capitolo[47], l'artista limita il primo periodo della propria attività agli anni 1970-1972 (ove però non cita i primi due volumi da lui realizzati), e introduce invece una fase 1972-1973 poi scomparsa nello schema finale pubblicato nel 1991. A questa breve fase, che ha le proprie scienze di riferimento nell'arte preistorica e nei graffiti rupestri e una propria bibliografia (B. Malinowski, U. Rosenthal, P.J. Ucko-A. Rosenfeld), l'artista ascrive le "ricostruzioni della cultura materiale preistorica" e le ricerche sui *Colori della pelle umana*[48]. Infatti Costa, subito dopo la pubblicazione di *Evoluzione-Involuzione*, comincia a interessarsi della pigmentazione della pelle umana e, attraverso ricerche sui testi scientifici, lavora sui possibili colori (reali, presunti o immaginati) della pelle di popoli primitivi all'epoca estinti, sopravvissuti o da poco integrati. Oltre a una sequenza di teste in terracotta dipinta (*Cinque colori della pelle umana*, 1972), realizza piccole formelle di argilla a volte cotta, che poi dipinge a tempera e dispone con ordine classificatorio su lastre di cristallo (*Cristalli*, 1974). Un lavoro che è la diretta premessa a quello sui Maori: "La classificazione delle razze umane secondo le varie colorazioni della pelle è un lavoro di tipologie, condotto sul raffronto delle pigmentazioni umane di base, quando queste si mescolano fra loro (1973). Nel 1974 ho scoperto le "geografie" facciali, incise sulla pelle dei Maori della Nuova Zelanda e ho cercato di esprimerle visivamente come iconografie di un alfabeto circolare, di cui non si conosce più precisamente la chiave di lettura"[49].

Costa non ha invece quasi mai parlato nei suoi testi della *Serie preistorica*, dieci casse di legno contenenti oggetti in terracotta dipinta e cartellini con le relative descrizioni "scientifiche". Un'opera che il catalogo della personale di Costa ad Aquisgrana assegna al 1974, ma che in realtà risale al 1973 (come testimonia anche il catalogo di Villa Croce), dal momento che nel 1974 Costa finalmente assemblò, in funzione della mostra in Germania, quei materiali che egli aveva pazientemente ricostruito nel corso di lunghi mesi. Di nuovo un lavoro classificatorio e museografico, esito della paziente ricostruzione da parte dell'artista di una serie di punte di freccia e di altri strumenti di difesa appartenenti alle culture primitive, fissati all'interno di bacheche e ostentati come campioni di una cultura specifica. Una sequenza avvicinabile, almeno sul piano della presentazione formale, ai *Contenitori scientifici* realizzati da Paradiso intorno al 1974-1975, anche se in realtà assai distante da essi quanto al contenuto: infatti Paradiso vi ordina le centinaia di punte di freccia originali da lui raccolte nel corso dei suoi viaggi, mentre Costa le ricostruisce e le classifica ordinatamente a partire da testi scientifici. Le bacheche di entrambi gli autori italiani potrebbero essere accostate alle registrazioni, quasi da archeologo professionista, del tedesco Nikolaus Lang, un autore indubbiamente apprezzato da Costa, il quale lo ricorda in alcuni scritti. Infatti fin dai primi anni Settanta Lang concentra la sua ricerca sul raggruppamento e sulla classificazione di manufatti, con esiti paralleli a quelli degli allestimenti museografici di oggetti archeologici, antropologici ed etnografici, realizzando però i suoi oggetti nei loro siti d'origine, si tratti dell'Inghilterra, del Giappone o dell'Alta Baviera. Un rapporto ancor più stringente, per quanto concerne l'utilizzo di calchi e ricostruzioni, potrebbe infine legare l'opera di Costa a quella di Anne e Patrick Poirier, indirizzati però già da tempo sulla strada dell'archeologia e di un'utopia dell'architettura (dalle *Quindici erme* di Villa Medici alla personale ricostruzione di Ostia Antica, fra il 1970 e il 1972, fino al complesso lavoro sulla *Domus Aurea* intrapreso nel 1975). Il "modello" degli scavi archeologici viene dai Poirier utilizzato per dare forma a una vera e propria messinscena archeologica, a una sorta di rovina della memoria i cui percorsi labirintici richiamano quelli del cervello umano come magazzino delle culture.

Un'utile chiave di lettura per comprendere questo genere di opere, oltre che buona parte delle ricerche poi incluse da Günter Metken nella mostra del 1974 *Spurensicherung: Archäelogie und Erinnerung,* è costituita dal volume di J. Putnam, *Art and artifact. The museum as medium*, che analizza lo scambio ideologico e la relazione fra artista e museo nella seconda metà del Novecento. L'uso delle bacheche è esemplificato da alcune opere di Christian Boltanski e di Joseph Beuys, mentre sull'accumulo ossessivo di ogni genere di materiale e sulla sua conservazione, prima delle *Time Capsules* di Andy Warhol vengono citate le scatole di Joseph Cornell. Cornell, tra l'altro, nei primi anni Quaranta, dovette assistere Marcel Duchamp nella realizzazione dei vari elementi del suo museo portatile *Boîte-en-valise*, un'opera che rappresenta l'archetipo di questa modalità di approccio all'arte analizzata da Putnam. Nel volume Costa è rappresentato dalle immagini di tre opere esemplificative di tre fasi diverse: *Il Museo dell'Uomo*, 1974; *L'Ineffabile Circolazione dell'Umano*, 1981; *Ontologia archeologica*, 1994[50].

Appartiene a questa fase di ricerca di Costa, interessata alla tassonomia e all'archiviazione, anche la serie di settantaquattro pezzi risalente al 1973 e intitolata *Il processo e il modello dell'evoluzione*, presentata all'ottava edizione della Biennale di Parigi nell'autunno dello stesso anno[51] e riproposta ad Aachen nella primavera successiva. L'opera è costituita da una lunga sequenza di stampe fotografiche con la descrizione di una serie di tipi fisici - congoide, mongoloide, australoide, mediterraneo caucasoide (ove ritroviamo una fotografia del giovane Costa), ecc. - corredate da piccole formelle di argilla dipinte a tempera e accompagnate dal testo di Costa *Il processo e il modello dell'evoluzione. La specie umana pluridimensionale*[52].

La personale di Aquisgrana nel marzo-aprile 1974, intitolata *In compagnia del cervello umano e della preistoria dell'uomo. Opere 1970-1974*, documenta in maniera esaustiva tutti i cicli di lavoro svolti da Costa fra il 1970 e il 1974, come testimonia il catalogo della mostra, strutturato come una cartelletta di cartoncino con una tasca contenente fascicoli sciolti. Si comincia con *Il cervello umano* del 1970, che comprende otto "descrizioni" del cervello umano: anatomia, varie sezioni, radiografia, trattamento con acidi e fotocopie. Si prosegue con *La struttura dell'evoluzione* del 1971, che attraverso quattordici tappe[53] - dai batteri e dai protozoi fino all'Homo sapiens sapiens, esemplificato da un'immagine dello stesso Costa - ripercorre gradualmente la struttura dell'evoluzione. Segue *L'evoluzione dell'uomo preistorico*, un lavoro del 1972 articolato nelle varie descrizioni dell'evoluzione del cranio, della mandibola, del piede, della mano e del volto. Le quattro immagini del volto - ricostruzioni del Pithecantropus IV, dell'Homo sapiens Neanderthalensis, dell'Homo sapiens Cro-Magnon e dell'Homo sapiens sapiens - sono dotate ciascuna di una scheda con informazioni concernenti l'altezza, il volume medio del cervello, la dieta, la cultura, il linguaggio e l'organizzazione sociale. Il fascicolo successivo è dedicato al lavoro del 1973 sopra citato, *Il processo e il modello dell'evoluzione*, con il testo di Costa ad esso dedicato.

Segue il fascicolo su *I colori della pelle umana* del 1973, con le fotografie a colori di cinque teste in terracotta dipinta ("negroid, australoid, capoid, caucasoid, mongoloid"). Infine *La cultura dell'uomo preistorico* del 1974 è descritta da due grandi immagini di selci lavorate (dell'era neolitica e dell'era predinastica egiziana) e dalle immagini delle dieci casse già citate, in seguito denominate *Serie preistorica*.

Nel testo di presentazione della mostra (intitolato *Tracce di pensiero dalla preistoria*), Wolfgang Becker evidenzia, sia nel catalogo che nell'esposizione, la metodicità del lavoro dell'artista italiano, il quale utilizza l'apparato visivo tipico dei musei antropologici. Ricorda come la scena internazionale offra già diversi esempi di un'incalzante necessità di interscambio tra i sistemi di pensiero (il pensiero politico in Joseph Beuys e in Richard Serra o la matematica in Hanne Darboven) e come in questo contesto dei musei di Aquisgrana i lavori di Claudio Costa, di Nancy Graves, dei coniugi Poirier, di Nikolaus Lang e di Alan Sonfist [tutti rappresentati, al pari di Costa, dagli esiti recenti della loro ricerca], documentino il ruolo sempre più importante dell'archeologia, dell'etnologia e dell'antropologia. "Le opere di questi artisti, perciò, riguardano soltanto *apparentemente* le scienze naturali, in quanto mettono in scena il lavoro dello studioso di scienze naturali per porre una questione generale di tipo disciplinare. In tutti, la simulazione della ricerca naturalistica resta trasparente [...] Riesce difficile determinare la qualità del loro lavoro con i criteri del sistema visivo e di pensiero dell'arte. D'altra parte, solo gli archeologi, gli etnologi e gli antropologi possono misurare la portata di questi contributi artistici per le loro discipline. Qui, per quanto riguarda l'arte, gli spunti di riflessione provengono dalla rappresentazione del metodo delle scienze naturali e dalla conseguente e più generale problematizzazione della ricerca scientifica"[54]. Tuttavia Becker precisa che Costa, a differenza degli altri, non si limita a un complesso spaziale o a un segmento temporale, ma analizza l'intero percorso evolutivo dell'uomo, dalla preistoria fino al 1974, mediante una sequenza regolare e continua. Inoltre, alla relazione diretta con il sito originario e ai materiali di prima mano, Costa preferisce il materiale originale già ordinato e classificato nei musei di storia naturale oppure quello di seconda mano, descritto e analizzato nelle pubblicazioni etnografiche e antropologiche. Nota infine come per il suo lavoro le interpretazioni sotto forma di testo delle scienze naturali offrano più spunti delle "immagini" in senso stretto.

Venticinque anni dopo, nel testo per l'antologica di Costa a Villa Croce, Wolfgang Becker ricorderà con nostalgia l'esperienza del 1974 - quando, accanto al Museo Antropologico di Costa, il Museo di Arte Contemporanea di Aquisgrana accolse anche il Giardino Botanico, quello Zoologico e il Museo di Antichità e Monumento Storici - e la figura rivoluzionaria ma isolata di Claudio Costa. Osservando l'intero percorso dell'artista italiano a distanza di anni, Becker metterà in luce l'elemento di violenza che riappare costantemente nell'opera di Costa, citando - dai suoi testi e dalle sue opere - vari esempi di immagini di mani che agitano una clava. Inoltre confesserà di essere rimasto colpito soprattutto dall'amore di Costa per le inversioni e per le opposizioni: l'evoluzione e l'involuzione, il lavoro svolto e il lavoro in corso, l'*anthropologie révéléè* e l'*anthropologie réensevelie*[55]. Becker è l'unica voce critica ad accennare come il libro *Evoluzione e Involuzione* e l'esposizione delle opere di Costa in un museo abbiano dato origine a fraintendimenti e confusioni sulle possibilità didattiche e divulgative di quei due strumenti, nati invece con tutt'altri propositi.

4. 1973/75: *I Maori* e *Due esercizi di Antropologia*

Nel 1973 Costa ha ormai eletto a scienze di riferimento l'etnografia e l'antropologia e nei due anni successivi vive una fase di intenso lavoro e di prestigiosi riconoscimenti, anche sul piano internazionale. Mentre prosegue le ricerche sui *Colori della pelle umana*, egli è incuriosito dai tatuaggi sui visi dei Maori della Nuova Zelanda, gli abitanti autoctoni di ceppo polinesiano, e scrive al Museo di Wellington per richiedere una documentazione in merito. "Mi affascinavano i tatuaggi sui loro visi, incisi nella pelle come nel legno delle loro capanne, tatuaggi che costituivano una sorta di alfabeto circolare, per noi ormai intraducibile"[56]. Costa infatti sviluppa il lavoro dedicato ai *Maori* nel corso di alcuni mesi, soprattutto nel 1974, utilizzando diversi tipi di materiale e articolando il ciclo a sua volta in varie opere: *Geografie umane; Mappe facciali; Tatuare il tatuaggio; Gli occhi dei Maori riflettono i colori latenti della foresta*. L'esplorazione virtuale della Nuova Zelanda verrà affiancata, nel settembre 1974, da quella reale del Marocco con l'indagine sul Magreb. Le due esperienze si fonderanno infine nel volume *Due esercizi di antropologia*, edito nel dicembre 1974 da Nuovi Strumenti a Brescia, dove, contemporaneamente, Costa allestirà una personale.

Nel dattiloscritto del 1985 sopra citato, fra i suoi riferimenti bibliografici nel periodo fra il 1973 e il 1975, Costa menzionava anche l'esploratore norvegese Thor Heyerdhal, poi eliminato nella versione definitiva del testo, risalente al 1991, qui riportata nell'introduzione. In Italia gli interessi marittimi e le spedizioni archeologiche di Thor Heyerdahl (1914-2002), che scomparve nella sua casa di Laigueglia all'età di ottantasette anni, ebbero una popolarità indiscussa fin dal dopoguerra[57]. Ricordiamo la sua spedizione archeologica del 1955 all'Isola di Pasqua (Rapa Nui) e nella Polinesia orientale, autofinanziata ma sotto il patronato del Re Olaf V di Norvegia. Se è vero che le avventure e le scoperte di Heyerdahl furono soltanto uno degli innumerevoli interessi coltivati da Costa, temperamento vulcanico e curioso, immediatamente reattivo ad ogni minima sollecitazione, spesso casuale, da parte di amici e conoscenti, tuttavia il legame dell'artista con l'esploratore norvegese meriterebbe un approfondimento, considerando i lunghi soggiorni in Liguria di Heyerdhal. La storiografia critica fa soltanto rari e vaghi cenni ai contatti di Costa con l'esploratore[58], effettivamente avvenuti, ma soltanto negli ultimi anni di vita di Costa.

È con un'opera dedicata ai Maori (*Gli occhi dei Maori riflettono i colori latenti della foresta*) che Costa partecipa, nel marzo 1974, alla mostra *Tempo e ricognizione* alla Galleria La Bertesca di Genova. Accanto a lui, Bernhard e Hill Becher, Christian Boltanski, Gilbert&George, Anne e Patrick Poirier, Gianni Emilio Simonetti e Dorothee von Windheim esplorano le tematiche del tempo, della memoria individuale e di quella collettiva, mediante pratiche ricognitive di carattere scientifico e catalogatorio o mediante analisi di impronta concettuale. Il catalogo è introdotto da un testo (firmato "La Bertesca"), in cui la scelta del tema della mostra è presentata come un'alternativa rispetto alla mostra precedente (*Dolla, Isnard, Viallat*), che ipotizzava uno sbocco consequenziale alla "conceptual art": "Si tratta di artisti che hanno vissuto, personalmente o almeno come fatto storico, l'esperienza concettuale, ma le soluzioni cui essi pervengono, non si esauriscono in operazioni oggettive ed analitiche riferite esclusivamente all'arte, sono intuizioni, esperienze intimistiche e contemplative, che hanno come matrice comune il tempo o meglio il rapporto tempo-uomo". Un atteggiamento comune agli artisti selezionati è quindi "un rapporto diretto con una realtà, vera o immaginata, caratterizzata dalla categoria tempo (realtà-tempo)". Premesso che "l'intento, rispetto all'oggetto, è sempre il recupero", il testo sintetizza le diverse modalità utilizzate dagli artisti, fra cui "recupero totale, quando la meditazione originaria è l'evoluzione della specie", riferendosi evidentemente a Costa. Quindi conclude: "Tempo, dunque, come senso, contenuto o struttura portante di una meditazione sul fatto uomo. Ricognizione come metodo, come atteggiamento. Insieme, elementi di una situazione che si sfuma al limite come anticipazione di crisi e di decadenza, caratteristiche di una cultura europea, come europei sono gli autori proposti"[59].

Nello stesso periodo viene inaugurata la personale di Claudio Costa alla Neue Galerie-Sammlung Ludwig di Aquisgrana, curata da Wolfgang Becker, mentre in aprile Günter Metken e U. Schneede invitano l'artista alla mostra *Spurensicherung: Archäelogie und Erinnerung* (*Conservazione delle tracce, archeologia e memoria*), allestita prima al Kunstverein di Amburgo e poi alla Lenbachhaus di Monaco. Una rassegna in cui sono presenti pure Anne e Patrick Poirier, Nikolaus Lang, Jean Marie Bertholin, Charles Simonds, Dorothee von Windheim, Jochen Gerz, Didier Bay e Christian Boltanski[60]. Il termine tedesco "Spurensicherung" - che significa letteralmente "colui che scopre e registra le tracce" - sembrò ai due critici il più adatto per associare questi artisti diversi, evidenziando così una caratteristica fondante del loro lavoro: l'inclusione di tracce sia della storia che del mito. Un lavoro che include spesso manufatti originali combinati con altri ricostruiti, presentati con un certo grado di metodologia "scientifica" e preceduti da attente ricerche sugli oggetti dei musei[61]. Un'esperienza che Costa ricorderà in questi termini: "Spurensicherung significava, in senso lato, il ricercare le tracce che si trovano sui luoghi dei delitti. Alla mostra c'erano i Poirier, N. Lang, e altri artisti che hanno poi sviluppato, in modo diverso, il loro lavoro. Quell'idea era già un'individuazione del "territorio" che avrebbe portato alla "Archeologia degli Umani" di Documenta 6 a Kassel"[62]. Si è già detto che nell'estate del 1974 Costa sarebbe tornato in Germania con il *Museo dell'uomo*, realizzato appositamente per la rassegna *Project 74*.

Nel settembre dello stesso anno l'artista intraprende un viaggio in Marocco (insieme a lui è Enrico Pedrini), per tentare un'indagine in un luogo dove ancora si trovavano "sacche" di culture primitive. Così racconterà quell'esperienza alcuni anni dopo: "Pensavo agli impervi villaggi del Rif, alle tribù Beni Iznasen (Oriente del Rif), Beni Uriaghel [...]. Mi ero preparato certe domande da fare ai Berberi sulla letteratura orale e sulle leggende che essi si tramandano attraverso la voce e la mia domanda principale era: "Da dove viene l'Uomo?". Avrei voluto avere un disegno e una descrizione delle loro antiche case (Gurbi e Nuala), fatte di mattoni crudi, pietre e sterco di animali; avrei voluto sapere quali erano gli utensili privati e quali i comuni e l'influenza che questi potevano avere sull'uomo e sulla sua socialità. Pensavo che nel Duar o Agadir (il villaggio fortificato), poteva esistere o una gerarchia, o un primitivo concetto di tribù, nel villaggio stesso, diverso da quello attuale. Avevo letto che [...]. Purtroppo, partii disorganizzato, senza guide e senza permessi per fotografare [...]. Dovetti accontentarmi di fotografare le capanne in paglia e sterpi che i marocchini più poveri, con il nomadismo nel sangue, fabbricano nel corso della stagione estiva, sulle lunghe spiagge bianche battute da caldi venti e parlare, nelle fumerie di Tangeri, con giovani arabi inquieti e carichi di rabbia contro il regime feudale che li opprime. Su questa ricerca fu pubblicato un libro dal titolo *Due esercizi di antropologia* (ed. Nuovi Strumenti, Brescia, 1974). Nel libro, il primo "esercizio" lo feci "a tavolino", come usavano fare i vecchi antropologi, col materiale che avevo raccolto sui Maori; il secondo "esercizio" fu quello eseguito dal "vero" sul "terreno" marocchino"[63].

Due esercizi di antropologia, introdotto da un testo di Edda Gazzerro, è costituito da una prima parte comprendente un breve testo divulgativo sui Maori e una ventina di immagini esemplificative degli interessi di Costa in quella fase del suo lavoro: capanne Maori in legno scolpito e capanne in frasche, donne e uomini Maori con il costume tradizionale, varie facce tatuate di capi Maori. Nella seconda parte, a un testo autobiografico in cui Costa descrive dapprima le due capanne da lui fotografate a K'sar Esegir, un piccolo villaggio sulla costa marocchina a nord di Tangeri, poi la conceria di pelli nella Kasbah di Fez, seguono una quarantina di immagini. Inizialmente Costa pone a confronto, nella stessa pagina, le due capanne in paglia e frasche con i rispettivi particolari del focolaio in pietra e del pozzo; quindi dispone una sequenza che illustra il processo di lavorazione delle pelli all'interno della conceria. Edda Gazzerro attacca il suo testo introduttivo dichiarando: "Claudio Costa procede nella fattura dell'opera secondo una metodologia di "fare" tipica dell'arte concettuale, della quale è certamente un contemporaneo partecipe". Poco dopo precisa che "l'opera [...] tende a stabilire un rapporto di conoscenza proveniente dagli oggetti come fatti"[64].

Il ciclo dei Maori e soprattutto il viaggio in Marocco preparano, in un certo senso, la più complessa "operazione Monteghirfo", che Costa affronterà subito dopo la pubblicazione di *Due esercizi di antropologia*. Sempre con lavori dedicati ai Maori Costa parteciperà nel 1975 alla mostra *Empirica: l'arte tra addizione e sottrazione*, ideata e realizzata da Cortenova[65], e nel febbraio-marzo 1976 alla mostra *La ricerca delle origini*, allestita alla Galleria d'Arte Moderna del Teatro di Parma e comprendente anche opere di Ugo Dossi e dei coniugi Poirier[66].

5. Il Museo di Antropologia Attiva (Sezione Arte Moderna) a Monteghirfo

La prima residenza italiana di Costa era stata a Monleone di Cicagna in Liguria, presso i parenti. Da lì, nel 1950, egli si era trasferito a Chiavari, dove aveva frequentato il Liceo scientifico. Dunque le sue radici affondavano in quelle zone magiche e poco accessibili dell'entroterra ligure. Dopo il viaggio in Marocco nel settembre 1974, per la prima volta gli balena l'idea di porre a confronto un villaggio marocchino con un villaggio ligure. Pochi mesi dopo, Costa lavora al ciclo di opere *Per un inventario delle culture*, una sequenza di vetrine fatte costruire sul modello di una vecchia vetrina per scarpe in legno: al loro interno, pone le "tracce" di culture primitive diverse e distanti nel tempo e nello spazio, ma legate dall'unicità dell'origine umana e dalla somiglianza dei suoi riti e dei suoi miti. Un ciclo che viene presentato nel 1975 a Milano, alla Galleria Massimo Valsecchi[67]. È a seguito di quest'idea che egli decide di ritornare sulle colline di Fontanabuona, dove aveva trascorso l'infanzia, alla ricerca delle tracce del passato.

La Fontanabuona è una valle lunga una quarantina di chilometri che si svolge parallelamente alla costa, dalle spalle della montagna genovese fino all'entroterra di Chiavari, ed è percorsa dal torrente Lavagna. Oltre all'agricoltura - vi prevalgono le colture promiscue (viti, ulivi e fiori) o i boschi di castagno - già dall'antichità la maggior risorsa economica della valle erano le cave di ardesia, una pietra che fin dal Medioevo era largamente esportata e da sempre utilizzata nell'edilizia locale. Nei più antichi insediamenti rurali quali Lorsica e Monteghirfo l'ardesia veniva utilizzata non solo per la costruzione degli edifici ma anche per la realizzazione degli arredi interni.

A Monteghirfo, nel settembre 1975, Costa avvia un'indagine sistematica intorno all'oggetto (peraltro da tempo al centro dei suoi interessi) "secondo una metodologia di procedere che consenta ampio margine all'immaginazione" (68), indagine che lo conduce alla creazione del Museo di Antropologia Attiva. Un'operazione che tuttavia reca segnali evidenti e significativi (la magia bianca o il rito della "Sperlengoeuia") della fase alchemica che Costa avrebbe intrapreso definitivamente pochi anni dopo.

È vero che Costa sviluppa il progetto insieme ad Aurelio Caminati, il quale si occupa di tutta la parte scenografica di *Controprocesso* e risulta coautore dei vari testi sull'evento, pubblicati nel settembre 1975. Tuttavia, analizzando l'operazione e leggendo attentamente quei testi, è evidente come la concezione generale e lo sviluppo analitico del lavoro siano fortemente segnati dalla personalità di Costa. All'epoca non esisteva ancora una strada per raggiungere quel piccolo aggregato di case situato su un pendio a nord di Chiavari, a 450 metri sul livello del mare, dove però ancora si trovavano abitazioni risalenti all'età medioevale. In alcune stanze di una casa abbandonata da poco e ancora quasi intatta, Costa avvia una classificazione di tutti gli oggetti in essa presenti (il sapone, le stringhe consumate degli scarponi, le lamette da barba ecc) recuperandone la termonologia originale. Spiega Costa: "Là, fra muri senza calce, pieni di nicchie e anneriti dal fumo di ciocchi ancora verdi, nella cucina dove il fuoco si faceva su un'ardesia incastrata nel pavimento di terra battuta e una griglia di duro legno era come un soffitto sospeso, dove si collocavano le castagne a seccare, là capii che il Museo dell'Uomo, il 'Mobile per la pasta', poteva fermarsi in questo luogo e in questo luogo diventare un 'Museo di Antropologia attiva'"[69]. Dunque si tratta, nelle intenzioni di Costa e Caminati, di un museo dinamico, concepito come un'estensione della casa e delle attività manuali e aperto ad ospitare "altri oggetti determinati da altre idee funzione" fabbricati a Monteghirfo o più genericamente in Liguria. Premessa fondante dell'operazione è infatti "il rapporto strutturale e necessario" dell'uso e della forma dell'oggetto (domestico o da lavoro) "con l'uomo e con uno spazio che fu abitato dall'uomo". Nel complesso, il Museo di Antropologia Attiva fonde l'attenzione per l'oggetto della cultura materiale contadina, dotato di qualità materiche e cromatiche a Costa congeniali, con l'interesse per le tematiche del tempo e della memoria, individuale e collettiva.

I due artisti intendono restituire agli oggetti il loro "statuto antropologico", ossia "l'impronta antica del gesto di fabbricazione", ribaltando in tal modo il punto di vista di Duchamp. Una lettura - quest'ultima - su cui insisterà soprattutto Enrico Pedrini, estendendola all'intera attività di Costa[70]. D'altra parte sono gli stessi Costa e Caminati a chiamare in causa Duchamp (mediante una citazione da Catherine Millet) per spiegare come attraverso il processo compiuto dall'artista francese all'inizio del Novecento, ossia la decontestualizzazione dell'oggetto e la sua denominazione "oggetto d'arte", venga alterato l'originario rapporto fra l'uomo e l'oggetto. Al contrario, Costa lascia l'oggetto nel suo luogo di appartenenza, affinché se ne possa leggere con chiarezza la "funzione", e crea il museo intorno ad esso. Si tratta quindi di agire "umilmente" sull'oggetto "ritrovato (non trovato)". Adottando l'atteggiamento dell'etnologo, Costa respinge ogni distinzione tra oggetto d'uso e oggetto d'arte e pone l'operazione di Monteghirfo nell'ambito della "storia delle cose" più che della "storia dell'arte"[71]. La sua volontà di lasciare l'oggetto come tale procede parallelamente alla decisione di costruirvi intorno un Museo di Antropologia Attiva, che automaticamente trasforma quell'oggetto in opera d'arte. Al contrario, un museo tradizionale "sottrae gli oggetti alla loro realtà". Quindi, quello di Monteghirfo è un ""Museo" non più produttore d'Arte carismatica, ma Luogo dove si fabbrica la struttura stessa di uno strumento aperto alla verifica degli accadimenti, siano essi storicizzati [...] o appartengano all'immediata cronaca. "Museo" inteso come prolungamento della casa e dell'attività manuale, dove non si tratta di raccogliere oggetti per archiviare vestigia disseccate come negli erbari, o non si descrivono e si analizzano le forme nella loro esteticità, ma Luogo dove si fissano dati referenziali ed esistenziali di una situazione umana. "Museo" non più come struttura architettonica socio-culturale, nata a priori per conservare documenti per la maggior parte distaccati dagli uomini che li hanno prodotti, ma struttura immaginativa (astratta, ideale, concentrata, immediata, attiva), che manifesti oggetti rivalutabili, da un lato come messaggi culturali, e dall'altro come forme sociali". E i due artisti concludono con una difesa di quella cultura, all'epoca schiacciata dagli stessi uomini, di cui quei poveri oggetti contadini sono portatori: "Da questi presupposti si ricaverà l'implicazione culturale dell'"indigeno", che [...] potrà acquisire coscienza profonda del suo essere vero esempio di comportamento e fonte di un insegnamento conseguente" [sottolineature dell'autore].

Nel pieghevole che funge da invito per l'inaugurazione del Museo, un breve testo spiega il significato dell'operazione compiuta e quello degli eventi programmati per l'apertura: "Questa società-tipo, che da sola ha fabbricato le sue risorse, con taluni dei suoi intatti residui di un preciso costume di vita, rappresenta una cronaca di fatti autentici e di cose semplici, ma esemplari e, attraverso gli indizi sui sentimenti e l'analisi sulla materia, ci permette di ritrovare un momento embrionale di una cultura periferica e la scansione arcaica del tempo (il ciclo della castagna, del fieno, della vite ...) secondo un calendario stagionale - misura naturale degli anni che passano, dell'uomo e delle cose - elementare come le lune per gli indiani". E, a proposito del tempo fermo e immobile, si ricorda come quella zona sia per la Liguria "terra di streghe" e di "fatture": "La strega e il diavolo di Monte Caucaso sono, come la castagna e gli oggetti d'uso, una costante di questi luoghi: la capra come incarnazione diabolica, l'olio, l'acqua, l'ulivo, il grano, quali strumenti di manipolazione e il *Controprocesso*, pensato e fatto rivivere fra queste colline, vuole essere nulla più di un necessario quanto reale gesto che recupera l'immagine di una determinata cultura delle analogie".

Il giorno dell'inaugurazione, sabato 4 ottobre 1975, vide alle ore 9 l'apertura del museo, alle ore 12 la cottura della focaccia "matta", alle ore 14 la visita e la spiegazione del Museo, quindi, alle ore 16, la performance *Controprocesso*, trascrizione animata di alcuni riti. A proposito di quest'ultima, gli oggetti quotidiani e simbolici necessari per il rito della "Sperlengoeuia", come spiega l'elenco pubblicato in un volumetto ciclostilato edito per l'occasione[72], sono dei chicchi di grano in un piatto di legno, un mestolo in legno, un piattino di maiolica e una bottiglietta di olio santo. Le foglie di ulivo benedetto e uno sgabello di legno sarebbero invece serviti per il rito "U purpu". Fra altri oggetti, simboli e persone coinvolti, l'elenco cita ad esempio "registratore (musica di Meredith Monk: *Our lady of late*)"; "tre infermieri (simbolo della violenza sulla mente)"; "dipinto e ricostruzione di testa apotropaica (l'originale si trova a Lorsica. Veniva usato contro il malocchio" e, infine, "il trascrittore (il suo scopo è quello di essere un "supporto" di gesti e un momento di riti sopravvissuti. Richiama gli "indigeni" al loro significato profondo e risveglia nell'osservatore il proprio complesso di colpa)". Fra i testi originali letti in genovese dal trascrittore vengono riportati brani da *Lo specchio della magia* di R. Seligman (1951) e altri da documenti tratti da uno studio recente e relativi al processo d'inquisizione contro Franca Borrello[73]. Fondamentale l'avvertenza finale: "Sarebbe errata e deviante una lettura "artistica" (concettuale o teatrale). *Controprocesso* non è una narrazione, non è uno spettacolo, non è un'opera. È un'*esperienza*".

Come osserverà Metken presentando l'artista a Kassel due anni dopo, il museo di Costa si differenzia dai musei d'artista realizzati, per esempio, da Claes Oldenburg e Marcel Broodthaers nel 1972 per *documenta 5*, soprattutto in ragione della sua oggettività. D'altra parte esso non è paragonabile con i musei etnografici, poiché non presenta una sistemazione esaustiva degli oggetti secondo un orientamento didattico. Scrive il critico tedesco: "La figura dell'artista resta in secondo piano; il suo intervento si limita alla modellatura di semplici strumenti d'argilla o di cera, una specie di firma, in un certo senso. Il suo non è nemmeno un tentativo prudente di ricreare in modo fittizio lo stile di un'epoca. Gli oggetti sono al loro posto, proprio come sono stati lasciati l'ultima volta che sono stati utilizzati. Semplici oggetti arcaici, che in ogni caso non hanno più di ottanta o cento anni, si ritrovano accanto a raccolte di lamette da barba e resti di sapone, a vecchie foto di attori degli anni Venti e a una pila di riviste illustrate. La lontananza fra le alture dell'entroterra ligure ha costretto gli abitanti del luogo a una grandissima versatilità nella realizzazione dei manufatti e nella produzione dei propri mezzi di sussistenza: dall'allevamento degli animali, alla costruzione delle fasce per gli uliveti e gli orti, alla raccolta di castagne e di erbe selvatiche. Costa subisce il fascino di una tale dimostrazione d'ingegno e spirito d'iniziativa, come mettono in evidenza le frasi sullo sfruttamento della cultura contadina da lui appese all'ingresso del museo, ma deplora anche la scomparsa del pensiero mitico"[74].

Costa si sforza di coinvolgere le autorità affinché quella situazione, creata con la disponibilità solidale degli abitanti del luogo e comunque liberamente visitabile, assuma un carattere pubblico ufficiale. Tuttavia egli non riuscirà nell'intento e l'ambiente andrà via via degradandosi. Premesso che il processo di "paesamento" posto in atto a Monteghirfo è un concetto opposto a quello di "straniamento" o "spaesamento", che è stato il motore delle ultime avanguardie, nel 1979 Costa spiegherà a Sarenco che esso "è anche un esempio di *work in regress*, perché, senza il ready made duchampiano, non sarei arrivato a capire che oggi bisogna rendere la funzione agli oggetti e alle cose, se si vuole che la cultura, anche quella materiale, torni a far parte della nostra storia". Quindi l'artista genovese precisa il significato di "Museo di Antropologia attiva": "dove 'attiva' sta per 'partecipante', e dove lo scambio culturale è duplice: sia da parte del visitatore che deve spostarsi dalla città, su un 'terreno' che non gli appartiene, partecipando così, non solo dell'interno del museo, ma dell'incontro con una realtà con cui non ha confidenza; sia da parte dei contadini, che 'giocano in casa', ma con interlocutori dei quali spesso non conoscono neppure il modo di esprimersi". E infine accenna al lavoro artistico che egli sviluppò l'anno dopo da quella operazione: "Il 1976 l'ho dedicato a tentare una classificazione degli oggetti di Monteghirfo, a ricostruirli, a ricoprirli di terra, a combinare il Museo di Antropologia, con un Museo di Storia Naturale, a far salire gli Anfibi e i Pesci sulle vecchie scale legnose e ripide come i sentieri di quelle valli, a disporre calchi di Scimmie fra gli arnesi per la spremitura dell'uva. Il lavoro si chiama *Le case di fango* ed è stato terminato nel settembre del 1976"[75].

Risale invece al 1976-1977 la serie *Indagine su una cultura: Monteghirfo-Natura naturata*, in cui Costa pone in relazione l'operazione Monteghirfo con la sua teoria dell'evoluzione. Si tratta di nove grandi pannelli in compensato rivestiti di cementite (cm 202 x 101), con oggetti, fotografie e scritte autografe. I titoli dei pannelli, in sequenza, sono: *La scala, La stanza con la tavola, La finestra, La cassapanca, La cucina, Il portapiatti, Gli uccelli maestri dell'agricoltore, 17 radici del giorno, Natura naturata*. Nella parte superiore del pannello ci sono le fotografie delle stanze di Monteghirfo, nella parte inferiore sono incollati elementi vegetali e animali, ma anche calchi in gesso di mobili e oggetti della casa contadina. Un altro tentativo, quindi, di unire il Museo di Antropologia con il Museo di Storia Naturale. Come scrisse Metken: "Qui si intrecciano due musei in uno, qui abbiamo al contempo l'inizio e la fine, ciò che viene prima e ciò che viene dopo la storia di una cultura ora estinta"[76].

E lo stesso Costa, nel dicembre 1978, sembra cercarne le motivazioni: "Dopo l'apertura del 'Museo di Antropologia attiva' di Monteghirfo, avvenuta nell'ottobre del '75, sempre più mi sono reso conto che, per me, ricostruire un oggetto è necessario, quando questo è tolto dal luogo in cui ha esercitato la sua funzione. Allora ho cominciato a ricoprire di terra incollata gli oggetti ricostruiti che appartengono a una cultura dimenticata come quella contadina, a ricoprire di terra certi vecchi mobili rosi dalle tarme, le scansie per i piatti, le madie per il pane, le cassapanche per la farina di castagne… a ricoprirli come per dare il senso di questa alluvione universale di fanghiglia, di mota vischiosa, che sembra calata sulle cose della nostra campagna, per dare senso alla pulsione di questo stillicidio di abbandoni, di emigrazioni, che svuota i villaggi e muta il paesaggio… a ricoprire, come fa il cane con l'osso, per mettere un pur fragile scudo contro questa rapina che la nostra civiltà consuma indisturbata sulle culture contadine delle risorse…"[77].

Non va inoltre dimenticato che nel volume *Situazione antropologica dall'uomo al paesaggio*, edito dall'Apollinaire nel 1977, nella parte dedicata a Claudio Costa, dopo una decina di immagini che illustrano particolari delle stanze e degli oggetti all'interno della casa contadina di Monteghirfo, compaiono due "azioni antropologiche", ciascuna sintetizzata da una sequenza di quattro immagini che hanno come protagonista un contadino: *Falciare l'erba* e *Trasporto umano delle cose*[78].

Nel maggio-giugno 1979, in occasione della mostra organizzata da Ugo la Pietra presso il Centro Internazionale di Brera *Fuori dalle città: le altre culture*, che raccoglieva le esplorazioni "periferiche" di Claudio Costa, Ugo La Pietra, Riccardo Dalisi, Gruppo Superstudio e Gruppo A3, viene stampato un quaderno in cui, nella parte dedicata a *Claudio Costa / Genova / "Le case di fango" Monteghirfo*, sono riportati due testi (*L'uomo e l'oggetto come fenomeni solidali nella struttura mobile del Museo Antropologico di Monteghirfo e*

Prolungamento del Museo Attivo di Antropologia), gli stessi testi già apparsi, tuttavia con la doppia firma di Aurelio Caminati e Claudio Costa invece che del solo Costa, nell'opuscolo dattiloscritto del settembre 1975 *Monteghirfo. Museo di antropologia (sezione arte moderna)* sopra citato.

L'interesse di Costa verso le tradizioni delle comunità agricole contadine, scaturito da uno sguardo ampio e curioso su tutti gli aspetti dell'antropologia, si manifesta anche nella memorabile installazione *L'Ineffabile Circolazione dell'Umano*, da lui realizzata presso la Galleria Massimo Valsecchi di Milano nel 1981 e illustrata, parallelamente, in un piccolo volume edito dalla Galleria. Qui, nel testo "debordante" che introduce la lunga sequenza di immagini di utensili e attrezzi agricoli, Costa rivisita alcune questioni affrontate nel decennio appena trascorso: "Ora siamo qui a parlare della cultura materiale. Esiste l'"arte" nella cultura materiale? Un'arte "materiale" che vive a livello inconscio nei manufatti del lavoro contadino? Per me è sufficiente percepire certe onde d'emanazione". E dopo una citazione da De Chirico (*Sull'arte metafisica*) scrive: "Eppure al "Grande Vuoto" preferisco il "Grande Vetro", spina dorsale spaccata, trasparente scala iniziatica dell'Alchimia". E poco più avanti: "Cosa importa se racconto che un falcetto è come un drago con gli occhi azzurri, o se mostro che una zappa nella neve è come un pesce pietrificato in una falda morenica? L'evocazione deve essere collettiva perché una cosa, "eccitata dalle lodi", diventi (e sia) un'altra cosa. I Simboli, per incarnarsi, hanno bisogno del Mondo"[79]. Altre citazioni disseminate nel testo sono tratte dal *Faust* di Goethe, da *L'uomo e i suoi simboli* di Jung, da *Le meraviglie della natura* di Zolla, oltre che da Giorgio Cortenova (*La creazione volgeva alla fine*, 1978) e da Marisa Vescovo (*De Sensu Rerum et Magia*, Bologna 1979). Mentre la sequenza di quarantasette tavole in bianco e nero è preceduta dalla nota "(citazione visiva) / Qualsiasi lavoro di Kurt Schwitters che appartenga al ciclo: *Una cattedrale costruita per le cose*".

In relazione a quanto si è detto sul lavoro di Monteghirfo, sono interessanti due episodi successivi, citati da Del Guercio nel suo testo per l'antologica di Costa a Villa Croce, un contributo steso in forma di "diario", segnalando, nell'immensa attività dell'artista, soltanto esempi di espressioni "minori". Infatti il critico ricorda le "azioni" di Costa scaturite da un viaggio o da circostanze casuali e cita avventure editoriali inedite o poco note quali la rivista *Creativa Foglio aperto d'Arte e Cultura* (1984-1985), un'altra prova - a suo parere - dell'estrema versatilità intellettuale di Costa. Nell'agosto 1988, in occasione di un laboratorio con gli studenti dell'Accademia di Belle Arti di Frosinone, Costa ha di nuovo l'occasione di perlustrare un territorio rurale ancora intatto come quello della bassa Ciociaria e di esplorarne le tradizioni culturali sopravvissute e quelle scomparse. Anche in questo caso vuole conoscere il possibile sulle tradizioni orali e sul dialetto, sugli utensili dell'artigianato locale, sulle funzioni e sulle tecniche agricole. Durante le ore di attività didattica, Costa realizza l'installazione *Confessionale*, ispirata invece soprattutto dai luoghi ove egli trascorre gran parte della giornata: un castello e un ex Ospedale. Nel 1989, nell'ambito della mostra *La scultura per la città* ad Alatri, ottenuta la disponibilità di un antico locale, Costa lo riordina e vi realizza l'*Installazione*: all'esterno del locale pone una scultura costituita da due lastre di ferro arrugginite e da alcuni strumenti agricoli a manico lungo (la pala, la zappa, il forcone e il rastrello); all'interno, raccoglie attrezzi agricoli e utensili, quindi esegue numerosi disegni e fabbrica dei cartellini di identificazione, con quel metodo etnografico che aveva segnato l'esperienza di Monteghirfo e che in seguito caratterizzò tutte le sue opere e le sue azioni di carattere museografico[80].

L'esperienza di Monteghirfo verrà richiamata quindici anni dopo, nel 1992, nell'operazione analoga compiuta da Costa alla Cascina Barulé di Rossiglione, la casa d'infanzia dell'amico gallerista Gianni Martini (titolare, con Alberto Ronchetti, della Galleria Martini & Ronchetti di Genova). Martini invita Costa a lavorare sugli antichi oggetti e sulle suppellettili in disuso dell'abitazione, affinché essi possano rivivere in una dimensione artistica ed essere accessibili anche ad altri. Costa ritrova a Rossiglione la medesima atemporalità già avvertita a Monteghirfo, però - ammette - sul piano della natura piuttosto che della cultura, poiché la casa è isolata rispetto al paese ed è come sospesa in un paesaggio integro da interventi umani. Perciò l'artista imposta tutto il lavoro compiuto a Rossiglione "sull'idea di un concerto, il "Concerto Barulé", come se fosse stato Paganini ad inventarlo, a scriverlo..."[81], e, con la consueta compenetrazione tra azione artistica ed esistenza quotidiana, tenta di coniugare Natura e Cultura. Quindi realizza oltre venti lavori, fra i quali *Glaciazione* (che dichiara essere il suo prediletto), *Insettitudine del legno, Pelleruggine, Il viaggio della tartaruga, Il paesaggio della memoria, La doppia porta del tempo, Fossile* e *Concerto Barulé*. Lorenza Trucchi vede in questa operazione - che definisce "insieme di conservazione e di ricreazione così da saldare il passato al presente" - un'altra tappa della ricerca di Costa sulle radici e sull'identità dell'uomo e, parallelamente, della sua verifica sulla memoria delle cose. "Come tutti i *bricoleurs*, Costa agisce in un universo strutturale chiuso; per lui, cioè, "la regola del gioco consiste nell'adattarsi all'equipaggiamento di cui dispone. [...] Si tratta per lo più di utensili agricoli, di vecchi elementi di arredamento, di oggetti casalinghi, di strumenti musicali in disuso [...] prevale piuttosto una finalità ricostruttiva e celebrativa di valori *decriés* [...] il processo di ricompaginazione e di "paesamento" dell'oggetto [...] già iniziato a Monteghirfo"[82]. Nello stesso catalogo Enrico Pedrini scrive: "A differenza del Museo di Antropologia Attiva di Monteghirfo (1975), che si presentava come una struttura immaginativa contenente oggetti rivalutabili in quanto messaggi culturali e forme sociali in uno specifico contesto, la casa dei Barulé vede una maggiore partecipazione emotiva dell'artista con una storia personale: il mondo di un uomo e del suo ambiente che continua a presentarsi come proiezione affettiva e immaginativa"[83].

Un altro episodio significativo, a questo proposito, è costituito dalle due installazioni, *Sasso* e *Museo*, ideate da Costa nel 1991 espressamente per la villa del collezionista Carlo Clerici a Campiani di Cellatica, sulle prime alture alle porte di Brescia. Una ricca collezione d'arte contemporanea, avviata da Clerici nel 1977 e curata da Piero Cavellini, comprendente opere spesso progettate dagli artisti per il luogo e da loro stessi installate[84]. *Sasso* è una grande struttura in cartapesta e vetroresina, sulle cui pareti interne campeggiano rappresentazioni tipo graffiti a carboncino: un masso-caverna ideato da Costa "per allocarvi l'ombra della etnografia contadina"[85]. *Museo* è l'installazione di vari oggetti rivestiti da una patina bronzea in una vecchia legnaia immersa tra i vitigni. Qui l'artista "ha finalmente trovato un luogo per il suo museo. [...] Un luogo senza tempo in cui si sono stratificati gli oggetti ed il pensiero dei lavori umili ma alteri, pieni di aristocratica pulsione verso le cose ed il quotidiano. La patina bronzea è un artificio che dona uno splendore letterario agli oggetti. Ma il museo è intoccabile; è ora una bacheca scientifica lambita dai verdi viticci della collina". Collocato nella cantina dell'abitazione, l'*Armadio di un capo Maori* è invece un'opera del 1974, un grande armadio in legno contenente vari oggetti, appartenente a una fase ormai lontana del lavoro di Costa: "opera - come scrive Cavellini - non solo di descrizione antropologica ma profondamente alchemica".

La propensione di Costa ad esplorare la problematica del museo si è indirizzata, come si è detto, non soltanto verso la cultura materiale dell'uomo, ma anche verso il Museo di Storia Naturale, oltre ad essersi espressa in una serie di opere-perno di ogni sua fase di lavoro (dal *Museo dell'uomo* al *Museo dell'alchimia*, dal *Museo senza oggetti* al *Museo Attivo delle Forme inconsapevoli di Quarto*, fino al progetto rimasto interrotto dello *Skull Brain Museum*).

Dunque, quale autore più adatto di Costa per instaurare un dialogo con i musei di storia naturale? Ciò si è voluto tentare anni anni fa con la mostra itinerante (Verona, Montebelluna, Vicenza e altre sedi) *La natura, l'arte, la meraviglia*, promossa dalla Regione Veneto. Oltre alle opere di Costa, si confrontavano con le raccolte scientifiche di quei musei, secondo lo spirito delle antiche *Wunderkammer*, il *Giornale dell'archeologo* (1994) di Anne e Patrick Poirier, il ciclo *Fauna* di Joan Fontcuberta, un "falso" fotografico dedicato a un'immaginaria spedizione naturalistica, e le opere di Giovanni Anselmo, Piero Gilardi, Alighiero Boetti, Jan Fabre e altri artisti. Guadagnini scrisse allora in catalogo: "[...] la presenza in mostra di un artista come

Claudio Costa va letta e interpretata come centrale, tanto che in alcuni dei Musei toccati dall'esposizione (si vedano in particolare quelli di Verona e di Cava Bomba) si giunge a un effetto di mimesi tra l'opera d'arte e i reperti - di diversissima natura - in mezzo ai quali essa viene collocata"[86].

6. *ANTROPOLOGIA RISEPPELLITA* (DOCUMENTA 6, KASSEL, 1977)
E DEFINIZIONE DEL CONCETTO DI "WORK IN REGRESS"

L'inserimento di Costa in un contesto internazionale e la sua appartenenza a quella sorta di gruppo individuato da Günter Metken in occasione della collettiva dell'aprile 1974 *Conservazione delle tracce, archeologia e memoria*, troverà conferma, tre anni dopo, nella sua partecipazione alla *Documenta 6* di Kassel nella sezione *Le Belle Scienze, ovvero l'Archeologia dell'umano*. Vale la pena di ricordare che il direttore artistico di questa edizione, Manfred Schneckenburger, aveva organizzato tre anni prima la grande rassegna sugli anni Settanta *Project 1974* a Colonia, della quale ripropone sia i curatori che intere sezioni come quella video. Non a caso a *Documenta 6* ritroviamo Günter Metken come curatore della sezione *Schöne Wissenschaften oder die Archäologie des Humanen* che qui interessa, un susseguirsi di environments creati al piano terra del Fredericianum, in posizione simmetrica rispetto a quella dei media, mentre l'installazione di Joseph Beuys *Pompa di miele al posto di lavoro* è il fulcro intorno a cui si articola l'intero percorso.

Costa, unico artista italiano della sezione, presenta un'opera realizzata nei mesi precedenti e che Metken contestualizza nell'ambito dell'operazione Monteghirfo, *Riseppellimento di culture dimenticate e periferiche* (o *Antropologia riseppellita*, com'egli lo indicherà spesso nei suoi testi): sei casse di legno dipinto contenenti terra bruna, oggetti di cera e paraffina, oltre a vetro, gesso, rafia, fotografie e disegni (ogni cassa misura cm 110 x 180 x 30). È infatti alle conseguenze di quell'esperienza che occorre risalire per comprenderlo, come d'altra parte risulta evidente da un confronto dei suoi materiali e dei suoi titoli (*Gli uccelli maestri dell'agricoltore*, *Il fiuto dei secoli*, *Senza titolo*, *Io ero qui*, *Natura naturata*, *Senza titolo*) con quelli della serie *Indagine su una cultura: Monteghirfo - Natura naturata*, del 1976-1977: *Gli uccelli maestri dell'agricoltore* e *Natura naturata* sono identici.

In realtà il lavoro conclude il ciclo strettamente antropologico di Costa, come l'artista ribadirà pubblicamente nel 1978, in diverse occasioni. Già ad aprile, nel corso di un dibattito all'Università di Salerno, Costa dichiara: "Andavo a riferirmi, sino a tutto il lavoro sull'antropologia, a Lévi-Strauss, perché è il più chiaro, il più semplice, il più accessibile ed anche il più importante o il più conosciuto. [...] Ora me ne sto allontanando, soprattutto da quando lui ha iniziato quella lunga e precisa indagine sul mito. A mio avviso il mito è qualcosa di veramente libero e umano, e non è classificabile in schemi, non è strutturabile, anche se riconosco che i miti sono ricollegabili da una cultura all'altra, però, bisognerebbe collegare questi miti non attraverso uno schema fisso ma da una lettura successiva. Infatti il mio ultimo lavoro è un raffronto tra il mito descritto da Lucien Sebag, che ha scritto *L'Invenzione del mondo fra gli indiani Pueblo*, e la nostra tradizione alchemica e con la nostra alchimia. Questo mito parla di due sorelle, là sono due sorelle, da noi è l'androgino. Ma questo non può essere detto a priori, come un po' tende a fare Lévi-Strauss. Perciò in questo momento sono anche un po' lontano dalla scienza antropologica e mi interesso di più all'alchimia, mi rifaccio al *Rosarium Philosophorum*, per esempio"[87].

Costa spiega poi lo spostamento di linee nei riferimenti da lui attuato, da una linea della demistificazione (Freud e Lévi-Strauss) a una linea della remitizzazione (Jung, Bachelard e Durand): "Infatti da questa estate intitolo o tento di dare come sottotitolo a tutti i miei lavori: *Work in regress*. Che è il contrario di ciò che ha scritto Joyce. Perché c'è anche una implicazione letteraria di Joyce. Allora questo lavoro del *Work in regress* è un regredire, ma non a livello infantile come intende la *regressio* Freud, ma un regredire nel mito, cioè un tornare indietro all'origine del misterioso"[88].

L'artista giunge quindi a parlare di *Riseppellimento di culture dimenticate e periferiche*: "[...] tutto questo mi è derivato anche dal lavoro di Kassel, che è questo riseppellimento delle culture. Ancora una volta, come avevo fatto all'inizio del mio lavoro, dove ero partito dalla scienza ed ero arrivato a ricostruire forme primitive di uomini e di animali e poi mi ero avvicinato all'antropologia vera e propria attraverso la scienza antropologica, seguendo Lévi-Strauss e seguendo degli schemi imposti, ora, allo stesso modo, ho pensato di liberarmi di questa scienza, e di riseppellire tutto. Cioè mentre gli archeologi vanno e scavano io propongo il riseppellimento"[89]. E alla domanda di Antonio d'Avossa se in ciò vi sia anche una precisa polemica rispetto a un certo modo di fare archeologia, "rispetto a questo scoprire l'oggetto, il coccio, e tirarlo fuori...", Costa risponde: "Sì. Secondo me l'oggetto va tirato fuori in un altro modo. Cioè lo devi avere, lo devi possedere e poi seppellirlo perché altri possano trovarlo quando avranno capito. È un po' la catena dell'opera con l'O maiuscola che va avanti, nel senso che non si può dire troppo, parlare troppo, perché queste cose non vadano in orecchie, diciamo, non preparate a riceverle. E in questo senso mi ricollego moltissimo al Corano, che viene ancora oggi insegnato a memoria, cioè messo nella memoria dei bambini; non ci sono libri sul Corano, in Marocco o in altre regioni, il Corano cioè viene detto oralmente"[90].

Nel dicembre 1978 Costa insiste: "Documenta 6 ha concluso la stagione artistica del 1977 e, in un certo senso, ha concluso la mia stretta parentela con la Paleontologia e con l'Antropologia strutturale: ho fatto sei casse di legno dipinto color fango e ho sepolto nella terra gli oggetti dell'Agricoltura terrestre, quelli del passato remoto (delle grotte e delle caverne) e quelli del presente (delle case e delle cascine abbandonate), accomunandoli nella stessa avventura immobile della creta e dell'argilla. Il pezzo si intitola *Antropologia riseppellita*"[91]. Una dichiarazione di una lucidità esemplare, sia in rapporto all'itinerario teorico e artistico di Costa sia se proiettata sugli altri autori considerati in questo lavoro. E gli stessi concetti vengono ribaditi da Costa nell'intervista fattagli da Sarenco, per rispondere a una domanda sul suo rapporto con le idee e le opere di Beuys: "A Documenta 6 ho presentato un pezzo intitolato *Antropologia riseppellita*, dove gli oggetti del passato remoto erano accomunati a quelli del presente e tutti risultavano simili, perché erano affondati in una mota alluvionale: l'antropologia riparte dalla terra. Beuys ha presentato un lavoro con del miele trasportato verso l'alto. Anche lui pensa all'agricoltura celeste?"[92].

Günter Metken include nella sezione *Archeologia degli umani* anche Bertholin (Granges sur Vologne, 1936), Ugo Dossi (München, 1943), Jochen Gherz (Berlin, 1940), Paul-Armand Gette (Lyon, 1927), Nikolaus Lang (Oberammergau, 1941), Anna Oppermann (Eutin, 1940), Anne e Patrick Poirier (Marsiglia e Nantes, 1942), Charles Simonds (New York, 1945) e Dorothee von Windheim (Volmerdingsen, Kreis Minden, 1945).

Si tratta di artisti che si muovono ora nell'ambiente urbano ora in quello naturale, conducendovi spesso ricerche sul campo, utilizzando mezzi diversi (reperti, film, fotografia, testi autobiografici, diari e resoconti), spesso combinandoli tra loro nell'opera e sempre disponendoli in maniera logica e ordinata all'interno di un contesto, dando origine a loro volta a un nuovo sistema di segni. Artisti che decisamente antepongono il lavoro manuale al supporto della tecnologia e che amano ripetere quasi quotidianamente i medesimi processi, con varianti minime ma significative. Si è già accennato a possibili affinità sia dell'opera di Costa con quella dei coniugi Poirier, sia del lavoro di Costa e di Paradiso con quello di Lang. Qui si potrebbe ricordare la sintonia dei due artisti italiani con l'americano Charles Simonds, che con le sue "città miniaturizzate" sviluppò il tema dell'esumazione e del disseppellimento e, inoltre, ricercò le tracce dell'evoluzione umana nei rituali privati, dandone una documentazione filmica o fotografica[93]. Varrebbe forse la pena di approfondire una personalità dimenticata e poco nota come quella di Ugo Dossi, giovane pittore trentino nato a Monaco di Baviera (con alle spalle, tra l'altro, una personale alla Galleria Schwarz nel 1974), autore di curiose bacheche contenenti vari oggetti di recupero (tarocchi, nodi, carte, molle metalliche, incrostazioni di sale), tutti legati indissolubilmente all'esoterico, alla cartomanzia e all'astrologia, pur se colti da una prospettiva poetica e surreale.

Nel testo di presentazione dell'intera sezione da lui curata, intitolato *Le Belle Scienze, ovvero l'Archeologia dell'umano*, Metken ripercorre la storia di questa tendenza emersa nell'arte degli ultimi anni e si sofferma sui singoli autori da lui invitati, dedicando alcune righe a ciascuno di essi. Tuttavia il critico omette di parlare sia di Claudio Costa che di Ugo Dossi, mai citati nel testo.

Metken attacca con un'affermazione perentoria: "Trovare l'intuizione e la scienza congiunte nell'arte, non è poi così nuovo". Porta gli esempi di Leonardo da Vinci e di Marcel Duchamp, poi cita anche gli assemblaggi di oggetti dei cubisti. Ma è soprattutto l'esempio di Duchamp, che "nei suoi progetti presenta la scienza, che spesso è una pseudo-scienza, come un elemento accanto agli altri", a condurre, secondo Metken, "all'incontro tra discipline cui si assiste oggi"[94]. Il critico prosegue: "Tenendo presente questo modello, si potrà comprendere meglio la scienza fittizia degli artisti di oggi. Ciò che li avvince nell'archeologia, nell'etnologia o nell'antropologia è proprio l'apertura di queste discipline, vale a dire la loro accessibilità, per adattarle alle proprie idee. Negli ultimi decenni, infatti, questi campi disciplinari hanno vissuto un tale cambiamento dei propri assiomi e delle proprie finalità, che oggi sembra abbiano abbandonato il solido terreno delle classificazioni per entrare in quello delle virtualità. Per esempio, Lévi-Strauss in un certo senso vede i miti, un tempo oggetto di minuziose catalogazioni filologiche, come strutture musicali. [...] E il fatto che oggi l'archeologia descriva se stessa come scienza del ricordo (ogni nuovo strato scoperto e disseppellito contribuisce un poco a rinfrescare la memoria dell'umanità, sempre sconfitta dall'amnesia), attira gli artisti che guardano al passato e dentro di sé, invece di essere ciecamente proiettati nel futuro"[95].

Metken ritiene responsabile di questo mutamento il pensiero strutturalista francese, con la flessibilità delle sue teorie scientifiche, che verso la fine degli anni Sessanta avrebbe attratto molti artisti: "Nel loro nuovo statuto di analisti della propria infanzia, della propria origine, del proprio radicamento e sradicamento sociale, gli artisti hanno adottato una sorta di mimetismo scientifico". E cita alcune opere, a suo giudizio precorritrici, di Christian Boltanski, di Jean Le Gac e di Nancy Graves, tre artisti che fin dal 1968-1969 hanno avviato questa tendenza a una "scientificità solo mimetica o tattica". Ecco allora la redazione di inventari, poi classificati e fotografati. Ecco l'uso diffuso delle vetrine, sull'esempio delle collezioni di storia naturale, e della descrizione "oggettiva" degli oggetti. Metken indica pure alcune possibili fonti o analogie: "gli artisti ritornano all'idea di 'objet trouvé' (ripresa sul piano psicologico) dei surrealisti e al loro straniante utilizzo della fotografia, prendono spunto dagli oggetti poveri di un Joseph Beuys, come il conduttore d'energia e il conduttore termico, e dall'ossessione per gli oggetti di un Francis Ponge e del "nouveau roman" francese, dei quali riprendono la particolare impostazione basata su uno stile apparentemente neutro e impersonale". E poi la precisazione fondamentale: "il procedimento dell'artista non è improntato né alla regolarità, né all'esaustività". Quindi il critico condensa in poche righe il lavoro degli artisti da lui invitati a Kassel. E infine conclude: "Sono esecuzioni semplici sul piano tecnico, spesso non necessitano di strumentazioni di tipo particolare. Ciò che si nota è il sottrarsi alla tecnologia da parte dell'artista [...] Perciò, parlare di abilità di ritorno, ovvero di regressione, significherebbe semplificare il problema in modo inammissibile. In breve, di fronte a un progresso basato sulla castrazione della memoria e alla sostituzione delle esperienze personali con quelle prodotte dai media, questi artisti si pongono in modo trasversale. In un certo senso, dopo l'era della tecnica, essi instaurano di propria iniziativa nuovi collegamenti che possono essere di tipo romantico o privato, ma nel complesso si dimostrano dei correttivi necessari. A testimonianza di ciò, queste operazioni o i diversi paesaggi dell'opera hanno una doppia tematica che, non da ultimo, ci parla anche dell'impulso all'arte dell'umanità e della possibilità della forza della rappresentazione di ridare vita a ciò che non si sapeva più"[96].

La compagine delineata da Metken a Kassel andrà progressivamente sfaldandosi, anche nelle riflessioni teoriche del critico. Infatti, a poco meno di un anno di distanza dalla rassegna tedesca, nel corso del seminario di Salerno Costa dichiara la sua volontà, fin dalla partecipazione a *Documenta*, di liberarsi della scienza antropologica riseppellendo tutto. Anche l'intervento di Caterina Gualco, in replica a una domanda di Antonio d'Avossa, è piuttosto scettico in merito all'indicazione data dalla rassegna tedesca. Dopo avere messo in discussione l'uso dell'attributo "antropologico" per definire quel tipo di lavoro - "in quanto con l'inserimento di tutto ciò che è l'inventiva o la ricostruzione, che è sempre molto arbitraria, delle cose, mi pare che con la scienza antropologica non ci siamo" - dichiara: "Forse la messa in crisi dovrebbe essere a livello concettuale, sul concetto di antropologia. In effetti nessuno degli artisti che lavorano in questa area si muove allo stesso modo. Ma direi che l'unica cosa che li unisce è un riportare l'attenzione all'oggetto, all'oggetto manufatto, cosa che con il concettuale sembrava definitivamente obsoleta, perduta. [...] Kassel è certamente stata l'indicazione, ma è da dire che questi artisti lavorano in questa direzione già da molti anni. E che intanto l'indicazione si sposta anche verso tutto ciò che è esoterico, verso una riscoperta delle discipline esoteriche e, in ogni caso, un tentativo di riscoperta o di rilettura del passato. E forse, anche un tentativo di riallacciarsi alla natura nel senso di una natura naturale, una natura reale, esistente, cioè, direi che forse da dopo la fine dell'informale è il primo momento di un vero riaggancio con la realtà e di un tentativo di superare il problema dell'alienazione"[97].

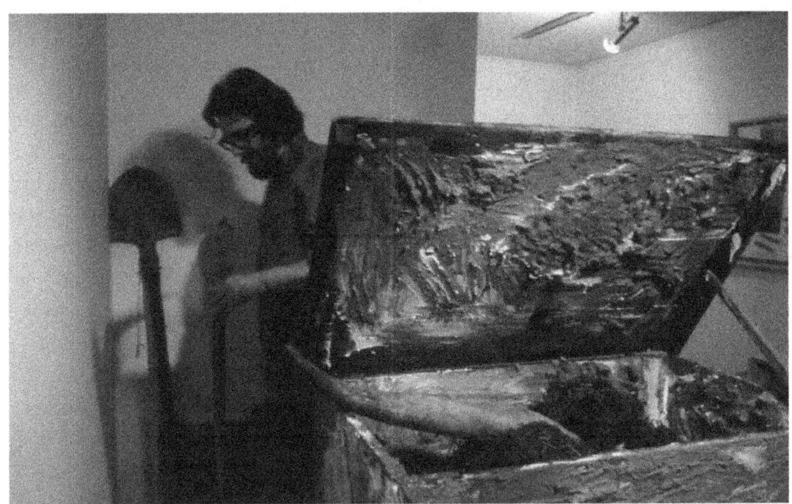

Claudio Costa durante l'azione *Il miele dell'ape d'oro*, Genova, Galleriaforma, 1977.
Courtesy Archivio Claudio Costa

Terminato il ciclo *Le case di fango*, Costa cerca di ritrovare, come lui stesso ammette, il senso panico della Natura in un lavoro intitolato *Il miele dell'Ape d'Oro*, realizzato nel marzo 1977 e allestito alla Galleriaforma di Genova, il cui tema centrale è la magia (ove confluiscono la trasformazione e la metamorfosi, da sempre presenti nel lavoro di Costa). Del lavoro Costa parla, più o meno negli stessi termini, sia nell'intervista con Sarenco pubblicata nel volume del 1979[98] sia, ad esempio, in *Materiale e metaforico*, edito a Genova da Unimedia nel febbraio dello stesso anno. In pratica, egli avverte, alla Galleriaforma c'era un percorso da seguire. Si partiva da una "madia ricoperta di terra e riempita di letame (la Caverna di Caronte, il molle delle viscere, la caduta nelle acque puzzolenti) - (Piero Manzoni aveva già affrontato il tema delle proprietà rituali delle feci, trasportandole coraggiosamente sul piano del consumo)"[99]. Si continuava, attraverso la ricostruzione di semplici oggetti da lavoro (una zappa, una pala, un rastrello), a mostrare l'Agricoltura terrestre. Quindi si arrivava "a un punto di stacco e di riflessione, dove il lavoro principale era rappresentato da una scacchiera modificata per giocare in tre: a Duchamp sono dovuti gli scacchi d'oro, ma i suoi avversari ora sono due e, i tre, sono amici e nemici nello stesso tempo: nessuno sa più le regole del gioco, nessuno, forse, muoverà mai per primo: lo stallo perfetto è raggiunto, prima di cominciare la partita. Il terzo momento era rappresentato da una stanza buia, dove ci possono essere i Diecimila Esseri, come c'è l'Agricoltura celeste, dove il Miele selvaggio, antico cibo e antico frutto, diventa evanescente dimora e fa germinare il fiore sconosciuto delle contraddizioni e delle ascesi, che hanno bisogno dell'umano per rivelarsi [...]"[100].

Nel corso dell'intervista con Sarenco nel dicembre 1978, interpellato esplicitamente sul suo rapporto con il pensiero di Beuys[101], Costa cita un proprio scritto (ispirato da Rimbaud) che accompagnava la citata mostra del 1977 e conclude con una domanda provocatoria "Beuys ha presentato un lavoro con del miele trasportato verso l'alto. Anche lui pensa all'agricoltura celeste?"[102]. Per Claudio Costa, Beuys rappresenta uno degli innumerevoli interlocutori della sua insaziabile e travolgente curiosità verso ogni aspetto della conoscenza, una personalità da lui considerata sul suo stesso piano, senza eccessivi timori reverenziali. Tuttavia una possibile influenza di Beuys sulla poetica di Costa viene chiamata direttamente in causa, appunto, da Sarenco e menzionata ad esempio da Sandra Solimano e Sandro Ricaldone, soprattutto in riferimento alla fase alchemica dell'artista genovese, il quale peraltro, come Beuys, amò molto James Joyce. D'altra parte, nella stessa mostra *Il miele dell'ape d'oro*, con la presenza della scacchiera "per dare 'matto' a Marcel Duchamp", Costa conferma come il suo dialogo con colleghi e conoscenti sia sempre aperto e pluridirezionato.

Anche la presenza, nel lavoro coevo *Strumenti solidali con una agricoltura terrestre*, di oggetti quali una pala, una zappa e un rastrello, conferma la componente antropologica del lavoro di Costa e l'interesse dell'artista per l'artigianalità, per il rifare le cose con le mani, ma non presuppone necessariamente un riferimento a Beuys[103].

Costa ammette di essersi chiarito completamente il concetto di "work in regress", anche in rapporto al "work in progress" di Joyce, nell'estate 1977. Mentre le sei casse di *Riseppellimento di culture dimenticate e periferiche* sono esposte a *Documenta*, a Genova l'artista realizza nel suo studio un lavoro "privato", ne colloca i pezzi all'ingresso dell'appartamento di via Frugoni - mostrandoli quindi nel luogo in cui sono stati inventati e costruiti, nella logica con cui era nato il Museo di Monteghirfo -, e annuncia che l'inaugurazione è fissata per martedì 5 luglio alle ore 19. Il titolo è *Credete che i corvi di Vincent siano morti?* ovvero *Riapparizione della Fata Morgana con la collana di nocciole, tanto amata in gioventù / Ricostruzione della Lampada di Aladino, sperando di vedere i Genii, un giorno / Succhiare le Mammelle della Terra come quelle della Madre / Stalattiti e Stalagmiti con appesi "les Oiseaux de paradis" / Ritratto incompiuto dell'Artista da vecchio*. Sull'invito stampato per l'occasione appare per la prima volta il titolo utilizzato per l'opera nella sua totalità: "work in regress", come contrapposizione al "work in progress" di Joyce. "Questi due termini, apparentemente opposti, coincidono. Tutti sanno che il più e il meno si toccano verso l'infinito"[104].

È indubbio che soltanto a partire dal 1977 Costa abbia utilizzato sistematicamente l'espressione "work in regress" per definire la propria operazione artistica, tesa a individuare nel passato l'"origine" dell'esperienza umana, oltre che una relazione primaria con gli eventi e le cose della vita. Tuttavia la formula e il concetto del "work in regress" sono applicabili, come si è già anticipato, a tutto il lavoro di Costa, dalle prime ricostruzioni in terracotta fino a *Le macchine alchemiche* degli anni Ottanta e e ai *lavori africani* dei primi anni Novanta, e determinano la graduale precisazione, nel corso degli anni Settanta, del rapporto di Costa con l'oggetto. Quest'ultimo infatti ha sempre rivestito un ruolo primario nell'operare dell'artista: in un primo tempo esso viene soprattutto ricostruito, a Monteghirfo viene ripaesato e quindi variamente assemblato, innestato o alterato. Un processo che svela come via via vengano privilegiate le potenzialità evocative del reperto e i suoi valori magici. Caratteristiche, queste ultime, che diverranno dominanti soprattutto nell'ultima fase di lavoro, quando Costa esplorerà la dimensione alchemica e mitopoietica.

Del concetto di "work in regress" Costa darà una sintesi piuttosto efficace alcuni anni dopo. Una citazione che è già stata riportata ma che può essere utile riprendere: "[...] come lavoro concettuale in contrapposizione al *work in progress* di Joyce; *work in regress* come riproposta dell'*origine*, certo non come quella del "buon selvaggio" di Rousseau, ma come ricerca antropologica (in fondo, un'altra componente di cui non ho parlato prima e che mi ha influenzato profondamente, è la scienza, l'idea di scienza, la scienza anche come metodo di lavoro). In terzo luogo, il *work in regress* è qualcosa che ci riporta al magico, al mito, al rito. Da tutto questo è iniziato un mio interesse per un fenomeno che è stato sempre molto vicino all'*origine*, molto vicino a teorie al di fuori della cultura ufficiale: la scienza alchemica, l'alchimia...[...]"[105].

7. E OLTRE ....

Gli anni immediatamente successivi al 1977, autentica chiave di volta nella poetica di Costa, vedono il progressivo spostamento dei suoi interessi, almeno fino al 1980, verso la mitologia e la scienza delle religioni (approfondendo autori come A. Leroi Gourhan, M. Mauss, M. Eliade, E. Durkheim). Oltre ai due fondamentali cicli di lavoro *L'Ordine rovesciato del vivere* e *Le case di fango*, in occasione di un viaggio in Spagna nell'estate 1978 Costa realizza un intervento al Museo Vostell-Malpartida di Caceres. Non a caso Wolf Vostell è fra gli autori coinvolti da Costa nella realizzazione di un libro chiave della sua poetica di questa fase, *Materiale e Metaforico*. Illustrato da una sequenza di immagini tra l'etnologico e l'alchemico e arricchito dai contributi di

Robert Filliou, Ben, Théodore Koenig, Demetrio Stratos, Giuseppe Chiari, Wolf Vostell, il libro viene presentato alla Galleria Unimedia nel marzo 1979. In esso appare anche il testo del dicembre 1978 più volte citato, ove Costa rilegge la sua attività a partire dal suo rientro a Genova nell'estate 1968. L'artista ammette la difficoltà a spiegare alcune sue opere recenti come *La Porta mangiata dalle formiche* e *Le Radici della Luce*, i cui titoli "suonano oggi inesplicabili e lontani dalla nostra cultura", anche se egli spera che saranno presto intelligibili. Quindi chiude il suo intervento con una citazione tratta da Jung, un autore che da quel momento sarà fra i poli principali dei suoi interessi[106]. Analoghe avvertenze sulle ultime opere da lui realizzate, concludendo però ottimisticamente, vengono espresse da Costa al termine dell'intervista concessa a Sarenco il 22 dicembre 1978: " È il tempo che renderà più chiari questi lavori, se avrò avuto ragione a proseguire su una strada che oggi pochi conoscono, perché è stata in gran parte dimenticata, ma che sarà - forse - riaperta a molti"[107].

Poco prima, nel testo pubblicato nel catalogo della mostra *Ovest-Nord-Sud-Est*, Costa si era soffermato a lungo sui miti dei Pueblo del Nuovo Messico, facendo riferimento, di nuovo, al saggio di Lucien Sebag *L' Invenzione del mondo fra gli indiani Pueblo*: "In questo mito esistono strette relazioni con l'Alchimia, soprattutto perché l'emergere del mondo presso i Pueblo non è un fatto definitivo, ma, nel mito, si parla di un continuo movimento, di una crescita, di una trasformazione, fino al raggiungimento di uno stato, in realtà mai conseguito, di ridefinizione del mondo stesso. Per i Pueblo, come per gli Alchimisti, l'Opera è il continuo fare, il continuo ritornare: la meta è la conoscenza, il mezzo è la rivelazione-conoscenza [...]"[108]. E riguardo al proprio lavoro aveva scritto: "Quando, da un'indagine antropologica, passo all'espressione estetica, cioè costruisco oggetti, non li sento più descritti nelle categorie di spazio, tempo o casualità, come apparivano i miti e i simboli studiati, ma li riferisco solo alla mia coscienza. Tutti i lavori che faccio, sono nati così, sono oggetti semplici o complicati che fanno parte del mio mondo e vivono solo in funzione del mio vivere"[109].

Analizzando l'ultima fase della vita e del lavoro di Costa, Enrico Pedrini insiste nel confronto dialettico con Duchamp, che si rinnova proprio all'indomani della *Documenta* del 1977: "La vera problematica di Claudio non è tanto quella di entrare nell'area duchampiana, come era stato in effetti per Fluxus, ma piuttosto quello di rovesciare il lavoro del maestro dadaista [...] Se per Duchamp l'alchimia rimane un problema invisibile, un rifugio segreto, un labirinto del quale egli solo conosceva la chiave di lettura, un mondo ermetico completamente chiuso, per Costa diviene esplicita "dichiarazione". Così l'artista, citando l'immagine alchemica, ne segue i mondi immaginari e ce li restituisce attraverso visioni irreali. Nella mostra *La metafisica del quotidiano*, egli fa una vera dichiarazione sulla visibilità dell'alchimia. Una volta dichiarato, il problema alchemico diventa la base di una rilettura omogenea dei miti, dell'irrazionalità e di tutto ciò che si afferma come pura latenza [...]"[110].

Sarà soprattutto dal 1980 che l'alchimia diverrà il centro principale dell'indagine e degli interessi di Costa, dando vita, tra l'altro, ai cicli *Meduse*, *Araldica Indios* e *Diva bottiglia (gaia scienza)*. Risalgono inoltre al 1981 la pubblicazione del volume *Sublimato potabile ovvero L'Ineffabile Circolazione dell'Umano*, edito da Massimo Valsecchi, e l'invito ad esporre nella mostra *Mithos & Ritual* alla Kunsthalle di Zurigo, cui partecipa, fra l'altro, anche Joseph Beuys. Nonostante il catalogo della rassegna svizzera riproduca l'opera da poco presentata a Milano da Valsecchi, Costa in realtà vi espone cinque grandi maschere realizzate appositamente per la rassegna. Opere cariche di suggestioni primitivistiche, tra Africa e Oceania, ma costruite con materiali e vegetali liguri.

Sono interessanti alcune considerazioni di Costa, formulate sul finire del 1983, riguardo all'alchimia, anche in relazione diretta con il proprio lavoro: "L'alchimia è una cosa che di solito alla gente fa paura, in quanto le è sconosciuta. Si pensa subito allo stregone, all'antro del "soffiatore" che cercava di produrre l'oro. L'alchimia, invece, intesa in senso filosofico, è qualcosa di assai diverso. Prima di tutto è una ricerca sull'uomo, sul *sé* inteso come potenzialità massima del sistema solare, una trasmutazione con cui l'uomo si modifica e può sviluppare le sue qualità latenti per raggiungere mete lontanissime. Questo è, in modo forse mal detto, il senso dell'alchimia. L'alchimia è una scienza feconda perché è rimasta, sempre, ai margini dell'ufficialità, delle scienze positive che sono molto più aride [...]. Per esempio, il fatto di ricondurre tutto quanto esiste a quattro elementi fondamentali (che sono poi anche quelli della fisica aristotelica: terra, acqua, aria, fuoco) dal punto di vista artistico è molto stimolante. Il fatto che esista un elemento terra che prescinde dal suolo, dall'argilla, che

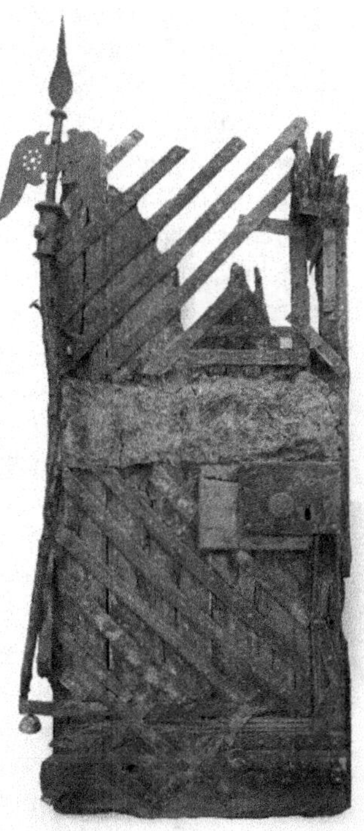

Claudio Costa, *La porta mangiata dalle formiche*, 1978.
Courtesy Archivio Claudio Costa

si unisce e nel contempo si contrappone agli altri elementi, che è latente in ogni cosa, giacché non si può immaginare un oggetto composto solo di terra, è - dal punto di vista del lavoro - qualcosa di assolutamente affascinante. [...] Riesaminando il mio lavoro sulla base di parametri alchemici, mi sono reso conto che, per un certo periodo, ho agito esclusivamente sull'elemento terra: esisteva, per me, un fondo che era sempre opaco, consistente, sostegno per altre cose. Su questo elemento base ho lavorato a lungo. Recentemente credo di essere entrato nell'elemento acqua, sempre però tenendo conto di questa non divisione degli elementi (perché come ho detto non si può parlare di acqua a prescindere dalla terra). [...] L'acqua che diventa terra, il delta del fiume, l'estuario di un torrente, le paludi, sono cose che fanno lavorare intensamente la mia fantasia. Dunque *work in border* ora, un lavoro sulla *borderline,* la linea di passaggio (in psichiatria questa espressione viene impiegata per definire il limite tra normalità e follia) tra l'elemento terra e l'elemento acqua, dove l'acqua - non dimentichiamolo - è due volte più attiva, tre volte più rarefatta, quattro volte più mobile rispetto alla terra... Più tardi potrà esserci (o forse no) l'aria, il fuoco. È in questo senso che mi confesso debitore dell'alchimia; invece l'alchimia intesa come fabbricazione dell'oro è altra cosa"[111].

Nell'arco di pochi anni, all'alchimia e alla filosofia Zen Costa somma lo studio della magia e della filosofia tantra, accompagnandole con una produzione feconda e diversificata, formalmente ridondante: *I veri oggetti producono Esseri mirabili; L'insettitudine degli oggetti; L'estasi barocca; Il fantasma dell'Opera; La sostanza del giallo; Il nero come materia (Musei senza oggetti)*. Nel 1985 la partecipazione alla mostra *Museo dell'immaginario dell'Archeologia*, nei pressi di Lascaux, offre all'artista l'occasione di visitare le celebri grotte, dalle quali Costa resterà affascinato, come dimostrano le opere da lui realizzate negli anni successivi. Nella seconda metà degli anni Ottanta Costa si interessa sempre più alla psichiatria, alla psicologia e alla psicoanalisi. Produce cicli come *Le macchine alchemiche; I colori e i segni delle ruggini; Lavori africani*, in cui la composizione diviene sempre più complessa, anche nel rapporto con lo spazio. Nel 1986, quasi contemporaneamente, la personale *Le macchine alchemiche* a Palazzo Forti e l'invito alla Biennale di Venezia nella sezione *Arte e alchimia* curata da Arturo Schwarz suggellano la fine del suo periodo strettamente alchemico, concluso dal lavoro *Diva Bottiglia (per un museo dell'Alchimia)*.

In questa fase l'uso dei materiali si arricchisce ulteriormente, mediante il ricorso a lamiere metalliche, legni consunti e anneriti, reperti fotografici, scarti industriali, ruggine, pelli, foglie, chiodi, cera, catrame, sabbia, terre rosse, gesso, piombo e rame. Materiali che spesso potenziano un'iconografia dura, violenta e meccanomorfa, costituita da maschere tribali, scene di caccia e figure totemiche, dagli accenti drammatici e inquietanti, e spesso giocata sulla monocromia o sui forti contrasti di bianchi e di neri. Il processo è sempre quello dell'assemblaggio di materiali e di oggetti eterogenei, ormai da tempo caratteristico del suo lavoro. Un linguaggio che ha suggerito richiami al neo-primitivismo di area tedesca (Penck e soprattutto Joseph Beuys), ma che in realtà è il naturale approdo della ricerca ormai trentennale di Costa.

Dal 1988 Costa lavora nell'Ospedale Psichiatrico di Genova-Quarto in qualità di terapeuta artistico, in collaborazione con il centro Diurno di salute mentale (in funzione dal febbraio 1989), e nel 1992 vi istituisce il Museo-Attivo delle Forme Inconsapevoli, ennesima incarnazione, e questa volta reale - nell'itinerario artistico di Costa -, di una struttura paraistituzionale ma aperta allo scambio e alla comunicazione. In questa sede, attraverso l'Istituto per le Materie e le Forme Inconsapevoli, che si occupa dello sviluppo della creatività nell'ambito psichiatrico, verranno esposte opere di artisti inseriti nel sistema dell'arte accanto a opere di soggetti con problemi psichici.

Dal 1989, parallelamente a questo contesto di reclusione, Costa vive un'esperienza fisica e psicologica di segno opposto, accettando l'invito di Claudio Spadoni a realizzare una scultura (*Albero della cuccagna*) presso l'African Dream Village di Giulio Bargellini a Malindi, in Kenya. Finalmente Costa ha quindi l'occasione di entrare in contatto diretto con gli elementi arcaici della cultura africana e di comprenderne dal vivo la primitività. In seguito l'artista tornerà in Africa diverse volte, realizzando sul posto numerosi lavori, spesso di dimensioni gigantesche. I *lavori africani* esposti a Torino nel maggio 1992 - tre grandi installazioni, diverse sculture e lavori su tela - sono stati realizzati a Malindi con materiali e oggetti cercati e trovati sul posto: una canoa, pelli di animali, maschere, tronchi di palma, foglie di palma, lastre metalliche arrugginite, vecchi oggetti artigianali. In questa occasione Poli lo definisce un artista d'avanguardia "perché la sua scelta operativa continua ad essere estrema, radicalmente "regressiva", di messa in crisi di ogni forma di linguaggio omologabile alle estetiche correnti [...] e ritrova nelle opere in mostra "le suggestioni di reperti di culture primitive"[112].

Nel novembre 1994 Costa allestisce quella che sarebbe stata l'ultima personale prima della sua scomparsa, *Europa Africa versus*, presso la Galleria Massimo Valsecchi. Vi presenta quattro grandi lavori africani, con i relativi studi e bozzetti, e *Ontologia antologica*, un'altra affascinante opera di archiviazione dei ricordi, parte di un progetto ancor più complesso da lui ideato nel 1994 e rimasto incompiuto a causa della sua scomparsa. All'interno di un grande mobile a sportelli destinato alle cartelle cliniche dei pazienti, ridipinto da Costa in modo che simuli il marmo bianco, l'artista raccoglie una sorta di compendio dei trentacinque anni della sua attività, dalla preistoria fino alla follia, meticolosamente ordinato e classificato.

Al dialogo tra Europa e Africa richiamato nel titolo di quella mostra si legava anche il progetto di Costa, interrotto dalla sua morte, di costituire, in Africa, una serie di musei nei quali riproporre l'esperienza del Museo-Attivo delle Forme Inconsapevoli di Genova-Quarto.

La vocazione di Costa, come del resto quella di quasi tutti gli autori considerati in questo lavoro, è stata la ricerca continua e instancabile, incurante delle tendenze e delle leggi del mercato. Per questo il loro destino è stato quello di rimanere autori di nicchia, noti e apprezzati quasi esclusivamente dagli addetti ai lavori. Costa non si stancò mai di difendere la propria autonomia di ricerca, a costo di seguitare in un lavoro solitario e di scontrarsi continuamente con le difficoltà ad esibire il proprio lavoro al di fuori dei circuiti commerciali di tendenza e, soprattutto, mediante un'ampia scelta di opere, com'egli riteneva indispensabile. Soltanto un esame dell'opera nella sua globalità, entro un arco di tempo piuttosto lungo, poteva garantire - a suo parere - un giudizio di valore pertinente. Dai primi anni Ottanta, Costa si sforza di includere di più la vita nel suo lavoro artistico. Diviene quindi illuminante una sua "riflessione di vita": "Ecco, dicevo che se da una parte c'è questa velocità, questa rapidità anche di informazione, di notizie, di avvenimenti che si succedono anche istantaneamente, dall'altra parte io sento l'esigenza di avere un tempo lungo a disposizione. In questo senso parlo della mostra, per me molto importante, di Calder a Torino, che descrive l'intero arco del suo lavoro. Si vede bene che le sue cose, i suoi *Mobiles*, i suoi *Stabiles*, non sono venuti dal niente, ma hanno tutto un substrato anteriore che si legge chiaramente nell'opera completa dell'artista. Credo che oggi sia difficile esprimere giudizi sul fare degli artisti contemporanei, perché questo fare è legato alla velocità, alla continua mutazione delle cose e mi sembra che, proprio per questo, si debba usare la distanza, una distanza ironica, allontanarsi dall'immediato e cercare di giudicare le cose nel tempo, non il tempo contingente, quello che viviamo tutti i giorni (per quello molte cose funzionano... o non funzionano, però suppongo che il tempo lungo le ridurrà o le amplierà in misura considerevole...). Questa, comunque è più una riflessione di vita che una annotazione di lavoro"[113].

1. Il documento è stato pubblicato come *Bibliografia* nel volume: Costa Claudio, *Il segno antropologico* (Fuxia Art-Della Scala Edizioni, Verona 1991), stampato in occasione della personale di Costa alla Galleria Fuxia Art di Verona nell'aprile-maggio 1991 e contenente un testo di Miriam Cristaldi.

2. Becker Wolfgang, *Tracce di pensiero dalla preistoria*, in *Claudio Costa. In compagnia del cervello umano e della preistoria dell'uomo. Opere 1970-1974,* catalogo della mostra (Neue Galerie-Sammlung Ludwig, Aachen, 23 marzo-15 aprile 1974), Aachen 1974.

3. Crispolti Enrico, *Riflessione antropologica, e "ripetizione differente"*, in Pirovano Carlo, a cura di, *La pittura in Italia. Il Novecento/3. Le ultime ricerche*, Electa, Milano 1994, pp. 73-74.

4. Ricaldone Sandro, *Claudio Costa*, in Cristaldi Miriam, *La natura e la visione. Arte nel Tigullio, 1950-1985*, cat. della mostra (Palazzo Rocca-Chiesa di San Francesco, Chiavari, 1995), Mazzotta, Milano 1995.

5. Costa era nato in Albania da genitori italiani che vi si erano trasferiti, per lavoro, prima della guerra e nel 1945 era tornato in Italia con la famiglia, trovando una sistemazione provvisoria presso una zia a Monleone di Cicagna, prima di stabilirsi a Chiavari nel 1950.

6. Un'efficace sintesi dei principali apporti, sul piano filosofico e letterario, alla cultura milanese dell'inizio degli anni Sessanta, è stata delineata da Roberto Sanesi in un testo scritto negli anni Ottanta in occasione di una mostra, elencando gli studi sulla fenomenologia introdotti da Enzo Paci, la sistemazione delle "poetiche" operata da Luciano Anceschi e gli innesti di tipo antropologico-culturale tentati da Remo Cantoni, fondatore con Antonio Banfi della rivista "Studi filosofici" (1940-1949) e autore nel 1975 di *Antropologia quotidiana*, edito da Rizzoli. Quindi "l'emergenza (tardiva ma prepotente) del formalismo russo e dello strutturalismo, che corre in parallelo con l'idea di "opera aperta" (Umberto Eco) e con le prime avvisaglie poetiche d'avanguardia in direzione "concettuale" (da Edoardo Sanguineti al Gruppo '63)". Sanesi completa questo panorama di riferimenti con la poesia anglosassone del Novecento, l'influenza del "nouveau roman" francese e la nascita di numerose riviste di evidente impostazione innovativa e anti-crociana. Vedi Sanesi Roberto, *L'immagine esistenziale 1958-1964. Possibilità di relazione*, catalogo mostra, Galleria Annunciata, gennaio-febbraio 1984, Collana dell'Angelo, a cura di Bruno Grossetti, 44, n. 1.

7. Giulivi A. – Trani R., *Arturo Schwarz. La galleria 1954-1974*, Fondazione Mudima, Milano 1995.

8. Vedi Costa C. – Ricaldone S., "Frammenti di un'intervista (registrazione del 29-9-1983)", in "Ocra" (circolare sui problemi dell'arte), n. 7, Genova, novembre 1983 (poi in C. Costa, *Borderline: un modello tra parentesi*, in proprio).

9. "Alla mia formazione hanno contribuito anche grandi Maestri quali Schwitters, Cornell, Duchamp, tuttavia non mi sento legato a nessuna corrente, nessun pensiero particolare in quanto il mio lavoro è una ricerca continua, senza soste. Per questo motivo non mi fermo mai su di una sola serie di lavori, ho esaurito la ricerca attraverso gli amidi, gli acidi, le colle, le tele bianche-nere, la stessa antropologia. Non ho modelli vecchi su cui lavorare, sono essenzialmente un progettuale, la mia opera si sviluppa giorno per giorno con spinte sempre nuove dettate dalla mia continua ricerca". Vedi Del Guercio Andrea B., *Claudio Costa. Il viaggio, una collezione di vecchi santini, un carbonaio, l'acqua sorgiva e la magica azione espressiva*, in Solimano Sandra (a cura di), *Claudio Costa. L'ordine rovesciato delle cose*, cat. della mostra (Museo d'arte contemporanea di Villa Croce, Genova, 19 gennaio-30 aprile 2000), Skira, Milano 2000, p. 64.

10. Uno stimolo, quello del surrealismo, giudicato di primaria importanza anche da Beppe Morra, oggi direttore della Fondazione Morra a Napoli, il quale sottolinea l'importanza, per l'arte antropologica, di Maurice Henry e del Surrealismo, della mostra milanese *Metamorfosi dell'oggetto* (allestita a Palazzo Reale all'inizio del 1972), di Joseph Beuys e di Herman Nitsch e rivendica un ruolo precorritore, in Italia, al napoletano Guido Biasi, stabilitosi a Parigi negli anni Sessanta. Morra è convinto che il periodo barocco di Biasi anticipi per alcuni aspetti molte tematiche e soluzioni formali dell'Arte Antropologica. Già firmatario, con Manzoni e altri artisti vicini al Movimento Arte Nucleare, del manifesto *Per una pittura organica* (1957), nel 1961 Biasi è presente all'*Exposition Internationale du Surréalisme* a New York. Nei suoi dipinti degli anni Sessanta quali ad esempio *Procès de Paul Veronese* - un trittico del 1967 dove, sotto forma di inquisitore, ricompare la scimmia già presente in *Hommage à Fellini* del 1966-1967 e poi di nuovo protagonista,

nel 1970, di *Ecce Simia* - Giorgio Di Genova riscontra "una sorta di indagine della preistoria umana, seguendo le coordinate delle memorie ancestrali, ataviche, primigenie". (Testimonianza orale di Beppe Morra all'autrice, Napoli, 21.12.2001).

11. Lévi-Strauss Claude, *New York post- e prefigurativa*, in *Lo sguardo da lontano*, Einaudi, Torino 1984, pp. 310-320. L'antropologo francese parla inoltre dei diorami che egli non si stanca di contemplare all'American Museum of Natural History, dei musei americani in generale e del museo di scienze naturali in particolare, ma anche dell'arte delle vetrine dei negozi. Il volume, pubblicato l'anno prima in francese, avrebbe potuto intitolarsi, a detta dell'autore, *Antropologia strutturale tre*, essendo il seguito dei due comparsi rispettivamente nel 1958 e nel 1973.

12. Vedi Bellinelli Eros, *Claudio Costa*, Ed. Pantarei, Lugano 1968.

13. Sul primo periodo pittorico di Costa uno studio ampio e approfondito è stato fatto da Silvia Zambarbieri nella sua tesi di laurea in Storia dell'arte: Zambarbieri Silvia, *L'opera di Claudio Costa negli anni '60. Verso un'arte antropologica*, relatore Tedeschi Francesco, correlatore Di Raddo Elena, Università Cattolica del Sacro Cuore, Milano, anno accademico 2013-2014.

14. Altre tappe dell'affermazione dell'Arte Povera, tempestivamente accompagnata dalla monografia-manifesto di Celant (Germano Celant, *Arte povera*, Gabriele Mazzotta editore, Milano 1969) saranno, tra il 1967 e il 1968, le collettive alla Galleria De' Foscherari di Bologna e agli Arsenali di Amalfi, oltre alle prime personali dei poveristi a Milano tra il 1969 e il 1970, nelle Gallerie Françoise Lambert e De Nieubourg. La personale di Giulio Paolini alla Galleria De Niebourg a Milano nel 1968, con *L'ultimo quadro di Diego Velazquez* e gli echi espliciti di Michel Foucault (*Le parole e le cose*, edito in Italia nel 1967), stimola la riflessione sui meccanismi del rappresentare e del vedere, che insieme alla riproposizione dei concetti di tempo e spazio coinvolge molti artisti del versante analitico concettuale. Sull'altro versante, domina lo sconfinamento attuato attraverso il gesto o il corpo, frequente negli artisti della Land Art, della performance o della Body Art.

15. Un ruolo, se così si può dire, che le venne riconosciuto già all'epoca e paragonabile a quello svolto a Milano dalle gallerie Apollinaire e Salone Annunciata (per citare due spazi direttamente coinvolti con il lavoro degli artisti qui trattati), oltre ad Ariete, Schwarz, Sperone, Stein e Studio Marconi. Vedi *1^ rassegna biennale delle gallerie di tendenza italiane*, cat. della mostra, in collaborazione con la Civica Biblioteca di Storia dell'Arte "L. Poletti", 4 ottobre-27 novembre 1969, Ed. Ente Modenese Manifestazioni Aristiche, Modena 1969.

16. Costa C. – Ricaldone S., *Frammenti di un'intervista*, cit., 1983.

17. Vedi Celant Germano, *Arte povera*, Gabriele Mazzotta editore, Milano 1969.

18. Trini Tommaso, *Frammento da un dialogo registrato fra Tommaso Trini e Claudio Costa*, in *Claudio Costa. La vela e altro*, cat. della mostra, Genova, Galleria la Bertesca, novembre-dicembre 1969 [estratto da "Pallone", novembre-dicembre 1969].

19. Costa Claudio, *Work in regress*, con un'intervista di Sarenco, "Factotum Book 13", edizioni Factotum-art, Padova 1979, s.p.

20. La centralità dei "materiali" nella poetica e nella pratica artistica di Costa è evidenziata anche nel contributo più recente alla bibliografia sull'artista: Gualdoni Flaminio, *Claudio Costa nei materiali dell'umano*, Il Canneto, Genova 2015.

21. Masnata Francesco, *Introduzione*, in C. Costa, *Interpretazione intera (Sub riferimento per un filtro tecnologico). 17 progetti 5/2/70 - 10/6/70*, Edizioni Masnata, Genova 1970.

22. Solimano Sandra, *Claudio Costa. "L'ordine rovesciato delle cose"*, in Solimano Sandra (a cura di), *Claudio Costa. L'ordine rovesciato ...*, cit., 2000, p. 20.

23. L'opera viene presentata nel maggio-giugno 1970 in una collettiva alla galleria Modulo a Milano, con Paolini, Prini, Simonetti, Tagliaferro, Soto, Bill, Vasarely e altri.

24. Costa Claudio, *Millenovecentosessantotto millenovecentosettantotto (indicazioni su una metodologia di lavoro)*, in Costa Claudio, *Materiale e metaforico. Sintomatologie sul work in regress*, Edizioni Unimedia, Genova 1979, p. 33. Da questo testo si sono tratte anche alcune note tecniche riguardanti l'indagine sui materiali effettuata da Costa intorno al 1970.

25. Maltese Corrado, *Claudio Costa - Craneologia e altre situazioni. Appunti per un diario*, Modern Art Agency, Napoli, 22 gennaio 1971.

26. Costa Claudio, *Claudio Costa 1970. Sintomi di un lavoro*, con testi di C. Magni Gregotti e N. Cagnone, Edizioni Masnata, Genova e Modern Art Agency, Napoli, Genova 1971.

27. Vedi Costa Claudio, *Tre lavori*, Edizioni Masnata, Genova 1971 [unito a catalogo di Athos Ongaro].

28. Costa Claudio, *Work in regress*, cit., 1979, s.p.

29. Vedi pure Kroeber Alfred L. (a cura di), *Anthropology today: an Encyclopedic Inventory*, The University Chicago Press, Chicago-London 1965, in particolare il capitolo *Moulage and casting*. All'inizio di questo monumentale volume vengono inoltre elencate varie grotte, fra cui "a number of the Italo-French Riviera caves".

30. Costa Claudio, *Work in regress*, cit., 1979, s.p.

31. Costa Claudio, *Evolution-Involution*, Ed. Produzentengalerie, Berlino 1971.

32. È utile precisare che il titolo completo del volume è in realtà: *Evoluzione: il tempo trasportato. Involuzione: lo spazio perduto*.

33. Costa Claudio, *Evoluzione e Involuzione*, Edizioni Masnata, Genova 1972, p. 8.

34. Il saggio di Jacques Monod, dal titolo originale *Le hazard et la nécessité*, fu tempestivamente tradotto in italiano e pubblicato da Arnoldo Mondadori e in quegli anni rappresentò una lettura quasi d'obbligo. Anche Monod cita Leroi-Gourhan parlando degli Australantropi. Vedi: Monod Jacques, *Il caso e la necessità. Saggio sulla filosofia naturale della biologia contemporanea*, Oscar Mondadori, Milano 2002, p. 121. Jacques Monod (1910-1976), biochimico francese, premio Nobel nel 1965 per studi di genetica molecolare, coglie, della biologia, quei temi che ritiene possano maggiormente influire sulla cultura moderna.

35. *Kunst bleibt Kunst. Aspekte internationaler Kunst am Anfang der 70er Jahren, Project 74*, Kunsthalle, Köln, 6 luglio-8 settembre 1974 (progetto comune con il Wallraf-Richartz Museum e il Kunstverein), Colonia 1974.

36. Costa Claudio, *Millenovecentosessantotto ...*, cit. 1979, p. 35.

37. Il titolo originale del testo è *(Notes) On an "Anthropologized" Art*. Vedi Kosuth Joseph, *L'arte dopo la filosofia. Significato dell'arte concettuale*, Costa&Nolan, Genova 1987, pp. 45-52.

38. Vedi Kosuth Joseph, *L'arte dopo la filosofia. Significato dell'arte concettuale*, Costa&Nolan, Genova 1987, pp. 53-76. Nel secondo paragrafo del saggio, *Teoria come prassi: un ruolo per un'"arte antropologizzata"*, Kosuth scrive: "L'artista-come-antropologo può essere in grado di realizzare ciò in cui l'antropologo ha sempre fallito. Una "descrizione" non statica dell'infrastruttura operativa dell'arte (e dunque della cultura) costituisce l'aspirazione di un'arte antropologizzata. La speranza per questa comprensione della condizione umana non si fonda sulla ricerca di una "verita" scientifico-religiosa ma piuttosto sulla possibilità di impiegare lo stato della nostra interazione costituita".

39. Weiss Evelyn, *Il mio viso il mio corpo la mia famiglia la mia memoria. Cenni sulla ricerca della identità nell'attività artistica attuale*, in Bruno Gianfranco (a cura di), *La ricerca dell'identità*, Electa editrice, Milano 1974, p. 30.

40. Solimano Sandra, *Claudio Costa...*, cit., 2000, p. 24.

41. *Metamorfosi dell'oggetto*, cat. della mostra, Milano, Palazzo Reale, 17 gennaio - 23 febbraio 1972, Arti Grafiche Fiorin, Milano 1972.

42. Rimando qui alle utili riflessioni di Filiberto Menna nel suo approccio strutturalista al linguaggio dell'arte: Menna Filiberto, *La linea analitica dell'arte moderna: le figure e le icone*, Einaudi, Torino 1975.

43. Costa C. – Ricaldone S., *Frammenti di un'intervista*, cit., 1983.

44. Costa Claudio, *Work in regress*, cit., 1979, s.p.

45. *Seminario per un'antropologia dell'arte*, Università di Salerno. Istituto di storia dell'arte e di sociologia, 20 aprile 1978: interventi di Apolito, d'Avossa, Cascavilla, Costa, De Rosa, Paradiso, Mele, Trimarco. Riportato in A. Paradiso, *Teatro antropologico. La vita, l'usura, la morte*, Milano 1980, p. 28.

46. Luciano Caramel cita il lavoro di Costa, proprio negli anni in esame, accanto a quello di "prim'attori" quali De Dominicis, Patella, Vettor Pisani, Alfano e Vaccari. Vedi Caramel Luciano, *Opera e comportamento*, in *Opera e comportamento (1970-1974). Arte in Italia negli anni '70* (Erice, La Salerniana, Ex convento di San Carlo, 30 settembre-31 dicembre 1999), Edizioni Kappa, Roma 1999, p. 26.

47. Il dattiloscritto (da me visionato presso l'Archivio d'Arte Contemporanea (AdAC) - DIRAS Università di Genova, cartella *Claudio Costa*) risulta essere stato presentato da Costa in occasione degli "Incontri con l'Autore"

organizzati dall'Accademia di Belle Arti di Urbino nei giorni 16-18 maggio 1985.

48. Bronislaw Malinowski non era citato fra i nomi di riferimento negli anni 1970-1972, dove però figurava il nome di Franz Weidenreich (il cui *Scimmie, giganti, uomini* del 1956 compare nella Bibliografia essenziale di *Evoluzione e Involuzione*), poi cassato.

49. Costa Claudio, *Work in regress*, cit., 1979, s.p.

50. Putnam James, *Art and artifact. The museum as medium*, Thames & Hudson, Londra 2001.

51. *VIII^ Biennale de Paris. Italia*, catalogo della sezione italiana dell'*VIII^ Biennale de Paris*, Musée d'Art Moderne de la Ville de Paris, 14 settembre - 21 ottobre 1973, Centro Di Edizioni, Firenze 1973.

52. A proposito dell'attuale configurazione di una "popolazione polimorfa", Costa scrive: "[...] sono solo le caratteristiche morfologiche (dimensioni della corporatura, tipo e colore dei capelli, colore della pelle, eccetera) che cambiano. L'origine di queste differenze "estetiche" può essere fatta risalire proprio all'inizio della specie, quando diversi fattori [...] determinarono la loro formazione, senza però alterare le possibilità di evoluzione mentale di ciascuna creatura. I diversi gruppi di popolazioni che esistono oggi devono essere considerati "le vestigia dello stato preculturale dell'evoluzione". Se si chiariscono questi concetti, si comprenderà la scarsa utilità dei tentativi di dividere e classificare la specie umana secondo la razza e le caratteristiche tipologiche". Vedi Costa Claudio, *Il processo e il modello dell'evoluzione. La specie umana pluridimensionale*, in *In compagnia del cervello umano e della preistoria dell'uomo. Opere 1970-1974*, Neue Galerie-Sammlung Ludwig, Aachen, 23 marzo-15 aprile 1974.

53. I passaggi sono i seguenti, denominati da Costa sia in inglese che in tedesco: 1) protozoi, batteri; 2) invertebrati; 3) insetti; 4) pesci; 5) anfibi; 6) rettili; 7) uccelli; 8) mammiferi; 9) primati; 10) Australopithecus; 11) Homo erectus; 12) Homo sapiens Neanderthal; 13) Homo sapiens Cro-Magnon 14) Homo sapiens sapiens.

54. Becker Wolfgang, *Tracce di pensiero ...*, cit., 1974.

55. Becker Wolfgang, *Claudio Costa. In compagnia del cervello umano e della preistoria dell'uomo*, in Solimano Sandra (a cura di), *Claudio Costa. L'ordine rovesciato ...*, cit., 2000, p. 74. Interessante anche un'altra osservazione

posta come inciso dal critico tedesco: "(Molto più tardi rivelai il percorso contrario nell'opera fotografica di John Coplans che riproduceva le membra del proprio corpo come se queste fossero appartenute all'era dell'uomo di Cro-Magnon)".

56. Costa Claudio, *Millenovecentosessantotto ...*, cit. 1979, pp. 34-35.

57. Vedi Heyerdahl Thor, *Kon-tiki. 4000 miglia su una zattera attraverso il Pacifico*, Aldo Martello editore, Milano 1950.

58. Madesani Angela, a cura di, *Biografia*, in Solimano Sandra (a cura di), *Claudio Costa. L'ordine rovesciato ...*, cit., 2000, p. 170.

59. *Tempo e ricognizione*, cat. della mostra, Galleria La Bertesca, marzo 1974, Genova, Edizioni Masnata, Genova 1974. In catalogo viene pubblicato il testo di Costa dedicato ai Maori che sarebbe poi apparso in *Due esercizi di antropologia*, dato alle stampe nel dicembre dello stesso anno.

60. Metken G. – Schneede U. M., *Spurensicherung: Archäelogie und Erinnerung*, cat. della mostra, Kunstverein, Amburgo; Lenbachhaus, Monaco, ed. Lenbachhaus, Monaco 1974.

61. Putnam James, *Art and artifact...*, cit., 2001, p. 71.

62. Costa Claudio, *Millenovecentosessantotto ...*, cit. 1979, p. 35.

63. Vedi *Ibidem*.

64. Gazzerro Edda, in Costa Claudio, *Due esercizi di antropologia*, Nuovi Strumenti, Brescia 1974.

65. Un progetto di cui Cortenova riconoscerà il valore ancora cinque anni dopo, in un contesto artistico ormai profondamente mutato: "Oggi posso dire con una certa tranquillità di non avere sbagliato quando ad Empirica, nel '75, accostavo alla linea "concettuale" dei Kosuth, di Paolini, Agnetti, Venet ... (così come a quella "minimal" del Judd, Flavin, Andre, e "neo-pittorica" dei Ryman) quella "antropologica" dei Costa e Dorothee Von Windheim e quella "narrative" dei Boltanski, Badura, Le Gac". Vedi Cortenova Giorgio, *Il neo di Venere. Sotto i veli del linguaggio*, cat. della mostra, Centro Cantoni/Associazione Artistica, Legnano, giugno-luglio 1980, p. 2.

66. *La ricerca delle origini*, cat. della mostra coordinata da G. Bocchi, Galleria d'Arte Moderna del Teatro di Parma, febbraio-marzo 1976,

Parma 1976. Le brevi informazioni bibliografiche sugli artisti sono precedute da una nota che spiega: "Questa mostra si propone di presentare tre ricerche artistiche abbastanza diverse fra loro, ma per alcuni aspetti anche convergenti. Artisti che indagano su problemi antropologici, esoterici, alchemici o di rivisitazione storica ci sembrano, più che mai, attuali ed interessanti, come tutto quanto in questo momento, possa creare nuovi spazi o alla fantasia o ad una nuova ricerca parallela a quella scientifica. L'Antropologia culturale è un nuovo spazio che può e deve essere indagato adeguatamente soprattutto attraverso una ricerca d'artista. Speriamo questa mostra possa essere lo spunto per altre successive [...]".

67. L'anno successivo, Massimo Valsecchi inviò quest'opera di Costa, insieme a *Moulages Cathédral de Bordeaux* dei Poirier (1973, calchi in carta giapponese) al Centre d'Arts Plastiques Contemporains di Bordeaux, che inaugurava la propria nuova sede con la mostra *Identité-Identifications*.

68. Questa e le citazioni seguenti, ove non indicato diversamente, sono tratte da Costa C. - Caminati A., *L'uomo e l'oggetto come fenomeni solidali nella struttura mobile del Museo Antropologico di Monteghirfo*, in Costa C. - Caminati A., *Monteghirfo: Museo di Antropologia /sezione Arte Moderna)*, volume ciclostilato edito in proprio, Genova 1975, pp. 7-9.

69. Costa Claudio, *Millenovecentosessantotto ...*, cit. 1979, p. 37.

70. Enrico Pedrini parte da questo presupposto: "Gli oggetti, i riti, i miti, i costumi della cultura primitiva e contadina, il recupero di un passato remoto e della sua memoria, assumono un tono di denuncia virata contro la società a lui contemporanea, che tutto ha coperto, snaturato, disgregato". Vedi Pedrini Enrico, *Agriculture terrestre et agriculture céleste: les paramètres d'un parcours*, in *Claudio Costa. Prehistoire et anthropologie*, cat. della mostra, Galerie 1900-2000, Parigi, 5-29 febbraio 1990, Genova 1990, p. 6. Si veda anche l'intervento, in linea di massima molto simile, anche nel porre Marcel Duchamp come polo di confronto dialettico lungo tutto il percorso di Costa: Pedrini Enrico, *Claudio Costa. La ricostruzione dell'umano*, in Solimano Sandra (a cura di), *Claudio Costa. L'ordine rovesciato ...*, cit., 2000.

71. *Seminario per un'antropologia dell'arte*, cit., p. 27, 1978.

72. *Controprocesso*, in Costa C. - Caminati A., *Controprocesso. "Verifica per una processualità contro-" (rilettura e trascrizione animata di alcuni riti presenti a Monteghirfo)*, volume ciclostilato edito in proprio, Genova 1975, pp. 5-6. Chiude l'opuscolo un testo di Edda Arrigoni Gazzerro.

73. Ivi, pp. 7-9.

74. Metken Günter, *Claudio Costa*, in *Documenta 6. Internationale Austellung*, Kassel, D+V Paul Dierichs, Kassel 1977, vol. 1, p. 258.

75. Costa Claudio, *Work in regress*, cit., 1979, s.p. Nella bibliografia critica sull'artista *Le case di fango* vengono generalmente datate intorno al 1978-1979 (Vedi Solimano Sandra (a cura di), *Claudio Costa. L'ordine rovesciato ...*, cit., 2000, pp. 33, 138-139) e lo stesso Costa le include nella fase 1977/1980. È certo che Costa concluse i progetti fin dal settembre 1976 e che nel marzo 1979 la Galleria Unimedia (in collaborazione con la Galleria R. Rotta di Genova) gli dedicò una personale con due ambienti intitolati *Le case di fango* e organizzò la presentazione del volume *Materiale e Metaforico*.

76. Metken Günter, *Claudio Costa*, op. cit., 1977.

77. Costa Claudio, *Millenovecentosessantotto ...*, cit. 1979, p. 37. Sarebbe interessante tentare un confronto dialettico fra le vetrine e i pannelli di Costa e le "scatole" realizzate a partire dal 1973 da Gianfranco Baruchello (Livorno, 1924), artista legato a Duchamp anche da rapporti di amicizia, che espone fin dal 1965 alla Galleria Schwarz di Milano (dove torna nel 1966, 1968, 1970 e 1975) e quindi tiene personali in altre importanti gallerie genovesi e milanesi, in alcuni casi le medesime cui fu legato Claudio Costa: La Bertesca a Genova (1972) e, a Milano, L'Uomo e l'Arte (1973), Massimo Valsecchi (1976) e il Mercato del Sale (1977 e 1981). Si tratta di assemblaggi all'interno di scatole di legno e vetro, in cui oggetti, fotografie, libri e altro raccontano i sogni e le utopie dell'artista. Ricordiamo che Baruchello, alla fine degli anni Sessanta, fonda Agricola Cornelia, un'azienda agricola alle porte di Roma in cui egli tenta di fondere e armonizzare l'esperienza artistica con quella dell'agricoltura. E non a caso Crispolti, in *Extra media*, lo classifica fra gli esempi di "operazioni agricole".

78. Costa C. - Paradiso A. - Pedrini E., *Situazione antropologica dall'uomo al paesaggio*, Edizioni Apollinaire, Milano 1977, pp. 48-49.

79. Costa Claudio, *Sublimato potabile ovvero L'Ineffabile Circolazione dell'Umano*, Edizioni Massimo Valsecchi, Milano 1981.

80. Vedi Del Guercio Andrea B., *Claudio Costa. Il viaggio, una collezione di vecchi santini, un carbonaio, l'acqua sorgiva e la magica azione espressiva*, in Solimano Sandra (a cura di), *Claudio Costa. L'ordine rovesciato ...*, cit., 2000, pp. 56-70. Risale invece agli inizi del 1991 la mostra allestita a Genova *Le Ruggini e gli oggetti: Monteghirfo evocato. Claudio Costa*, che "si formalizza materializzando una sovrapposizione che stabilisce un contatto tra una lamiera arrugginita e un soggetto del quotidiano contadino". Vedi V. Conti, *Quando sovrapporre è ribaltare*, in Sciaccaluga Maurizio (a cura di), *Le Ruggini e gli oggetti: Monteghirfo evocato. Claudio Costa*, sede C.N.A. - F.N.A.P., Genova, Ed. CNA, Genova 1991.

81. *Appunti di percorso. Dialogo tra Gianni Martini e Claudio Costa*, in *Claudio Costa. Concerto Barulé*, Galleria Martini & Ronchetti, Genova 1992, p. 9.

82. Trucchi Lorenza, Ivi, pp. 6-7.

83. Pedrini Enrico, *Il ripaesamento di una identità personale*, Ivi, p. 13.

84. Fra gli artisti presenti, spesso con più di un'opera, figurano Claudio Parmiggiani, Antonio Trotta, Mimmo Paladino, Daniel Spoerri, Arman, Vettor Pisani, Ettore Colla, Eliseo Mattiacci, Mario Ceroli, Luigi Mainolfi, Giuseppe Spagnulo, Pierpaolo Calzolari, Hidetoshi Nagasawa, François Morellet, Piero Gilardi, Guglielmo Achille Cavellini, Alighiero Boetti, Giulio Paolini, Luciano Fabro, Gilberto Zorio, Giovanni Anselmo, Giuseppe Penone, Allan McCollum, Tony Cragg, Mario Merz, Dennis Oppenheim, Nam June Paik, ma anche i più giovani Francesco La Fosca, Silvio Wolf, Manlio Caropreso e altri.

85. *Viaggio nella raccolta dei Campiani*, (a cura di) Piero Cavellini, fotografie di Ken Damy, Edizioni Nuovi Strumenti, Brescia 1995, nn. XIV, XV, XXXVIII. Questa e le due citazioni seguenti sono tratte dalle belle didascalie delle opere, concise e poetiche, di Piero Cavellini.

86. Vedi Guadagnini Walter (a cura di), *La natura, l'arte, la meraviglia*, cat. della mostra itinerante, in collaborazione con Fondazione Bevilacqua La Masa di Venezia, Regione Veneto, Verona 2002, p. 20.

87. *Seminario per un'antropologia dell'arte*, cit., p. 26, 1978.

88. *Ibidem.*

89. *Ibidem.*

90. *Seminario per un'antropologia dell'arte*, cit., p. 27, 1978.

91. Costa Claudio, *Millenovecentosessantotto ...*, cit. 1979, p. 39.

92. Costa Claudio, *Work in regress*, cit., 1979, s.p. "Antropologia riseppellita" Mascella in osso - Ascia in terracotta. *Oggetti fotografati prima del seppellimento* è anche la didascalia dell'opera riprodotta nel cat. della mostra *Marta & Maria*, curata Cortenova a Ferrara nel maggio-giugno 1977. Vedi *Marta & Maria*, cat. della mostra (Ferrara, Palazzo dei Diamanti, Sala Benvenuto Tisi, 8 maggio - 19 giugno 1977), Renzo Spagnoli, Firenze 1977.

93. Sandra Solimano nota come le abitazioni in miniatura di Charles Simonds, inserite con pinzette nelle fessure dei muri di New York, appaiano concettualmente vicine ai lavori realizzati da Costa negli stessi anni, dagli *Innesti* ai *Progetti per le case di fango*. Vedi Solimano Sandra, *Claudio Costa. "L'ordine rovesciato delle cose"*, in Solimano Sandra (a cura di), *Claudio Costa. L'ordine rovesciato ...*, cit., 2000, p. 46.

94. Metken Günter, *Le Belle Scienze, ovvero l'Archeologia dell'umano*, in *Documenta 6. ...*, cit., 1977, pp. 254-255.

95. *Ibidem.*

96. *Ibidem.*

97. *Seminario per un'antropologia dell'arte*, cit., pp. 27-28.

98. Costa Claudio, *Work in regress*, cit., 1979, s.p.

99. Questo accenno a Piero Manzoni non compare in *Materiale e metaforico*.

100. Costa Claudio, *Millenovecentosessantotto ...*, cit. 1979, pp. 37, 39.

101. Sarenco: "Si parla di *arte antropologica* e di *rivalutazione della cultura materiale*. Beuys parla di *fondazione per la rinascita dell'agricoltura*, tu parli di *agricoltura terrestre e agricoltura celeste*. Sono attitudini sociologiche, estetiche o demagogiche?". Vedi Costa Claudio, *Work in regress*, con un'intervista di Sarenco, "Factotum Book 13", edizioni Factotum-art, Padova 1979, s.p.

102. C. Costa, *Work in regress*, cit., 1979, s.p.

103. Vedi Tomassoni Italo, *Incontro con Beuys*, in De Domizio Lucrezia - Durini Bubi - Tomassoni Italo, *Incontro con Beuys*, D.I.A.C. editrice,

Pescara 1984, p. 368: "Il motivo antropologico torna anche qui attraverso alcuni oggetti chiave, simbolo e allusione della capacità dell'uomo di guidare e plasmare la materia: il bastone ricurvo [...], la racchetta da neve, il guanto, la slitta, la zappa e la pala".

104. Costa Claudio, *Millenovecentosessantotto ...*, cit. 1979, p. 38.

105. Vedi Costa C. – Ricaldone S., *op. cit.*, 1983.

106. Costa Claudio, *Millenovecentosessantotto ...*, cit. 1979, p. 39.

107. Costa Claudio, *Work in regress*, cit., 1979, s.p.

108. Costa Claudio, *Emergenza: dall'ovest all'est, leggermente trasmigrando*, in *Ovest-Nord-Sud-Est (work in regress)*, cat. della mostra (Alessandria, Sala Comunale d'Arte Contemporanea, 19 novembre - 5 dicembre 1978), Edizioni Assessorato Cultura e Teatro del Comune di Alessandria, Alessandria 1978, p. 1.

109. Costa Claudio, *L'est viene poi*, in Ivi, p. 3.

110. Pedrini Enrico, *Claudio Costa. La ricostruzione dell'umano*, in Solimano Sandra (a cura di), *Claudio Costa. L'ordine rovesciato ...*, cit., 2000, p. 84.

111. Vedi Costa C. – Ricaldone S., *op. cit.*, 1983.

112. Cristaldi Miriam, Poli Francesco, *Lavori di Malindi*, in *Claudio Costa. Lavori africani* (Tauro Arte, Torino, maggio-settembre 1992), Tauro Arte, Torino 1992.

113. Vedi Costa C. – Ricaldone S., *op. cit.*, 1983.

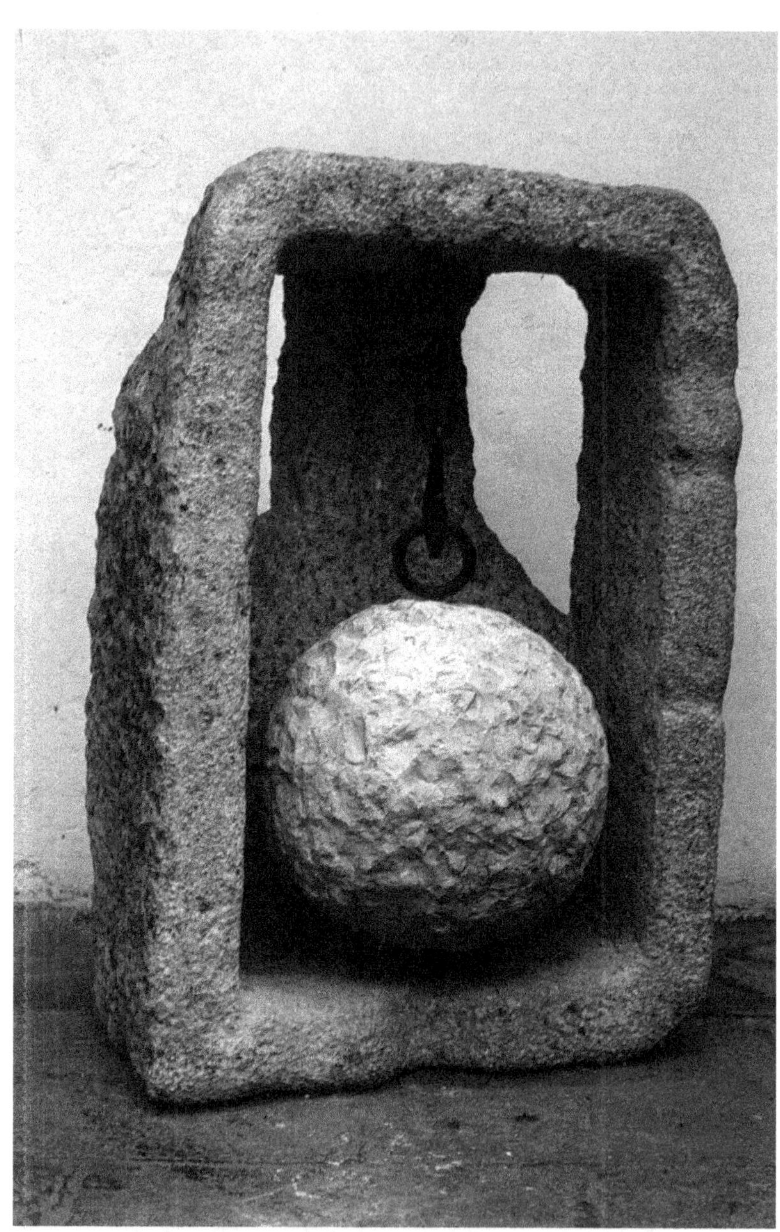

Antonio Paradiso, Scultura, 1966-1967, pietra

Antonio Paradiso

"Lo scultore contadino": così era intitolato un articolo di Marco Valsecchi su Antonio Paradiso (Santeramo in Colle, Bari, 1936) nel lontano 1968. Infatti, fin dalla seconda metà degli anni Sessanta, Paradiso intraprende un personale cammino nella scultura che ha profonde radici nella primordialità e nella ruralità pugliesi. Una ricerca scaturita all'interno di quel mondo primitivo, dall'osservazione della natura e dei segni che l'uomo vi ha lasciato, evidenziandovi la dimensione antropologica. Il linguaggio plastico di Paradiso matura dapprima mediante il recupero di oggetti d'usura umana e le "azioni" comportamentali nelle cave di tufo di Matera, quindi attraverso i frequenti viaggi nel deserto del Sahara o lo studio dei flussi migratori degli uccelli nei "voli", fino a giungere all'elaborazione del proprio Teatro Antropologico nel 1977.

Quindi, nell'arco di poco più di un decennio, il suo nome verrà accostato a quello di Claudio Costa nell'ambito di quella che resta una breve ma originale avventura dell'Arte Antropologica in Italia. Pur avendo già ottenuto prestigiosi riconoscimenti anche sul piano internazionale - dalla personale a Bruxelles nel 1972, alla collettiva *Fotomedia* nel Museum am Ostwall di Dortmund nel 1974, fino alla personale dell'anno dopo in questa stessa sede - il lavoro di Paradiso viene individuato anche in Italia come appartenente a questo genere di ricerche soltanto nel 1978. D'altra parte, se in quel 1974 in cui partì l'avventura dei "cercatori di tracce" di Metken il lavoro di ricognizione di Paradiso non aveva forse ancora formalizzato quella dimensione archivistico-documentaria che avrebbe manifestato proprio allora con i *Contenitori scientifici*, restano dati incontestabili sia la pubblicazione, fin dal 1972, del libro d'artista *Storia naturale del quaternario* sia la personale di Dortmund, intitolata *Arte+Antropologia/Antropologia+Arte*. È quindi nel 1978 che il nome di Paradiso appare nel volumetto di Giorgio Cortenova *La creazione volgeva alla fine* e nella collettiva omonima allestita alla Galleria Unimedia di Genova. Ed è sempre allora che alla XXXIX Biennale di Venezia il suo *Paesaggio culturale antropologico*, grazie alla performance *Toro e mucca meccanica*, s'impone all'attenzione internazionale.

Nel 1977 Vittorio Fagone, inserendolo all'interno della sua catalogazione del cinema d'artista in Italia, coglie le linee portanti della sua poetica e il legame indissolubile tra l'attività filmica, che rimarrà circoscritta agli anni Settanta, e quella più propriamente scultorea: "Le sculture filmate di Antonio Paradiso dimostrano il senso di una ricerca nella storia non per linee esterne, ma per tracce profonde: scultura è il paesaggio come è stato plasmato nei secoli, il vecchio rito contadino, ogni mutamento dell'uomo nello spazio e nel tempo"[1]. Infatti, se l'uso di media diversi (scultura, fotografia, cinema, teatro, performance), spesso tra loro contaminati, è stato un elemento fondante dell'attività artistica di Paradiso lungo tutti gli anni Settanta, dai primi film nel 1969 fino all'esperienza multimediale del Teatro Antropologico, per lui in verità tutte queste esperienze partecipano in un certo senso degli statuti della scultura.

1. Il legame con le Murge:
sculture di pietra e "sculture filmate"

L'analisi del lavoro iniziale di Paradiso non può non cominciare dal suo legame con la terra d'origine, da quelle Murge in cui egli scopre il valore culturale degli oggetti contadini, perlustra luoghi magici come le cave di Matera e studia antichi riti popolari come quello della dissacrazione delle immagini sacre. Testimonianze, tutte, di una sorta di creatività spontanea, genuina e generosa, che Paradiso intende valorizzare mediante il proprio lavoro. A una particolare sensibilità per le forme e l'immaginario della cultura agraria pugliese si somma forse, inizialmente, anche una volontà di contestazione.

La frequentazione, all'Accademia di Brera, dei corsi di Marino Marini e Alik Cavaliere gli consente un dialogo con l'analoga inclinazione verso la "grande madre" del primo (scegliendo però la terra e la caverna invece che il simbolo della pomona) e una conferma, da parte del secondo, della propria convinzione della necessità di esaltare le qualità espressive della materia stessa.

La prima tappa di questo percorso consiste nel recupero, a partire dal 1966, di oggetti legati al mondo contadino delle Murge e del territorio apulo-campano, quasi sempre in pietra di Trani o di Càrparo, come gli abbeveratoi di pietra, le catene, le macine per il grano, le palle che ornano i cancelli, dunque oggetti dell'artigianato povero, dalle forme semplici e minimaliste[2]. Sono in gran parte oggetti trovati e poi combinati da Paradiso in forme autonome e totemiche; in alcuni casi, essi vengono da lui ricostruiti. All'artista importa soltanto che siano oggetti di usura umana: "Io ho cominciato a fare il mio lavoro recuperando abbeveratoi di cavalli, già dodici anni fa. Li spaccavo, aggiungevo delle catene, aggiungevo delle palle che si trovano sui cancelli, che sono sempre cose fatte dall'uomo, molte volte li facevo io perché non

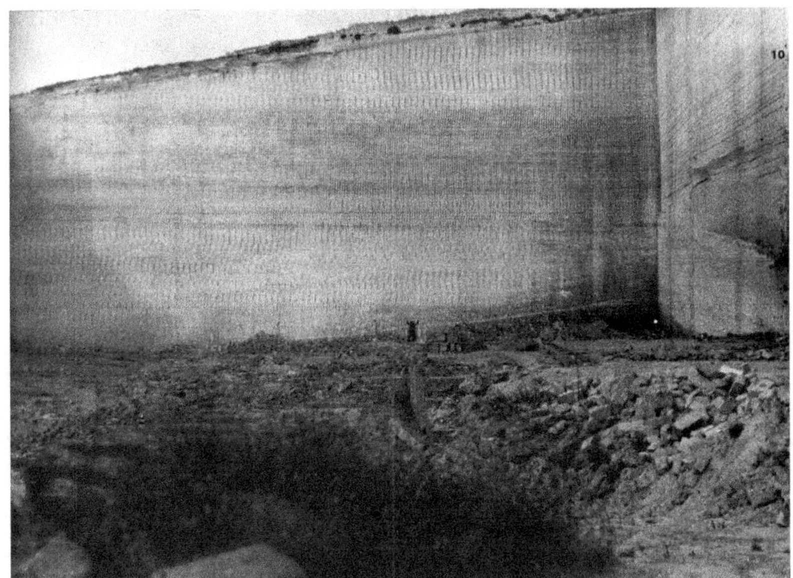

Antonio Paradiso, Tavola da *Storia naturale del quaternario*, 1972

c'era l'oggetto (la palla o l'abbeveratoio), però l'importante era che fossero sempre degli oggetti di usura umana. Praticamente quando sono uscito con questo recupero, nelle gallerie, i critici disorientati riportavano a Moore o alla scultura astratta questi miei recuperi"[3].

In occasione della sua prima personale alla Galleria Pagani di Milano, nel 1967, Giorgio Kaisserlian scrive: "Le tue sculture fanno pensare a delle forme vive che siano scaturite dal suolo per generazione spontanea"[4]. E l'anno seguente Luciano Caramel, introducendo la seconda personale da Pagani, definisce la fondamentale naturalezza di quelle opere "una dote nativa" dello scultore. Si tratta, di nuovo, di una sequenza di sculture in pietra pugliese - frequente il titolo *Trono* -, articolate fra masse piene, incavi vuoti e grosse catene di ferro. Caramel individua le ragioni del far scultura di Paradiso nella sua volontà di "dar forma ad un discorso immediato, spontaneo, "primitivo" insomma, che è il contrario del "primario" oggi tanto fortunato, giacché, se questo è il frutto di una astrazione intellettuale dal fenomeno - un'astrazione che è ben radicata nel nostro mondo attuale, nei suoi presupposti scientifici e filosofici -, quello è la conseguenza di una adesione quasi fisica e veramente primaria all'essenziale"[5].

Enrico Crispolti collega il maturare degli interessi antropologici di Paradiso proprio a questi oggetti[6]. D'altra parte, fin dalla monografia del 1969 a lui dedicata, il critico aveva scelto come chiave di lettura quella naturalezza e quella naturalità già poste in rilievo dai colleghi fin dagli esordi dello scultore: "Paradiso certo a Milano non si è tecnologizzato, ma non ha neppure cercato falsi primitivismi [...] Due elementi sono essenziali a questa scultura: la materia, la pietra della Murgia; e il repertorio iconologico, che nasce dalla rielaborazione immaginativa [...] di quelle occasioni plastiche locali, rustiche, presenze di un atavico orizzonte, e del proprio stesso orizzonte d'infanzia e prima giovinezza". Crispolti inoltre individua nell'utilizzo esclusivo della pietra di Murgia una sintesi della natura del luogo e della storia del luogo. Infine, osservando il decorso della scultura di Paradiso negli ultimi due anni, egli vi legge il progressivo emergere di una carica magica ancestrale e mitica, "l'intenzione di procedere da forme elementari, di meno marcato simbolismo, a configurazioni più definite e complesse, e tali proprio per l'affollarsi di incidenze allusive simbolico-magiche"[7].

Dotatosi di una Boillé 16 mm, nel 1969 Paradiso incomincia a realizzare i suoi primi cortometraggi: *Meditazione* (oggi disperso) e *Percorso*, composto a sua volta dai cortometraggi *Caverne*, *Tufaia* e *Parete*, poi confluiti, autonomamente, nel film *Sculture filmate* 1969-1973[8], avviando quel processo di continua manipolazione del materiale cinematografico che caratterizzerà l'intera attività dell'artista in questo ambito. Il soggetto dei cortometraggi degli esordi è sempre il paesaggio natale della Murgia, con i gesti rituali del contadino che assecondano i cicli naturali e gli oggetti costruiti dall'uomo. Paradiso si sofferma dapprima sugli antri misteriosi delle caverne scavate nella roccia, quindi si fa riprendere mentre si avvicina alle pareti delle cave e si arrampica su di esse, quasi a volersene appropriare, infine documenta "i primi confini" nella piana delle Murge, costituiti dai lunghi muri a secco che percorrono quei territori. È evidente la sensibilità di Paradiso al tema dell'abitazione, della casa, ovviamente riportato al contesto dei suoi luoghi d'origine, carichi di risonanze e di memoria: "la cultura di una casa: la sua esistenza, la funzione, la derivazione, tutti aspetti di etnologia o archeologia, essendo prodotto di una attività umana. È logico che con la presenza dell'oggetto casa, si ha la presenza uomo, l'effetto per l'interazione con l'ambiente nel quale vive, la sensibilità a reagire alla realtà che si costruisce in un gruppo etnico. L'analisi tra casa-cultura-spontanea e casa-civiltà, è che la prima risulta inventiva, la seconda ripetitiva"[9].

Parte del materiale girato fra il 1969 e il 1970 confluirà in seguito nel libro d'artista *Storia naturale del quaternario*, realizzato da Paradiso con Toselli e l'editore Gianni Scheiwiller nel 1972, ma concepito e progettato fin dal 1970. Un volume contenente una sequenza di fotogrammi tratti in gran parte dal film *Percorso* e due dal film *Ricorsi*, oltre ad alcune fotografie raffiguranti una sequenza di abbeveratoi in pietra o un muretto a secco nella pianura della Murgia. Si tratta, sostanzialmente, delle opere esposte da Toselli nel 1970. Le immagini sono introdotte dalle frasi di Paradiso "Migliaia di poteri in miliardi di giorni / Miliardi di uomini in un milione di anni", quindi intercalate dalle testimonianze critiche di Guido Ballo, Renato Barilli e Mario Perazzi e infine concluse da un'ironica *Notizia* biografica: "Antonio Paradiso è nato sulla terra un milione d'anni fa, ha lavorato fino ad oggi per costruire due oggetti, uno di difesa (la caverna e il grattacielo), e l'altro di offesa (l'amigdala e la bomba atomica). Attualmente sta tentando di costruire oggetti inutili che non siano di offesa e di difesa. Vive e lavora a Milano".

Il testo di Perazzi parte dal presupposto che "Antonio ha letto i primi libri d'arte pascolando i cavalli di suo padre e si porta appresso un bagaglio di forme e strutture al limite tra l'estetica e l'antropologia culturale". Afferma che "nessuno meglio di lui giustifica la necessità di un'"avanguardia primitiva", ma subito mette in guardia: "Ma attenti a non confondere il suo promemoria iconografico con il folklore". Infine sintetizza il contenuto dei film sopra citati: "[...] una presa di possesso dei campi con cippi e bandiere, l'improvvisa esplosione di un incendio di stoppie nel rituale eterno del fuoco, l'uomo che aggredisce, si immerge nella cava di pietra macchiando con i suoi sforzi vani la gran parete immobile, affettata per secoli da altri uomini più forti di lui"[10].

Così Paradiso ricorderà, a posteriori, la nascita di questo lavoro cinematografico sulle cave, giustificandolo con la relativa maggior facilità e immediatezza del medium rispetto alla volontà di documentare oggettivamente spazi umani giganteschi e insistendo sull'uso del termine "catalogazione": "Il passo così è stato breve dalla catalogazione di oggetti alla catalogazione delle cave di tufo. Ho fatto un libro, con Toselli, di fotografie sulle tufaie, e per fare questo libro ho impiegato circa due anni, illustrando questo passaggio dagli abbeveratoi alle tufaie, visto che mi era impossibile trasferire in una galleria una intera tufaia per la mastodonticità dell'oggetto (circa 100x50x50 metri). Riportavo questi *spazi antropologici*, dove l'uomo ha sofferto, pianto e riso per centinaia di anni, come sculture, perché in questi luoghi l'uomo ci ha lavorato per generazioni"[11].

Il libro d'artista *Storia naturale del quaternario* è legato, come si è detto, alla personale allestita da Paradiso nel giugno 1970 alla Galleria Toselli di Milano. Sono in mostra un'enorme sfera con una catena d'ancora di nave, due ciclopiche chiavi di pietra, fiori che schiudono pesanti petali, un mucchio di sassi e, infine, cento chicchi di grano, ciascuno del peso di due chili, disposti sul pavimento secondo uno schema regolare. Accanto a queste opere propriamente scultoree, le pareti della galleria accolgono una sequenza di fotografie in cui appaiono grotte, mura preistoriche, abbeveratoi e capre al pascolo, in sostanza i fotogrammi tratti dai film sopra citati.

Le possibili suggestioni poveriste nel lavoro di Paradiso, insinuate fin dal 1967 da Francesco Vincitorio[12], svaniscono di fronte alla constatazione della distanza tra la dimensione antropologica colta quasi in presa diretta dallo scultore pugliese - tuttavia a condizione che si tratti di oggetti, spazi e paesaggi "di usura umana" - e i presupposti concettuali che motivano gran parte degli interventi realizzati in quel volgere di decennio dagli artisti sostenuti da Celant. La convivenza, nella stessa esposizione, delle sculture in pietra pugliese con le fotografie e, probabilmente, con la proiezione di quei primi film, è una scelta precisa di Paradiso, convinto della pari espressività dei due mezzi artistici. Tuttavia le sue intenzioni vengono fraintese dalla critica, come dimostra la recensione apparsa sul "Corriere della Sera" in cui Mario Perazzi definisce quella serie di immagini alle pareti un "reportage" fotografico e precisa: "Non una operazione di "arte povera", tuttavia, ma una sorta di documentazione sociologica, al "back-ground" dell'artista"[13]. Nulla di più distante dalle reali intenzioni di Paradiso, il quale invece considera le proprie fotografie e i propri cortometraggi come dei semplici "documenti", anche quando si tratta di materiali tecnicamente imperfetti, dell'antico paesaggio culturale dei luoghi delle sue origini. Documenti totalmente assimilabili, in questo senso, alle coeve sculture in pietra di Trani o di Càrparo e quindi privi di fine narrativo o descrittivo, tantomeno in senso autobiografico.

È comunque innegabile che di fronte a questi spazi immensi delle tufaie, che egli definisce *spazi antropologici*, Paradiso trovi nel film e nella fotografia i mezzi più adatti, per la loro immediatezza comunicativa, a cogliere e a trasmettere le emozioni primarie in lui generate da un rapporto di fusione con la natura e con il cosmo. È significativa la sua prima definizione di *9 sculture filmate* (16 mm, colore, 50'), un montaggio dei suoi materiali filmici degli anni 1969-1973: "È un cinema che non ha inizio, fine, soggetto, sceneggiatura, copione e tecnica estetica. Raccoglie documenti di tre specie: 1) della natura, quando questa è naturata o snaturata dall'uomo, catturando la immagine di questa in modo crudo, ottenendo una sequenza di apertura bilaterale. 2) di culture desuete e vinte, ma non false, che hanno conservato il loro rituale ripetitivo senza influenze di dedizione. 3) di fatiche dell'uomo nell'atemporale, come è stata la vera arte nell'essere nel tempo"[14]. In questo lungo testo del 1974, steso in modo asistematico, con uno stile paratattico e un registro oscillante tra il poetico e il polemico, Paradiso condensa molti motivi della sua poetica e prende le distanze dalla Land Art: "Mi sono impossessato di un lavoro atemporale indirizzato a documentare la natura naturata e snaturata dall'uomo e l'altro di natura naturata dalla natura. Finalmente il land-art ha avuto una nuova dimensione di fare, così gli artisti sono usciti dallo studio e si sono impossessati della terra, del deserto e dell'oceano, ma nonostante questa libertà sono ancora legati a un conformistico pensiero pragmatico, tipicamente anglosassone ed americano. [...] Mi sono guardato bene da questa una cultura trappola a differenza del land-art ho fatto una documentazione dell'uomo nel passato [...]"[15].

A Matera, all'interno del Parco Archeologico Storico Naturale delle Chiese Rupestri, Paradiso ha promosso la nascita del Parco Scultura La Palomba, da lui considerata una grande opera antropologica, nata da anni di lavoro. Entro uno spazio di sei ettari, già sito paleolitico e poi trasformato in cava di tufi, l'artista ha installato una serie di imponenti sculture da lui realizzate nel corso degli anni, accanto a opere di Nicola Carrino, Pietro Coletta, Luigi Mainolfi, Eliseo Mattiacci, Hidetoshi Nagasawa, Giuseppe Spagnulo, Mauro Staccioli e Antonio Trotta[16].

2. I VIAGGI NEL SAHARA E I CONTENITORI SCIENTIFICI

Fra il 1970 e il 1981 Paradiso compie una cinquantina di viaggi in Africa, spostandosi inizialmente con una Land Rover e poi con un camion e con soggiorni piuttosto lunghi[17]. Le sue mete sono il deserto del Sahara[18], Algeria, Niger e Mali, quindi Libia e Sudan; tra i suoi compagni di viaggio, in almeno una decina di occasioni, è l'amico Alessandro Passaré, medico e collezionista milanese[19]. Fin dai primi soggiorni Paradiso gira vari cortometraggi: riprende ad esempio il territorio desertico e dai colori magici del Sahara con panoramiche a 180° e a 360° (*Ritratto del Sahara*, 1971-1974), quindi inserisce gradualmente la presenza dell'uomo, colto mentre scava nella sabbia con la pala oppure mentre si rotola nella sabbia (*Uomo e deserto*; *Anima cartonata*; *Deserto meccanico*; *Islam*, realizzati fra il 1974 e il 1976). Così egli rinnova quella sorta di processo di fusione già messo in atto nei propri luoghi d'origine - tra cave di tufo, calanchi e torri di terra -, luoghi che non cessa comunque di esplorare, affiancandovi ora un nuovo interesse verso la cultura zoologica[20] e verso lo studio di antichi riti[21].

A questi frequenti soggiorni di Paradiso in Africa è inoltre legata la ricerca e la raccolta delle amigdale, da lui collezionate e spesso utilizzate per costruire delle opere. Come Claudio Costa, anche Paradiso sembra volere procedere a ritroso nel tempo: "Dopo gli abbeveratoi ho cominciato una ricerca *discendente*, gli abbeveratoi avevano cinquecento o trecento anni, fino a scendere addirittura al paleolitico e al neolitico. Ho cominciato a trovare i materiali, nei miei viaggi in Africa, come le *amigdale*, di cui ho una collezione di circa 60 pezzi che vanno dal basso paleolitico al neolitico, centinaia di punte di freccia, originali, con le quali costruivo i miei *Contenitori scientifici*. Per me, infatti, questi materiali sono già delle vere e proprie sculture, anzi più della scultura avendo questi materiali già una funzione"[22]. Dunque il valore estetico-formale di un oggetto e il suo significato sociale-utilitario rappresentano per Paradiso due elementi sovrapposti e coincidenti, non più due aree di interesse separate e riconducibili rispettivamente alle competenze dell'esperto d'arte e dell'etnologo. Anzi, come dichiara in *Atemporale*, "Mi sono accorto della storia dell'usura umana, la storia dell'utile, dove l'inutile non ha senso, dove il sofismo non ha significato, dove tutto quello che si fa ha uno scopo funzionale ed etico, mai estetico"[23]. D'altra parte, quella di Paradiso non è neppure un'operazione di straniamento come quella operata dagli artisti di avanguardia sugli oggetti meccanici.

I *Contenitori scientifici*, una serie di vetrine in cui Paradiso ordina le centinaia di punte di freccia originali da lui raccolte nel corso dei suoi viaggi, vengono presentati da Paradiso già nel febbraio 1975 alla personale *Arte+Antropologia/ Antropologia+Arte* al Museum am Ostwall di Dortmund, quasi un manifesto, fin dal titolo, di quella dimensione concettuale antropologica che Paradiso si è proposto di esplorare[24].

Anche il catalogo manifesta tale scelta e raccoglie, nelle prime pagine, vari diagrammi scientifici e disegni che illustrano diverse modalità di "frattura per percussione" o lo schema di costruzione di una punta di freccia. Quindi passa a documentare le opere recenti di Paradiso, dalle tavole in pietra con la *Storia della terra* installate nel parco della Triennale due anni prima alla distesa di *Chicchi di grano* del 1969, da varie *Sculture filmate* (torre di terra, anima cartonata, tarantati) ai recenti *Contenitori scientifici*.

I *Contenitori scientifici* di Paradiso si potrebbero distinguere, forse con eccessiva semplificazione, in due tipologie. La prima è costituita da vetrine che racchiudono, ordinatamente sistemate (prive però di una disposizione significante come accade ad esempio nei *Litogrammi* di Luciano Caruso), soltanto amigdale, punte di freccia, pietre non lavorate dall'uomo, fossili di dinosauri, coproliti e alberi fossili. Invece, nella seconda tipologia, accanto a questi materiali vengono mostrate anche le fotografie delle caverne sede dei rinvenimenti e le mappe del luogo sommariamente schizzate dall'artista. Aiutato dai documenti forniti da studiosi di paleoantropologia, Paradiso ha ritrovato molti dei campi litici da loro schedati, ma anche numerosi altri in zone non segnalate. Sei esemplari della seconda tipologia sono riprodotti nel catalogo di Dortmund e su di essi è calamitata l'attenzione di Thiemann nella prima parte del suo testo di presentazione: "Nei "contenitori scientifici" di Antonio Paradiso si concentrano le tendenze della sua arte come in una lente focale. In particolare vi si riconosce il percorso del suo cammino sulla cresta tra arte e non-arte. Ci troviamo qui in una zona di confine. Ha applicato certi aspetti della Land Art americana ed è stato certamente ossessionato dall'esperienza del paesaggio in cui è nato e cresciuto, le Puglie [...] L'artista utilizza qui le scoperte dell'archeologia e dell'antropologia come stimolo. I contenitori scientifici sono quindi disposti come vetrine di scienze naturali e d'etnologia. Sono citazioni della scienza. Non sono esenti d'ironia"[25]. Quindi Thiemann passa a commentare i filmati di Paradiso: "Egli nuota in questo paesaggio come Heinz Mack nel Sahara o come Walter de Maria nel deserto d'Arizona". Infine, dopo una breve digressione sulla "lotta tra arte e fotografia", conclude, "La sua arte parla solo sottovoce, sì, è quasi muta e in questo si rivela la vera minimal e conceptual art. Essa propone semplicemente"[26].

Quando, pensando in particolare al suo lavoro "molto attento al reperto originale, privo di manipolazioni", d'Avossa interroga Paradiso sui suoi autori di riferimento nella storia dell'antropologia, l'artista replica: "La storia dell'antropologia a me interessa in quanto fatto di osservazione. Perché lo scienziato cataloga tutto. A me non interessa catalogare, io mi servo delle sue catalogazioni per poter fare il mio lavoro. Io posso sbagliare, lo scienziato no, perché deve usare i suoi schemi. Però molte volte nel mio errore lo scienziato può vedere una verità che corregge il suo schema. Io ho la possibilità, la forza, di poter sbagliare e di poter osservare delle cose. [...] Infatti ci sono alcune cose che la scienza cataloga *relativamente*. Io lo faccio *ad extremis*, in questo consiste la differenza tra me e lo scienziato. Perché la mia catalogazione può essere *al di là*, come la paleontologia o la parapsicologia, tutte ad un livello di ricostruzioni probative, uno si può servire di tutti i meccanismi che esistono e poi li elabora e può fare ancora di più di ciò che fanno loro (gli scienziati), però a livello di storia dell'arte"[27].

È evidente come anche durante questa fase apparentemente centrata sugli oggetti Paradiso non abbia mai spezzato, né allentato (specialmente fino a quasi tutti gli anni Settanta), il suo legame ancestrale con la madre terra, dalla presa di possesso delle cave nel 1969 fino ai viaggi nel deserto del decennio seguente. I viaggi in Africa sono quindi l'occasione di ulteriori riflessioni sul paesaggio e sul suo rapporto con l'uomo, nella piena consapevolezza che si tratti di un modificarsi reciproco e all'infinito, in cui il tempo gioca un ruolo primario.

Si è già accennato, parlando di Costa, al rapporto dialettico della sua *Serie preistorica* del 1974, dieci casse di legno contenenti oggetti in terracotta dipinta e cartellini con le relative descrizioni "scientifiche", con i *Contenitori scientifici* realizzati da Paradiso in quello stesso anno e all'ideale legame di entrambi questi cicli con le "classificazioni" fittizie di Nikolaus Lang[28]. Al di là dell'analoga presentazione "museografica", i materiali "catalogati" da Paradiso sono originali, in gran parte raccolti nel corso dei suoi viaggi nel deserto del Sahara, mentre le classificazioni di Costa riguardano oggetti da lui ricostruiti sulla base di testi scientifici.

Inoltre, il discorso di Paradiso sui caratteri culturali e fisionomici di un popolo che si mimetizzano e si riflettono nel paesaggio sembra richiamare la convinzione di Costa, da lui espressa in diverse opere, che "gli occhi dei Maori riflettano i colori latenti della foresta". Paradiso distingue infatti il "paesaggio culturale" in "paesaggio culturale antropologico", ossia quel paesaggio ove vive e opera l'uomo, e in "paesaggio culturale naturale o geologico", che coinciderebbe con l'annullamento della presenza dell'uomo, anzi, più precisamente, con l'assenza della presenza artificiale umana. È quanto egli tenta di manifestare, ad esempio, attraverso le immagini del deserto e le sequenze fotografiche de *I colori del Sahara*. Mentre dalla metà degli anni Settanta, nelle sequenze *Contrasto di immagini*, Paradiso giustappone le immagini delle diverse culture da lui analizzate: geologica, zoologica, antropologica ed etnologica. A ciò andrebbero aggiunti i suoi ampi interventi sul "paesaggio culturale antropologico dell'ulivo", soprattutto dopo la sua presentazione, nel 1977, di un albero di ulivo, recintato da un muretto a secco, in uno stand della Galleria Apollinaire all'Expo Arte di Bari. È interessante leggere quanto scrive Paradiso nel volume *Situazione antropologica dall'uomo al paesaggio*, edito in quello stesso anno dalla galleria di Guido Le Noci: "Il termine antropologia è "Scienza dell'uomo". E, se abbiamo una antropologia filosofica, culturale, religiosa, medica si può avere anche una antropologia artistica. Lo scopo è di ottenere un quadro della natura dell'uomo, dove lui stesso si è creato lo spazio di "autoaddomesticamento", che risale al paleolitico con la prima arma di offesa, l'amigdala, poi di comportamento: approccio, matrimonio, ruoli sessuali. Così si conia l'automatismo. "Le cose inventate". Quasi sempre i caratteri culturali e fisionomici di un popolo si mimetizzano e si riflettono nel paesaggio che circonda determinati individui. Si direbbe quasi, che esiste un "paesaggio culturale", una "Geografia storica", uno "Stile del paesaggio". Infatti, se si osserva ogni epoca storica culturale, si avrà un determinato strato di paesaggio culturale. Il "Paesaggio culturale" è sempre in trasformazione, derivante dalle svariate premesse naturali: abbassamento o innalzamento del sottosuolo, modifiche di deflusso, prosciugamento di paludi, cambio di clima, geofisica, geosinclinale, tettonica, vulcanologia, ecc., e a quelle di cultura antropologica: economie, tecniche di produzioni, sociologie, ecologie, ecc. Ciascuno di questi impulsi dà origine a nuove forme del "Paesaggio culturale". Il "Paesaggio culturale" si può identificare come "Paesaggio culturale naturale": steppe, savane, foresta, tundra, deserto, e "Paesaggio culturale antropologico": coltivazioni arboree, intensive, estensive, di graminacee, viticole, pascoli, ecc., dove l'uomo lascia la sua impronta, tanto è vero che la terra abitata da colonizzatori presenta, per vari aspetti, analogie con quella originaria"[29].

Un elemento culturale che ha svolto un ruolo fondamentale nella poetica antropologica di Antonio Paradiso è quello del tarantismo. Il *Dizionario di antropologia* Zanichelli definisce il tarantismo un "fenomeno culturale di alterazione psicosomatica della persona e di crisi esistenziale". Per alcuni studiosi il tarantismo è un fenomeno radicato e diffuso fin dall'antichità nell'arco calabro-ionico-salentino della Magna Grecia. Ernesto De Martino parla di "un fenomeno storico-religioso nato nel Medioevo e protrattosi sino al '700 ed oltre, sino agli attuali relitti ancora utilmente osservabili nella Penisola Salentina"[30].

Tra le cause dell'alterazione la tradizione fa riferimento più a dei simboli (storicamente stratificati e spesso contraddittori) che a dei fatti, e quindi la responsabilità del "male" è attribuita alla taranta (o tarantola) che morde e avvelena. La sintomatologia è costituita da svenimenti, vomiti e stato di trance. Particolarmente interessante per gli studiosi di antropologia è l'esorcismo, la terapia, che si svolge sia presso la casa della tarantata, dando vita a una danza liberatoria accompagnata da musica ossessiva e da colori, sia pubblicamente, davanti e dentro la Cappella di San Paolo a Galatina, nei giorni della sua festa (28 e 29 giugno), con varie rappresentazioni di sofferenza, di preghiera o di ringraziamento.

A livello internazionale i primi studiosi che guidarono lo studio delle realtà meridionali, concentrandosi sulle tradizioni delle aree tra Potenza e Matera, furono gli statunitensi E. Banfield e L. Moss. Degno di nota è pure il saggio scritto nel 1948 dall'americano Henry Sigerist e intitolato *Breve storia del tarantismo*. In Italia il precursore di questi studi fu Ernesto de Martino (Napoli 1908 - Roma 1965), che nel solco della scuola antropologica evoluzionista francese approfondì molti aspetti della cultura popolare meridionale, in particolare quelli riguardanti la magia e la religione. Il suo testo forse più fortunato fu proprio *La terra del rimorso. Contributo a una storia religiosa del Sud*, edito da Il Saggiatore nel 1961, in cui egli diede un'interpretazione del fenomeno del tarantismo dal punto di vista storico, culturale e religioso, ribaltando l'impostazione tradizionale di molta letteratura folklorica e meridionalistica. Le ricerche confluite nel volume erano frutto della missione etnografica che dal 20 giugno al 10 luglio 1959 portò nel Salento un'equipe interdisciplinare, diretta da de Martino, composta da due psichiatri, un'antropologa, un etnomusicologo, un assistente sociale e un fotografo, Franco Pinna, il quale scattò 464 fotografie. Anche se i viaggi nel Sud di de Martino, soprattutto in Lucania, erano iniziati nel lontano 1952, fu in occasione di quella spedizione nel Salento che l'etnologo e i suoi collaboratori si trovarono per la prima volta "a osservare nel vivo e senza "ricostruzioni" una serie complessa di pratiche cerimoniali tra loro collegate, ma distinte secondo tempi e luoghi"[31], cioè le "terapie domiciliari" di alcune singole tarantate, in particolare in Nardò, e le rappresentazioni presso la cappella di San Paolo a Galatina.

Antonio Paradiso sviluppa il proprio interesse verso la realtà dei tarantati nell'arco degli anni Settanta - in particolare dal 1973 -, con frequenti soggiorni a Galatina in occasione dell'annuale festa dei Santi Pietro e Paolo, quando, come si è detto, è tradizione che molti tarantati si radunino intorno alla Cappella di San Paolo, ripetendo in forma abbreviata il ciclo coreutico già eseguito a domicilio e dando luogo a pubbliche manifestazioni di *trance* e di eccitazione. È in queste occasioni che Paradiso registra vari spezzoni cinematografici, che poi riesce a montare nel cortometraggio a colori di ventidue minuti *Tarantati*[32], in cui le scene di delirio davanti alla Cappella sono riprese da punti diversi e montate quasi casualmente. Tuttavia Paradiso intende e assume i fenomeni del tarantismo - al pari di altri episodi di ritualità meridionale - come fatti di "cultura umana". Perciò non riprende nessuna fase dell'esorcismo coreutico-musicale, che è poi l'aspetto più folkloristico del fenomeno, soffermandosi piuttosto sulle manifestazioni di depressione e di sofferenza più dolorosa che colpiscono i tarantati. Infatti altre immagini del film mostrano una tarantata in ambiente domestico, cui fanno da contrappunto fotogrammi della tarantola, immagini riprese da *La terra del rimorso* di de Martino (le tavole d'anatomia della tarantola pugliese) e il frontespizio del *Magnes* del gesuita Atanasio Kircher, che interpretò il tarantismo nel quadro della iatromusica dell'età barocca. Una voce fuori campo recita frasi di difficile comprensione, tuttavia identificabili con il testo di Paradiso pubblicato nel catalogo della personale di Dortmund[33]. Vari spezzoni del cortometraggio *Tarantati* furono poi montati dall'artista nel film *Teatro antropologico* del 1978-1979.

Nel marzo 1977, invitato a un pubblico dibattito nell'ambito degli Incontri Internazionali d'Arte di Roma, Paradiso sceglie come interlocutore il biologo Sergio Angeletti e imposta la discussione sul film *Tarantati*. L'artista spiega innanzitutto la scelta di un biologo invece che di un antropologo, per discutere di un fatto antropologico, con la necessità, da parte propria, di porre in rilievo la "differenza tra fossile geologico e cultura fossilizzata vivente dei Tarantati". Quindi insiste sulla natura scientifica e nient'affatto folclorica del tarantismo, fenomeno a suo parere collegabile "a certa scienza attuale come il trance, il training autogeno, l'autoipnosi". Il biologo Angeletti rafforza la definizione di tarantismo come "una manifestazione culturale fossile-vivente, la cui gestualità è scolpita nel corpo e nella mente dei tarantati, l'espressività dei cui gesti può per tal via essere vista, e letta, come un geroglifico scritto tuttora nell'azione, simbolizzata e simbolizzante, reale nell'ambiente, prima ancora, e durante, il venir tramandato nella paralisi scritta su pietra carta"[34].

Paradiso non si è mai stancato di ripetere la sua intenzione di documentare semplicemente "l'immagine assoluta e incontaminata", nella ricerca sui tarantati come nelle esplorazioni del paesaggio geologico. E si preoccupa costantemente di chiarire la distinzione tra il documento da lui afferrato, che ancora consente la possibilità di percepire la verità, e ogni possibile "ricostruzione" o documentario, si tratti anche dei più fedeli, in quanto strumenti agilmente manipolabili a scopi diversi.

Un altro elemento fondamentale, a detta dell'artista, che allontana ogni sospetto di folclore dal tarantismo, è la sua staticità, il fatto che determinati comportamenti si ripetano nel tempo, anzi siano rimasti inalterati per millenni. Questa è la risposta di Paradiso, provocato da Lola Bonora sulle similitudini fra i tarantati e il carnevale brasiliano, nel corso di una discussione sui termini "cultura" e "civiltà" che segue la proiezione dei suoi film al Palazzo dei Diamanti di Ferrara, nel dicembre 1977. Sollecitato - in quell'occasione - a chiarire la distinzione fra "training autogeno della classe dirigente" e "tarantismo della classe subalterna" (due concetti da lui utilizzati nel corso di precedenti interventi), Paradiso descrive le due condizioni come accomunate da una forte concentrazione, ottenuta nel primo caso mediante la disponibilità del denaro e nel secondo a causa di una forte stanchezza. Infine, interpellato su un possibile "aspetto politico" nel suo lavoro artistico, nega decisamente questa ipotesi in nome di un processo costruito, come si è detto, sulla "raccolta di documenti"[35].

Come ha osservato giustamente anche Paolo Campiglio, in un saggio espressamente dedicato ai film dell'artista, "del fenomeno del tarantismo sembrava peraltro interessare a Paradiso, non tanto il versante folklorico, quanto quello magico-sacrale, che rivelava con maggiore evidenza le radici antiche della "trance", dai riti orgiastici dell'antica Grecia. [...] Inoltre il fenomeno dei tarantati, come aveva dimostrato De Martino, pareva avere una sua ben definita autonomia simbolica legata al momento della crisi della pubertà nella donna, al tema dell'eros precluso [...] già affrontato [da Paradiso] nel cortometraggio *Ricorsi* [...]"[36]. Paradiso ha realizzato altre opere nel solco degli studi scientifici demartiniani: il cortometraggio *Sonnambuli*, oggi disperso, e soprattutto il cortometraggio *Sacro e Profano*, dedicato a un'antica festa popolare cinquecentesca di Matera in cui avviene la dissacrazione delle immagini. Tutti fenomeni, prosegue Campiglio, non soltanto "oggetto d'interesse artistico in quanto residuo di una cultura antica, di particolare interesse antropologico", ma anche "assunti da Paradiso come emblemi tragici di un'eterna lotta tra potere imposto, istituzionale, e potere naturale"[37].

Come Paradiso, anche Giovanni Valentini (Galatina, Lecce, 1949) si è interessato al fenomeno del tarantismo, liberandolo dall'ambito delle malattie mentali e riconducendolo, sulle orme di de Martino, alla sua giusta autonomia culturale. Valentini include queste ricerche nell'ambito di un più ampio studio da lui condotto sulla psiche e sul cervello, perseguendo con determinazione un'interdisciplinarietà complessa (etnologia, psicologia del profondo, biologia, infrastrutture genetiche, cibernetica), da lui intrapresa fin dagli esordi. Nel gennaio 1980 l'artista presenta a Milano, presso lo Studio D'Ars, materiali eterogenei quali videoregistrazioni televisive professionali a colori, film, fotografie e scritti teorici, frutto della propria ricerca su quella pratica magico-religiosa[38]. Alle serate-dibattito organizzate in concomitanza con la rassegna, intervengono diverse personalità della cultura e della scienza: Silvio Ceccato rilegge il fenomeno del tarantismo dal punto di vista della biochimica del cervello, in relazione alle reazioni psicomotorie del tarantato durante il rito coreutico-musicale-cromatico; Roberto Sanesi esamina il fenomeno sotto l'aspetto estetico e poetico, avanzando anche ipotetici parallelismi con la body art e le performance; mentre lo scienziato Gian Luigi Buraggi puntualizza in termini affascinanti le finalità della scienza e dell'arte.

4. Il "Teatro Antropologico"

Il "Teatro Antropologico" viene ideato da Paradiso come un complesso progetto collettivo per uno spettacolo "multimediale". L'elaborazione avviene in un arco temporale compreso tra l'inizio del 1977 e il 1980 con un gruppo di lavoro formato da studenti universitari e delle Accademie che si esibisce in performances di teatro d'artista. Tutti gli eventi sono accompagnati dalla proiezione dell'omonimo film in 16mm, più volte manipolato da Paradiso fra il 1977 e il 1979, dall'esposizione delle fotografie e dalla presenza di registrazioni sonore dei canti delle prefiche e di pianti, grida e lamenti funebri e si concludono con un dibattito che sollecita il pubblico a confrontarsi con il gruppo di lavoro. Nel "Teatro Antropologico" si trovano quindi a confluire gli ambiti della precedente ricerca di Paradiso e quelli che saranno i suoi futuri orientamenti verso una più libera facoltà immaginativa[39].

La prima presentazione assoluta del "Teatro Antropologico" ha luogo a Milano la sera del 18 novembre 1977 presso la Fabbrica di Comunicazione di via Formentini, che aveva sede nell'ex chiesa si San Carpoforo. Così recitava il comunicato stampa dell'evento firmato dallo stesso Paradiso, diffuso in occasione della serata milanese: "Il nucleo è costituito da un collettivo di quindici ragazzi e ragazze provenienti da varie direzioni formative: Conservatorio, Accademia di Belle Arti, Università ecc. Lo spettacolo consiste di fare il teatro senza teatro, concepito come la costruzione di una scultura, o un quadro, di concerto senza musica scritta, di spettacolo senza teatralità di mimesi. Da un rapporto della partecipazione del pubblico si

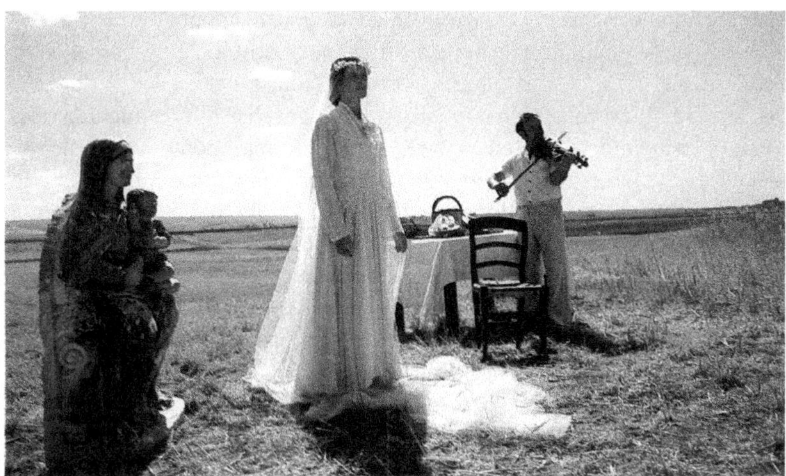

Antonio Paradiso, dal film *Tarantati*, 1970-1975, 16mm

potrà avere: una proiezione, un concerto, una azione o recita, ecc. ecc. Tutto lo spettacolo è fatto su un solo termine "CULTURA", da cui svariate ricerche in territorio determinato, dove si son fatti spettacoli diretti per la strada, ricerche di livelli e modelli culturali. Il materiale raccolto di immagini, suoni, scritti, studi, esperienze, ricordi, attinenti alla cultura dell'uomo in uno spazio etnico in cui ride e piange, sarà il "TEATRO ANTROPOLOGICO". Parlando di antropologico non si vuol fare uno schedario tra uomini storici o istruiti e non storici o naturali. Non si vuol determinare lo spazio che Cristo si è fermato e non oltrepasserà Eboli, per subordinare questo a quello, ma nel determinare, con concezione marxistica l'inesistenza del limite Eboli, e nel concepire tutti i popoli come creatori di storia dell'arte. Noi moriamo in ogni istante, sin dal giorno che siano nati, quando questi istanti si sono sommati come un cumulo di riso nel sacco, ci si realizza come massa, peso, grandezza o nullità. Allora, con la morte, incomincia la vita in eterno della nostra massa di pensato. L'arte antropologica, non è una tecnica scientifica, ma si risolve in arte speculativa, il fatto concreto è nascosto nel mistero che quando presenta dati e concetti esatti, rafforza la nostra esperienza. L'opera catturata si esprime, e, nell'espressione, ha intuito e colto forme di cose ideali, fino ad arrivare alla logica. Logica in senso matematico, in quanto col linguaggio antropologico si arriva a dire ciò che le costruzioni dei linguaggi precedenti non erano in grado di dire. Da ciò si acquisisce uno spiraglio, che da speranza alla vita. Tutto questo è un processo di depurazione di elementi intellettualistici per arrivare alla vita. In ogni cultura c'è un impulso all'espressione e rappresentazione artistica, nella nostra c'è l'estraniamento consapevole e l'analisi al passato, presente, futuro per capire il domani. Per leggere il lavoro bisogna spogliarsi delle vecchie misure (figurazione, astratto, concreto, profondità, tagli, ritmo, forma, contenuto, trilogie, metafore, ecc.), recepire l'opera non in estetico o in tecniche, perché l'arte antropologica si serve di tutte le tecniche e tutti gli stili, pur d'immergersi nel fare, nell' istante in cui si crea e si consuma. Il documento è la cattura del teatro dell'universo: la vita e la morte. Il documentario è la manipolazione estetica dell'operatore che a suo piacimento e in qualità di buffone trasforma il reale vissuto in apologie o invettive"[40].

Segue il brano sul "paesaggio culturale" già citato, tratto da *Situazione antropologica dall'uomo al paesaggio*. Infine, una digressione sull'amore e sull'arte, ripresa da Paradiso due anni dopo, ad esempio, per accompagnare il film 16 mm *Teatro antropologico* (1970-1980)[41]: "Io penso che tutti siamo artisti, ognuno di noi ha un potenziale che va dalla sua sopravvivenza nel suo diametro quadrato, a tante superfici, che fanno muovere le periferie. Questo movimento, se corrisponde a un coibente, può trasformare la cultura. Guarda: Aristotile, Marx, Allah, Cristo, Budda, Leonardo. L'arte è amore, è un'insidia, tesa all'individuo dal genio della specie, al fine di una continua evoluzione. Chi ne viene plagiato rinuncia alla vita attiva. Agostino rispondeva col suo amore all'amore degli uomini. L'amore fa parte della sua natura e fa parte della terza persona, perciò ogni amore terreno, e specialmente l'amore fraterno tra gli uomini è la rivelazione di uno degli aspetti essenziali dell'esistenza. La concezione dell'amore, e dell'arte, era sempre il potenziale del mistico, che veniva come fonte da una matrice naturalistica esistente nel vitale, principio cosmico che pervade tutti gli esseri. Se gli aspetti d'amore e d'arte, vengono catturati dalla ragione, possono portare al sentimento lucido e sereno. La concezione bruniana era rivolta tra amore sensibile e amore intelligibile. Quindi senso e intelletto, da ciò la conoscenza finita e la conoscenza infinita. La prima è come l'asino che porta i paramenti sacri, la seconda è una cosa sacra, essendo la conoscenza un processo di appropriazione dell'oggetto che viene considerato una preda. Ma quella conoscitiva trasforma il cacciatore medesimo, così che, la preda, oggetto infinito, non può essere cacciato che a patto di divenire a propria volta preda dell'oggetto"[42].

Nell'aprile 1978 Paradiso ribadisce: "Il teatro antropologico non è spettacolo, non è teatro, non è musica, non è danza, ma è tutto messo insieme. È un procedere per sottrazioni, per "toglimenti", arrivando così al documento, il pianto funebre, il concerto, il rito, la vestizione e l'amore degli animali". E precisa come si è concretizzata quella ricerca: "Ne ho fatto un film, in 16 mm., sulla vestizione della sposa che da nuda passa ad essere

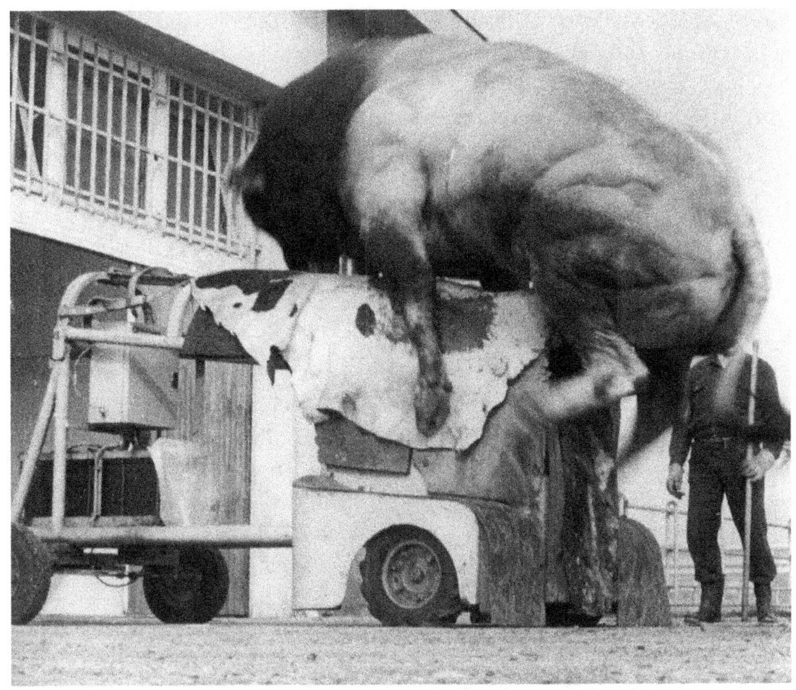

Antonio Paradiso, *Paesaggio culturale antropologico in evoluzione. Toro e mucca meccanica*,
Biennale di Venezia, 1978. Courtesy Fondazione Mudima, Milano

vestita da sposa, poi l'amore degli animali, fino al toro che fa l'amore con
una mucca meccanica"[43].

Il film *Teatro antropologico* (1977-1979), girato in 16 mm come tutti i film
di Paradiso (ad eccezione di *Sonnambuli* del 1977, in Video Beta), è quindi
l'unico in cui Paradiso ricorra a degli attori e a una regia, pur elaborando
anche materiale già in parte incluso nel film sopra citato *Sculture filmate
antropologiche* (1969-1976). È nota l'incessante manipolazione, da parte
dello stesso Paradiso nel corso degli anni Settanta, della propria attività
di "cinema d'artista", in funzione esclusiva di mostre o di proiezioni
estemporanee. In questo caso egli monta diversi cortometraggi da lui girati
in precedenza con una sceneggiatura di partenza - costituita dal rituale della
vestizione della sposa e da quello del carro funebre - e con alcune sequenze
sull'amore degli animali, testimonianze del passaggio dall'amore naturale
all'amore tecnologico, cui viene aggiunta l'esibizione del toro Pinco alla
Biennale di Venezia del 1978.

Con la denominazione "Teatro Antropologico", Paradiso intendeva quindi indicare una sorta di trilogia: la vita, l'usura e la morte, simboleggiate rispettivamente dalla vestizione della sposa, dallo scorrere del tempo e dal carro funebre. Non a caso i due *tableaux vivant* della vestizione della sposa e del carro funebre vengono presentati come performance agli Incontri Internazionali di artisti del 1979-1980, organizzati a Martina Franca dallo Studio Carrieri (ma essi erano già stati proposti in diverse città italiane). Un teatro d'Artista che era però decisamente "proiettato in avanti rispetto alle *performances* o azioni"[44]: così lo ricorderà Paradiso nel dialogo sul tema delle "origini" apparso nel catalogo della mostra organizzata dalla stessa galleria pugliese all'inizio del 1983[45].

Sul "Teatro Antropologico" sono interessanti anche le osservazioni fatte da alcuni studenti del gruppo di lavoro, nel corso di un'intervista a Paradiso durante la Biennale di Venezia del 1978: "Cerchiamo un recupero del passato come analisi di comportamenti. [...] E così diamo evidenza ai mutamenti culturali che sono intervenuti, anche violentemente, nella natura e nell'esperienza dell'uomo. Questo è il senso anche di esibire il "toro che monta la mucca meccanica"". E al dubbio del giornalista se in tal modo non temano di fare un'operazione che mitizza il passato, una studentessa risponde: "Al contrario, noi facciamo un lavoro di smitizzazione. La nostra è una presentazione quasi didascalica di fatti e comportamenti. Per questo facciamo antropologia, non "arte" o folclore"[46].

Mentre Vittorio Fagone, nell'introduzione al volume *Teatro antropologico. La vita, l'usura, la morte*, che Paradiso produce e pubblica in fotocopie nel 1980, sottolinea il distacco dalle antiche radici sentito come supplizio: ""Il passante sentiva come un supplizio/ il suo distacco dalle antiche radici". Passante o nomade nel senso letterario del termine, Antonio Paradiso deve avere sentito mille volte le spine del supplizio di cui accenna Montale. Non incline a nostalgie, a confessioni romantiche, Paradiso da quando ha iniziato il suo personale itinerario d'artista ha cercato di mettere a nudo i segni profondi e essenziali di una cultura, non scolastica né accademica, alla quale tutto il suo lavoro di analisi, di riconoscimento e di significazione - concettuale ed espressiva - si correla". Individuata l'originalità di Paradiso nella costante mediazione fra i due termini di natura e cultura in un'inedita posizione antropologica, Fagone passa quindi a considerare il "Teatro Antropologico": "Il suo teatro antropologico "messo in scena" in faccia alla natura, alla gente, è un luogo di metafore e di simboli remoti, all'improvviso isolati e ricomposti in un gioco formalizzante serrato e comunicativo. Poiché Paradiso spinge i suoi percorsi lungo itinerari che attraversano il mondo, non meraviglia che egli riscopra fortissime differenze e profonde uguaglianze, che egli indichi dove il comportamento dell'uomo assuma senso e dove questo senso si scomponga. Paradiso cita Nietzsche: "chi strappasse da voi veli e mantelli e colori e atteggiamenti, non avrebbe più dinanzi a sé che spauracchi da uccelli". È contro una moltitudine di spauracchi da uccelli che Paradiso recita immagini e metafore brucianti, come ragionamenti o antiche visioni familiari 'CONTURBANTI'"[47].

5. La Biennale di Venezia del 1978

Al "Teatro Antropologico" è strettamente legata la performance del toro Pinco andata in scena ai Giardini durante l'inaugurazione della Biennale di Venezia del 1978, un'edizione dedicata al rapporto tra arte e natura, con il titolo *Paesaggio culturale antropologico in evoluzione. Toro e mucca meccanica*. Come spiegò lo stesso Paradiso: "Il "toro" di Venezia, come l'ulivo vero che "esposi" all'Expoarte di Bari, altro non sono che stralci, estratti, del nostro Teatro antropologico"[48].

Nei giorni della "vernice" Paradiso offre ai visitatori uno spettacolo inconsueto e innaturale, ma a suo dire da tempo abituale per gli allevatori: l'esibizione della monta di una mucca meccanica da parte di un toro all'interno di un recinto di tubi Innocenti. Paradiso concepisce l'evento a titolo di "documento", proponendolo come simbolo del rapporto ormai alterato tra natura e artificio tecnologico. Il programma prevede due accoppiamenti, ad orari prestabiliti, del toro Pinco, una bestia di quindici quintali proveniente da un celebre allevamento padano, con una vacca di ferro e plastica di nome Pallina. Tuttavia gli interventi dell'Ente nazionale per la protezione animali e della Polizia, oltre che del presidente della Biennale e della Procura della Repubblica, interrompono l'esibizione al primo turno.

Mentre l'evento suscita ampio clamore sulla stampa italiana e internazionale, portando l'artista alla ribalta, passano totalmente inosservate alcune sculture realizzate con abbeveratoi e altri oggetti di "usura umana" che Paradiso ha deciso di collocare nei pressi del recinto. Dal punto di vista concettuale, per l'artista non esiste alcuna differenza fra l'atto dello scavare un blocco di tufo, quello del girare un film con la cinepresa e quello di costringere un toro ad accoppiarsi con una finta mucca. Il mezzo è diverso, ma lo scopo della sua ricerca è il medesimo: "L'importante è ritrovare la verità perduta: il *paesaggio culturale* dell'uomo, il suo spazio vitale"[49].

Dei rischi che avrebbe potuto correre con questa operazione Paradiso discute a lungo anche con Guido Le Noci, il gallerista che all'epoca segue la sua attività, decidendo infine di affrontare la prova. Il pubblico e la critica fraintendono le sue intenzioni e colgono soltanto gli aspetti spettacolari e provocatori dell'operazione (definita, tra l'altro, "spettacolo da circo", "oggetto dello scandalo di questa edizione", …) oppure - è il caso di critici più attenti come Pietro Marino - la leggono come una rinuncia al suo fare scultura e al suo essere artista. Scarso effetto sortiscono pure le osservazioni sul proprio lavoro e le proprie intenzioni che Paradiso invia in gran numero a diversi quotidiani e periodici specializzati[50].

In un'intervista di Nantas Salvalaggio - in cui Paradiso spiega tra l'altro che l'inventore della mucca meccanica è un italiano, certo Telesforo, che nel 1938 si recò in Russia a fare i suoi primi esperimenti - l'artista si difende dalle accuse di moralismo ribadendo che a Venezia egli ha semplicemente presentato i frutti della sua ricerca ormai decennale. Tenta inoltre di chiarire alcuni concetti riguardo a questo lavoro: "Da un certo punto di vista, il mio show serve a ricordare che il toro è vittima della società consumistica e meccanizzata [...] la parola arte forse non ha più senso: diciamo che è azione, grido nel deserto delle follie quotidiane"[51].

Il tema della sessualità repressa o negata era stato affrontato per la prima volta da Paradiso nel cortometraggio del 1973 *Ricorsi* (in cui è protagonista una donna nuda che indossa una cintura di castità appositamente fabbricata dall'artista) ed era riemerso, pochi anni dopo, in diverse sequenze sull'amore degli animali poi incluse da Paradiso nel film *Teatro antropologico*. Lucertole, coccinelle, pecore, mucche e cavalli vengono da lui ripresi nell'atto dell'accoppiamento e quindi contrapposti alla fecondazione artificiale e assistita di porci e di tori: "[...] è un modo - spiega l'artista - di catalogazione dell'amore degli animali. La partenza dal montone libero nel gregge, alle coccinelle, all'amore obbligato di un toro con una mucca meccanica [...]"[52]. D'altra parte, fin dal 1972, con il cortometraggio *Pulcino* Paradiso aveva studiato e documentato il comportamento animale condizionato dall'uomo e piegato, spesso con la violenza, ai propri fini[53].

Come si è detto, la Biennale del 1978 è dedicata al tema *Dalla natura all'arte, dall'arte alla natura* e *Toro e mucca meccanica* fa parte della sezione italiana *Arte/natura: tre letture critiche*, curata da Luigi Carluccio (*Natura come immagine*), Enrico Crispolti (*Natura praticata*) e Lara-Vinca Masini (*Topologia e morfogenesi*). Crispolti colloca Paradiso, insieme a Franco Summa e a Francesco Somaini, nell'ambito della "(natura praticata) nel territorio antropologico" e ne spiega le motivazioni in un testo che ribadisce l'indissolubile legame dell'arte e della società e quindi il riferimento, nel caso specifico, a un'apertura d'orizzonte, quasi circolare, verso una "natura/ società". Il critico pone subito la questione: "D'altra parte è pensabile oggi una "natura" a sé stante, isolata, una natura che non si configuri subito cioè in società, che non implichi subito insomma il problema cruciale della gestione politica e culturale, se non ideologica, della "natura" stessa?". Sintetizzate le tappe salienti del rapporto arte-natura nel corso dell'ultimo secolo, Crispolti sceglie una prospettiva di "natura praticata", "cioè all'insegna di una consapevolezza materialistica del rapporto arte-natura, in quanto praticabilità e pratica dialettica della natura stessa (natura/società, appunto)". E, all'interno di essa, analizza tre nodi problematici distanti fra loro: "(natura praticata) in riscontri strutturali" , "(natura praticata) per analisi" e "(natura praticata) nel territorio antropologico". Del terzo di questi tre nodi egli scrive: "[...] una consapevolezza, direi in estensione invece verticale, della natura/società in quanto cioè spessore antropologico, nell'apprensione della globalità di una cultura ancestrale e secolare, più che mai radicata in situazioni territoriali, e per certi aspetti "bassa" e finora infatti sostanzialmente emarginata. Una circostanza di ricerca verso la quale s'infittisce l'attenzione oggi anche fuori d'Italia, e che tuttavia proprio da noi ha avuto rilevanti enunciazioni già da una decina d'anni"[54].

Quindi Crispolti presenta gli artisti: "(natura praticata) *nel territorio antropologico*: come memoria etnica, Paradiso; come memoria culturale, Summa; come memoria organica, Somaini. Lo spessore antropologico è storia ancestrale della condizione umana, in prospettiva strutturalista, è proiezione culturale e sociologica, è imminenza di una quantità organica prima memorialmente pressante quale patrimonio vitale irrinunciabile". Infine introduce Paradiso, riprendendo implicitamente alcune delle proprie osservazioni espresse nella monografia del 1969: "Memorie di un territorio che è per eccellenza appunto antropologico. Da oltre una decina d'anni Paradiso ripercorre i segni e le materie tipici di una cultura ancestrale agraria pugliese, attento a coglierne tutte le emergenze magico-rituali di una vitalità arcaica e arcana, irriducibile al controllo razionalistico meccanico. Di qui la proiezione, che avviene poi dalla scultura al mezzo filmico, all'esibizione repertuale, verso un orizzonte antropologico comune, che Paradiso attinge criticamente nella consapevolezza del nodo centrale di crisi evoluzione-involuzione"[55].

1. Fagone Vittorio (a cura di), *Arte e cinema. Per un catalogo di cinema d'artista in Italia 1965-1977*, Marsilio editori, Venezia 1977, p. 7.

2. Forse non è superfluo ricordare Pietro Cascella (Pescara, 1921), artista della pietra per antonomasia, che intorno alla metà degli anni Sessanta scolpisce il *Seme della pazienza* in travertino e che nel 1971, in occasione della personale alla Rotonda della Besana, sotterra nei giardini il monumento all'*Homo sapiens*. E vale la pena rileggere alcuni suoi pensieri sulla scultura:

"L'oggetto d'uso, in fondo - sostiene Cascella - è già scultura, tramanda un messaggio. In una macina di mulino, in un paracarro, in una pietra posta al limite del campo, c'è l'idea germinale della scultura. C'è un significato, una specie di incarico affidato dall'uomo alla pietra [...] In una macina di mulino, abbandonata sul ciglio di una strada, scopro il disco del sole" (Vedi Crispolti Enrico, *I segni della memoria dell'uomo*, in *La scultura di Pietro Cascella: i segni della memoria dell'uomo*, catalogo della mostra, Siena, Palazzo

Pubblico, Electa, Milano 1984, p. 10). Collegabili a questi concetti sono i richiami di Cascella a Brancusi, il quale ha derivato molti dei suoi motivi dall'architettura contadina. E interessante è la dichiarazione dello scultore abruzzese della "necessità del recupero della radice, da cui solo può nascere un'immagine autentica", mentre "gli artisti nati in provincia ripudiano spesso la matrice culturale, la loro origine, e diventano per questo provinciali" (Vedi *Della severità affettuosa*, dialogo di Pietro Cascella con Manuela Crescentini, in Ivi, p. 24).

3. *Seminario per un'antropologia dell'arte*, Università di Salerno. Istituto di storia dell'arte e di sociologia, 20 aprile 1978: interventi di Apolito, d'Avossa, Cascavilla, Costa, De Rosa, Paradiso, Mele, Trimarco. Riportato in A. Paradiso, *Teatro antropologico. La vita, l'usura, la morte*, Milano 1980, p. 28.

4. Kaisserlian Giorgio, *Antonio Paradiso*, cat. della mostra, Milano, Galleria Pagani, marzo 1967.

5. Caramel Luciano, *Antonio Paradiso*, cat. della mostra, Milano, Galleria Pagani, febbraio 1968.

6. Identificando l'affermazione dell'"Arte antropologica" in Italia con l'opera di Costa e di Paradiso, Crispolti riconosce che "nel caso di Paradiso, operante a Milano, gli interessi antropologici sono maturati entro il suo far scultura nei secondi anni Sessanta, connesso con una originaria primordialità agraria pugliese". Vedi Crispolti Enrico, *Riflessione antropologica, e "ripetizione differente"*, in Pirovano Carlo (a cura di), *La pittura in Italia. Il Novecento/3. Le ultime ricerche*, Electa, Milano 1994, p. 74.

7. Crispolti Enrico, *Antonio Paradiso*, foto di Enrico Cattaneo, All'insegna del pesce d'oro, Milano 1969.

8. Una versione di 60 minuti di *Sculture filmate* (1969-1973) viene proiettata da Paradiso in occasione di una personale alla Galleria Diagramma nel 1973 e quindi presentata alla mostra *Fotomedia*, tenutasi a Dortmund nel 1974 e a Milano l'anno successivo. Essa verrà in seguito manipolata dando origine al film *Sculture filmate antropologiche*, 1969-1976 (16 mm, colore, sonoro, 100'), che contiene i seguenti lavori: *Tarantati*; *Pulcino*; *Uomo e deserto*; *Sacro e profano*; *Sonnambuli*; *Tufaia*; *Parete*; *Caverne*; *Torre di terra*; *Calanghi*; *Ritratto del Sahara*; *Anima cartonata*; *Deserto meccanico*; *Navigazione*

dei colombi. Spiega Paradiso: "Sono tanti films sull'analisi alle culture. Cultura antropologica, cultura etnologica, cultura zoologica, cultura geologica. Non hanno niente dello *stars-sistem* cinematografico, i films rimangono visivi, e la parola non serve l'immagine, ma diventa dialogo autonomo, senza diventare teatro. Il termine cultura inteso e collocato da diverso significato come "istruito", "non ignorante", non è da recepirlo come tale, ma la sua collocazione scientifica-antropologica, implica la concezione filosofica della vita. La cultura può essere "ignoranza", può essere "non istruito". Cicerone, introducendo il termine cultura, alla sua analisi, l'aveva paragonata alla coltivazione dei campi: da un animale può nascere solo un animale, da un campo, a seconda di come sarà coltivato, potrà nascere: frumento, alberi, ortaggi, ecc. Per cui il termine cultura antropologica si può paragonare più a un campo che a un animale. L'uomo, dalla sua nascita trova da assorbire, fronteggiare, contrastare come prodotto non della natura ma di altri uomini vissuti prima di lui. Cultura di un individuo, è quell'atteggiarsi non volontariamente secondo i suoi istinti naturali, da rimanere nei vincoli delle leggi del gruppo sociale a cui l'individuo appartiene. [...] Questi films possono apparire tecnicamente non perfetti, questo a me non interessa, l'obbiettivo che volevo raggiungere era l'idea". Vedi Fagone Vittorio (a cura di), *Arte e cinema. Per un catalogo di cinema d'artista in Italia 1965-1977*, Marsilio editori, Venezia 1977, p. 76.

9. *La casa di Adamo di Paradiso Antonio*, Università di Firenze. Istituto di Ricerca Architettonica, Firenze, sabato 17 maggio 1980. Riportato in Paradiso Antonio, *Teatro antropologico. ...*, cit., 1980, p. 33.

10 Perazzi Mario, in Paradiso Antonio, *Storia naturale del quaternario*, All'insegna del pesce d'oro, Milano 1972.

11. *Seminario per un'antropologia dell'arte*, cit., 1978, p. 28. È interessante la consonanza di queste immagini delle cave di tufo con le fotografie scattate poco dopo da Mario Cresci nei medesimi luoghi (*Analisi di un ambiente: le cave di tufo di Matera*, 1971).

12. "Un cercare alla radice il fatto estetico, concentrando l'interesse nel suo significato del fare, che lo allinea con alcune correnti artistiche più nuove". Vedi F. Vincitorio, "Mondo ipotetico", in "La Fiera Letteraria" 13 aprile 1967.

13. Perazzi Mario, "Antonio Paradiso", in "Corriere della Sera", 7 giugno 1970.

14. Vedi Paradiso Antonio, *Atemporale naturale*, in A. Paradiso, *Atemporale*, Edizioni Diagramma, Milano 1974.

15. *Ibidem*.

16. Si veda *Parco Scultura La Palomba, Matera-2005*, testi di Arturo Schwarz, edizioni P.S.P. Matera, Signum, Bollate 2005; *Parco Scultura La Palomba*, con una poesia di Arturo Schwarz, Signum, Bollate 2008.

17. Un volumetto di alcuni anni fa raccoglie oltre un centinaio di fotografie relative a questi viaggi, un testo di Paradiso in cui egli narra i suoi ricordi e le testimonianze di alcuni tra i numerosi amici e conoscenti che lo accompagnarono in queste avventure, tra i quali Nanda Vigo, Pietro Coletta e Gino Battista: Paradiso Antonio, *Ritratto del Sahara*, in *Antonio Paradiso. Ritratto del Sahara*, La Stamperia edizioni - P.S.P. Matera, Matera 2014. Di recente è stato edito un nuovo volume, che raccoglie circa quattrocento immagini di quei viaggi, nella cui prefazione Gino Di Maggio scrive: "Immagini di paesaggi naturali, che ci raccontano visivamente il viaggio, sempre contaminati da tracce e resti che certificano il passaggio continuo, inimmaginabile in quelle situazioni, di esseri umani. Una documentazione fotografica, molte volte poetica, come solo un artista sa fare, e al contempo colta, precisa come solo uno scienziato ed appunto un antropologo sa fare". Vedi Di Maggio Gino, *Antonio Paradiso e l'arte antropologica*, in *Antonio Paradiso. Ritratto del Sahara 1970-1990*, Fondazione Mudima, Milano 2017.

18. Il viaggio nel Sahara ha precedenti illustri nella storia dell'arte. Basti ricordare Jean Dubuffet, che vi si reca per la prima volta nel 1948 e, affascinato dagli usi primitivi della gente e dal paesaggio vergine, comincia a utilizzare la sabbia sulla superficie dei quadri; oppure Heinz Mack, il cui *Sahara Projekt* del 1968-1969, pur concepito dall'artista tedesco fin dagli anni Cinquanta, viene ispirato da quell'esperienza.

19. In una sua recente testimonianza in ricordo dell'amico Passaré, Paradiso ricorda: "Ci sono pochissime persone con cui riesci ad andare d'accordo dopo un viaggio di quindici giorni nel deserto, con spazi immensi, dove però si vive quasi sempre vicino. Con Sandro ne ho fatti tre di quaranta e sei di quindici giorni; non abbiamo mai litigato, forse perché lui aveva un sorriso continuo, che ti anestetizzava se eri di malumore. Lui era un grande viaggiatore […]". Vedi Nicoletti Luca Pietro, *L'avanguardia primitiva. La collezione di Alessandro Passaré*, Scalpendi editore, Milano 2014, p. 139.

20. Si vedano i cortometraggi *Pulcino* (1972) e *Navigazione dei colombi* (1976).

21. Si vedano i cortometraggi, in seguito manipolati, *Scongiuro contro la tempesta* (1972), *Luminarie* (1973), *Dissacrazione d'immagini religiose* (1973), *Rito dei tarantati* (1973) *Sonnambuli* (1975).

22. *Seminario per un'antropologia dell'arte*, cit., 1978, p. 28.

23. Vedi Paradiso Antonio, *Atemporale naturale*, in Paradiso Antonio, *Atemporale*, Edizioni Diagramma, Milano 1974.

24. Il titolo della mostra di Dortmund è stato poi ripreso letteralmente in una personale dell'artisa del 2013 e nel relativo catalogo: *Antonio Paradiso. Arte+Antropologia/Antropologia+Arte*, a cura Carrieri Lidia e Marino Antonella, cat. della mostra (Martina Franca, Fondazione Studio Carrieri Noesi, 5 ottobre – 30 novembre 2013), Editrice Aga, Alberobello 2013.

25. Thiemann Eugen, *Antonio Paradiso*, in Thiemann Eugen (a cura di), *Antonio Paradiso. Arte+Antropologia/Antropologia+Arte*, cat. della mostra (Museum am Ostwall, Dortmund, febbraio-marzo 1975), in proprio, Milano 1975, p. 9.

26. Ivi, p. 11.

27. *Seminario per un'antropologia dell'arte*, cit., 1978, p. 29.

28. I *Muri* realizzati da Paradiso nei primi anni Ottanta mostrano invece una certa sintonia con le abitazioni in miniatura di Charles Simonds, pur distanziandosi dalla natura effimera e mutevole di quelle costruzioni per l'utilizzo esclusivo della pietra.

29. Paradiso Antonio, *Teorico Antropologico*, in Costa C. - Paradiso A. - Pedrini E., *Situazione antropologica dall'uomo al paesaggio*, Edizioni Apollinaire, Milano 1977, p. 83.

30. De Martino Ernesto, *La terra del rimorso. Contributo a una storia religiosa del Sud*, (1961), Net, Milano 2002, p. 13.

31. Gallini Chiara, Faeta Francesco, *I viaggi nel Sud di Ernesto de Martino*, fotografie di Arturo Zavattini, Franco Pinna e Ando Gilardi, Bollati Boringhieri, Torino 1999, p. 289. Vedi pure pp. 20-22.

32. *Tarantati*, 16 mm, colore, sonoro, magnetico, 1973-1977, 22'.

33. "Tutto ciò che si racconta in questo lavoro studio, può essere vero, può essere non vero, però scientificamente si possono dimostrare documenti veri del passato e del presente. La scena della cappella di Galatina è ancora la cultura che Paolo di Tarso aveva combattuto aspramente, anche se il rito appare cristiano, tanto è vero che gli esorcisti invocano S. Paolo mio delle tarante. Osservando Eschilo, si vede che l'esorcismo musicale si ricollega a tutta la Grecia, e in terra di Taranto venne teorizzato dal pitagorismo. I tarantati ricordano il pianto funebre delle troiane sulle rive dello Scamandro dopo la distruzione di Troia, i baccanti, i corribandi, e tutto ciò che può essere mania e orgiastico. Tutto questo è un rito o una malattia? Se fosse una malattia di latrodectismo i tarantati apparirebbero tutta l'estate, invece le crisi diventano più frequenti con l'approssimarsi della festa dei SS. Pietro e Paolo e partecipano tutti la mattina del 29 giugno a Galatina davanti e dentro la chiesa sconsacrata di S. Paolo. Se fosse malattia gli esorcismi non avrebbero l'ora e il giorno prestabilito in cui comincia e finisce, ma potrebbe venire in qualsiasi giorno e ora dell'estate". Riportato in *Antonio Paradiso. Arte+Antropologia ...*, cit., 1975, p. 39.

34. *Dibattito agli incontri Internazionali d'Arte di Roma*, 17 marzo 1977. Riportato in Paradiso Antonio, *Teatro antropologico. ...*, cit., 1980, pp. 21-23.

35. *Antonio Paradiso. Proiezione e discussione sui termini "cultura" e "civiltà"*, 14 dicembre 1977, Sala Polivalente, Palazzo dei Diamanti, Ferrara. Riportato in Paradiso Antonio, *Teatro antropologico. ...*, cit., 1980, pp. 30-32.

36. Campiglio Paolo, *Pellicola di pietra. Tutti i film di Antonio Paradiso (1969-1979)*, in Del Guercio Andrea B., a cura di, *Antonio Paradiso*, Edizioni Mudima, Milano 1994, p. 71.

37. *Ibidem*.

38. Un contributo di Giovanni Valentini dedicato al tema del tarantismo e intitolato *Mito e simbolo della tarantola* viene pubblicato anche in "Natura integrale", la "rivista laboratorio" bimestrale fondata da Pierre Restany e da Carmelo Strano.

39. Tra le opere dei decenni successivi, che esulano dall'ambito cronologico di questo studio, vorrei ricordare almeno l'*Ultima cena globalizzata*, realizzata nel 2011 utilizzando i resti delle Torri Gemelle crollate dieci anni prima: venti tonnellate di lamiere, sbarre e putrelle deformate e contorte, testimoni dirette di un'immane tragedia umana, dalle quali Paradiso trae i protagonisti di questa Ultima cena contemporanea. La grande installazione è stata ospitata nella corte interna di Palazzo Reale a Milano tra il 10 settembre e il 2 ottobre 2011 in una mostra dal titolo *L'ultima cena globalizzata | Global Last Supper*, promossa dal Comune di Milano e Palazzo Reale. Per l'occasione viene pubblicato un catalogo che racconta la complessa elaborazione dell'opera, anche attraverso i disegni dell'artista e una sequenza di immagini emozionanti: Schwarz A., Stella D., *Antonio Paradiso. Global Last Supper*, Mudima edizioni, Milano 2011.

40. *Teatro Antropologico di Antonio Paradiso*, 18 novembre 1977, Fabbrica di Comunicazione, Milano. Riportato in Paradiso Antonio, *Teatro antropologico. ...*, cit., 1980, pp. 16-17.

41. Fagone Vittorio (a cura di), *Camere incantate, espansione dell'immagine*, cat. della mostra (Milano, Palazzo Reale, 15 maggio - 15 giugno 1980), Milano 1980.

42. *Teatro Antropologico di Antonio Paradiso*, 18 novembre 1977, Fabbrica di Comunicazione, Milano. Riportato in Paradiso Antonio, *Teatro antropologico. ...*, cit., 1980, p. 19.

43. *Seminario per un'antropologia dell'arte*, cit., p. 29.

44. *Ab Origine - presenze pugliesi nell'arte contemporanea*, cat. della mostra, Studio Carrieri, Martina Franca, 19 febbraio-15 aprile 1983, Laterza, Bari 1983.

45. Ripercorrendo tutti i motivi ricorrenti nell'immaginario filmico e in quello più propriamente plastico di Paradiso, si potrebbero forse ritrovare alcune affinità tematiche con il lavoro di Giuseppe Desiato (Napoli, 1935), quasi coetaneo di Paradiso ma legato a un contesto esclusivamente meridionale. Le sue opere sono caratterizzate, fin dagli esordi, dall'utilizzo di diversi materiali e tecniche (azioni, quadri, installazioni di materiale eterogeneo, films o video) e dalla scelta di motivi iconografici tratti dall'universo popolare e dalla ritualità del Sud italiano. Opere, anch'esse, che talora affondano le radici nell'universo antropologico descritto da Ernesto de Martino.

46. Marino Pietro, "Antonio Paradiso. Un toro, l'arte e la Murgia", cit, 1978.

47. Fagone Vittorio, *Il teatro antropologico di Antonio Paradiso*, in Paradiso Antonio, *Teatro antropologico. ...*, cit., 1980, p. 4.

48. Marino Pietro, "Antonio Paradiso. Un toro, l'arte e la Murgia", in "La Gazzetta del Mezzogiorno", 22 agosto 1978.

49. *Ibidem*.

50. L'intervista di Pietro Marino a Paradiso su "La Gazzetta del Mezzogiorno" è probabilmente la conseguenza di una lettera inviata dallo stesso artista al quotidiano barese all'inizio di agosto, in cui Paradiso ricorda l'invito di Lionello Venturi ad ascoltare l'artista: "Diceva Lionello Venturi: *Qualora il pensiero dell'artista si può conoscere, è il modo migliore per conoscere un'opera d'arte*". Vedi Paradiso Antonio, "Il fegato che puzza di cadavere", in "La Gazzetta del Mezzogiorno", 3 agosto 1978. Della mancata pubblicazione di uno scritto di Paradiso su "Il Giornale" sembra invece volersi scusare Indro Montanelli in una lettera scritta all'artista il 30 agosto di quell'anno (riportata in Paradiso Antonio, *Teatro antropologico. La vita, l'usura, la morte*, in proprio, Milano 1980, p. 92).

51. Salvalaggio Nantas, "Biennale: protagonista un toro di nome Pinco", in "Il Giorno", 30 giugno 1978.

52. *Seminario per un'antropologia dell'arte*, cit., p. 29.

53. È invece dedicato al comportamento degli uccelli migratori il cortometraggio del 1976 *Navigazione dei colombi*, in cui Paradiso studia il motivo del volo che poi sfocerà, dai primi anni Ottanta, in una serie di opere su questo tema, via via più eteree: tele, installazioni di grandi dimensioni, oggetti e gioielli.

54. Crispolti Enrico, *Natura praticata, in La Biennale di Venezia 1978. Dalla natura all'arte, dall'arte alla natura. Catalogo generale*, Edizioni "La Biennale di Venezia", Venezia 1978, pp. 142-143.

55. Ivi, p. 145.

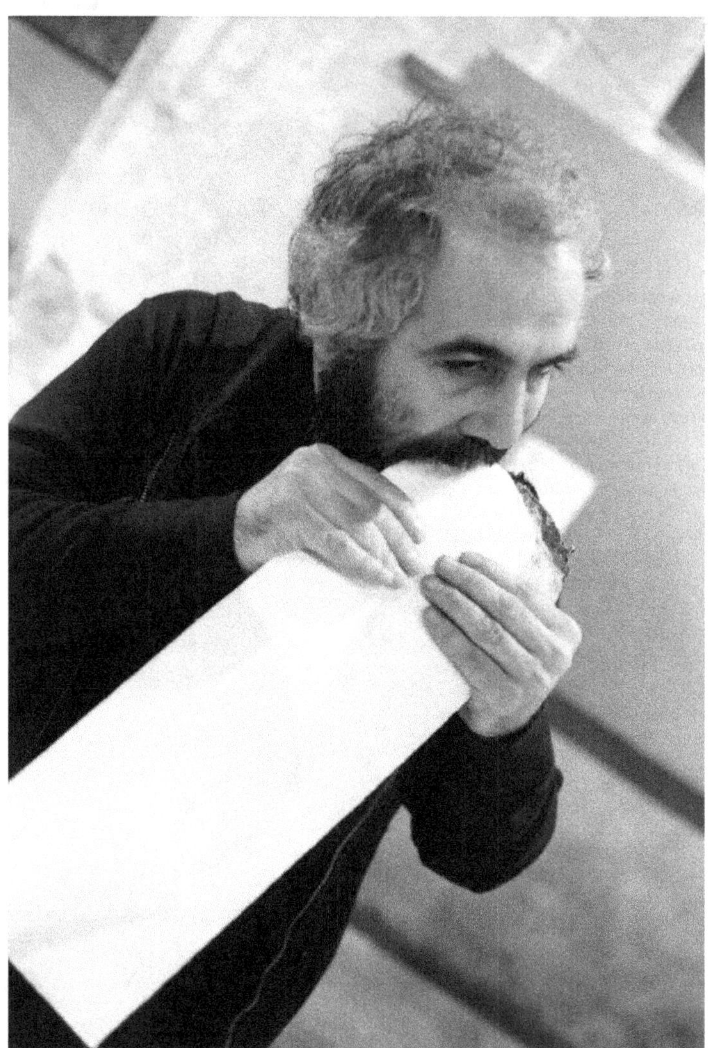

Armando Marrocco, Azione *Carta masticata*, 1972

Armando Marrocco

Dai suoi esordi negli anni Sessanta ad oggi, Armando Marrocco (Galatina, Lecce, 1939) ha perseguito una ricerca profondamente intrisa della cultura mediterranea e in diversa misura collegabile a un ambito antropologico. A tal proposito l'artista dichiara: "L'antropologia è nell'essere, è qualcosa che è dentro di te. Non si può inventare, né acquisire, né studiare a tavolino, né progettare prima di praticarla. Chi si è interessato di questi problemi di antropologia è nell'antropologia, è dentro il problema naturalmente, perché è nato in una certa situazione. Io sono uno scarruffatore di terra e di fango. Il fascino dell'antropologia, a ben vedere, non è neppure un fascino, è un'esigenza concreta, reale, è la tua vita"[1].

Marrocco ha compiuto un'azione di "scavo" verso i valori primari e le radici delle cose, nel solco di una tradizione che dai situazionisti arriva a Joseph Beuys[2], e ha sempre lavorato sulla propria corporeità e sul proprio comportamento. Ciò lo ha spinto al recupero di giochi e ricordi appartenuti alla sua infanzia come il gioco de "lu curuddu" (la trottola, in dialetto leccese), al coinvolgimento dello spettatore in azioni di carattere collettivo e, dalla fine degli anni Settanta, all'utilizzo del suono e di elementi spettacolari all'interno di alcune performances, spesso in compagnia di amici musicisti. A partire dagli anni 1976-1977 nelle sue ricerche assumono un ruolo sempre maggiore i riti, i miti e la magia, senza peraltro rinnegare le esperienze precedenti.

1. La maturazione di Marrocco, dal Salento a Milano

Formatosi all'Istituto Statale d'Arte e presso il laboratorio di un maestro scalpellino, dalla fine degli anni Cinquanta Marrocco intraprende una ricerca articolata tra una figurazione spesso legata al tema sacro, un linguaggio astratto evocante lo spazio cosmico e una materialità di matrice infomale. È del 1960 la prima di una lunga serie di collaborazioni con architetti, urbanisti e designer che avrebbero costellato con regolarità il suo percorso artistico. Dopo una breve esperienza di insegnamento (1958-1962) presso l'istituto Statale d'Arte "Giuseppe Pellegrino" di Lecce, alla fine del 1962 si stabilisce a Milano, incoraggiato dalla presenza di "maestri" quali Lucio Fontana[3] e Piero Manzoni[4] e attratto dalle proposte d'avanguardia di molte gallerie milanesi, in particolare dai Nouveaux Réalistes presentati dalle gallerie Schwarz e Apollinaire. Nel frattempo la sua ricerca si accosta al linguaggio dell'arte cinetico-programmata e a quello minimalista: nascono i cicli dei polimaterici su tavola "Mediterranei", dei lavori monocromi in cartone smaltato denominati "Intrecci" e delle sculture in metallo "Vertebre" e "Multispazi illusori"[5]. Sono anche gli anni della sua frequentazione della Galleria Cenobio, dove avviene il primo incontro con Ugo la Pietra, il quale è legato a quella situazione poiché fra il 1962 e il 1963 ha dato vita alla breve esperienza del gruppo del Cenobio (con Sordini, Verga, Vermi e Ferrari). Nel 1968 la Galleria Cenobio dedica a Marrocco una personale, presentando il suo *Giardino Ludens*, un gruppo di strutture a spirale in acciaio armonico che viene ripresentato poco dopo a Torino per *Eurodomus 2*, l'anno seguente in una galleria bolognese e nel 1970 ad *Eurodomus 3* a Milano.

Le sculture "primarie" di Marrocco palesano un carattere di sequenzialità che non sarà estraneo alla sua fase antropologica. Una fase già annunciata, in un certo senso, dalle *Vertebre* del 1963-1964, tecnologiche e al contempo primitive, ma finalmente dischiusa da *Ritratto atemporale* del 1966-1967, che costituisce anche una prima testimonianza di un'attitudine dell'artista a rappresentarsi sfruttando gli effetti stranianti concessi dal mezzo fotografico. Non a caso, circa dieci anni dopo, con *Uomo nel deserto*[6], esposta alla mostra curata da Renato Barilli *Blow up. I viaggi di Gulliver nel regno della percezione*, Marrocco presenterà la miniaturizzazione del proprio autoritratto fino a farne un puntino, dando prova, come scriverà Barilli, di "un'intrepida scelta masochistica"[7]. Nel 1969 il Centro Apollinaire pubblica il libro-oggetto *Uomo e formica (Habitat per formiche)*, che nell'aprile di quell'anno Marrocco porterà con sé, come si dirà, nella "spedizione" *Area condizionata* alla galleria De Nieubourg, e nel frattempo nascono le opere del ciclo *Cenere umana* (1968-1971), realizzate con cenere, pigmento, cotone idrofilo e vetro soffiato. È evidente come le opere citate abbiano un'impronta antropologica, presto arricchita in direzione di un discorso pluridisciplinare sul comportamento e sull'azione, che spinge Marrocco a esplorare le potenzialità del proprio corpo mediante dei gesti elementari come ad esempio muoversi all'interno di un involucro trasparente o tirare i peli del proprio braccio. Servendosi di "media" diversi, Marrocco aspira a riscoprire riti iniziatici e alfabeti primordiali[8].

Data al 1972 la sequenza di opere in gesso *C'era una volta l'uomo*, titolo poi ripreso più volte da Marrocco nel corso degli anni, con il sottotitolo *Calchi su visi di persone irreperibili*: calchi di gesso su volti di persone da lui incontrate casualmente, spesso amici di amici, e poi perse di vista. Un lavoro che annuncia quella tensione verso situazioni relazionali che connoterà poi sempre la poetica di Marrocco. Le novanta diverse fisionomie di donne, di uomini e di bestie "catalogate" dall'artista nel 1973 nei tre fogli intitolati

Ricordi dimenticati sembrerebbero evocare studi di fisiognomica, ma in realtà raffigurano, come scrive Marrocco in calce alle tavole, "varie e strane visioni nello stato di sonnolenza", e in pratica sono ispirati, a detta dell'autore, da disegni riferiti alla cabala ebraica. La reiterazione in sequenze ordinate torna invece nella grande tavola *C'era una volta l'uomo* del 1974, con la quadrupla immagine dell'uomo scorticato. Giorgio Di Genova individua in queste ultime opere il cuore del discorso antropologico dell'artista: "La riconversione degli interessi sulla natura dei poveristi e dei land-artisti viene trasferita da Marocco nell'ambito para-scientifico, con seri slittamenti nell'antropologia, cosa che susciterà l'interesse di Adriano Altamira e porterà il nostro ad aderire nel '76 al movimento "Arte genetica". Tale filone antropologico si dipanerà da *C'era una volta l'uomo* del '72 [...] fino a riconvergere sull'uomo scorticato nella quadrupla iterazione di *C'era una volta l'uomo* del '74 ed addirittura sul proprio volto, ripetuto per quattro volte, nel coevo *Io sono un menabò*"[9].

Sempre con il proprio corpo, sempre per verificare il nostro "essere nel mondo", l'interazione di Marrocco coinvolge spesso l'ambiente fisico naturale: mediante strumenti quali fotografie, video e film d'artista, egli percorre, scava, misura e sostituisce tale ambiente[10]. Tra il 1967 e il 1972 Marrocco realizza infatti diverse serie di fotografie intitolate *Induzione su spazi ridisegnati*, ambientate in vari luoghi del mondo da lui visitati in quegli anni inquieti, l'India, il Messico e l'Etiopia, ma anche il piccolo comune di Grottole presso Matera. È di nuovo un lavoro sequenziale e di impronta antropologica, espressione del bisogno dell'artista di riappropriarsi di determinati luoghi, spesso luoghi simbolici, modificandone il paesaggio. Un ciclo avvicinabile alle ricognizioni territoriali nel paesaggio della Murgia compiute da Paradiso nei medesimi anni e, in un certo senso, alle riappropriazioni dello spazio messe in atto da La Pietra in un contesto urbano. Le numerose fotografie - in parte scattate dall'amico Gianni Drago, che spesso e volentieri lo seguiva in queste spedizioni - documentano le azioni dell'artista per impossessarsi di un fiume, di una diga, di una montagna[11]. Appartiene a questa ricerca anche il videotape del 1973 *Induzione su spazi ridisegnati - terra, mare, cielo, uomo*, documentato in *Calendario* da una sequenza di dodici fotografie, di orientamento esplicitamente narrativo: l'artista nudo esce dal mare, scava una buca nella sabbia e vi colloca all'interno la rappresentazione di una famiglia realizzata con sterpi e ossi di seppia[12]. In questo rapporto panico con la natura e nell'asciuttezza delle immagini si potrebbe forse leggere un richiamo al clima e alle forma di alcune opere di poco precedenti di Charles Simonds, come i fotogrammi dal film *Birth* 1970[13], se non fosse che Marrocco in quegli anni non conosceva il lavoro di Simonds, né tantomeno quello di Nikolaus Lang o di Ann e Patrick Poirier. L'artista cita invece, come artisti che conosceva e apprezzava, alcuni esponenti della Land Art come Richard Long e Dennis Oppenheim.

Una peculiarità della poetica di Marrocco riguarda la sua fase artistica genericamente ricondotta nell'ambito della cosiddetta "poesia visiva" (o "poesia visuale" o "nuova scrittura"): anch'essa risulta, a ben vedere, fortemente radicata in una ricerca antropologica. Va subito precisata la posizione particolare dell'artista salentino rispetto alle ricerche poetico-visuali (che pure configurano, soprattutto in Italia, un insieme assai variegato), anche se questa fase costituì un capitolo interessante della sua poetica, sempre tesa alla sperimentazione. La costante inclinazione di Marrocco ad assecondare percezioni sensoriali e corporee è quanto mai distante dalla riflessione critico-teorica perseguita, con una radicalità intellettualistica consapevole, da molti esponenti di quelle ricerche. In realtà Marrocco aveva manifestato un primo interesse per la scrittura fin dal suo arrivo a Milano, alla fine del 1962, frequentando assiduamente il Gruppo del "Cenobio". Decise però di coltivarlo e di svilupparlo soltanto intorno alla metà degli anni Settanta, parallelamente al consolidamento, anche a livello critico e storiografico, delle esperienze di "nuova scrittura"[14]. Tuttavia questa fase affondava le radici nelle performances da lui eseguite già all'inizio del decennio, quando masticava gli angoli di grandi fogli di carta dopo essersi riempito la bocca di inchiostro (generalmente di colore blu, rosso o giallo), quindi licenziava il foglio di carta masticata con il titolo di *stampa bocca* o *scrittura bocca*. Dunque l'artista utilizzava l'azione del masticare prima di quella dello scrivere, la quale subentrava come atto ultimo. Spiega Marrocco: "Per me si trattava di un fatto corporeo, viscerale, immediato. Tanto è vero che fui perfino ricoverato in ospedale per disintossicarmi dal veleno dell'inchiostro blu. Era comportamento! Era il fagocitare la scrittura"[15].

Svilupperanno il discorso della corporeità e prolungheranno certe modalità operative "antropologiche" pure le successive "Dimore", ossia gli "oggetti fasciati" di Marrocco, che diverranno parte fondante del suo linguaggio artistico a partire dal 1983 circa. Affascinato dalla garzatura delle mummie, l'artista vi utilizza i propri indumenti dismessi, cui applica amidi e colle e con i quali fascia pietre irregolari o pezzi di legno. Queste opere, spiega, "esprimono il bisogno di custodire, di proteggere, di nascondere, come un primitivo che scopre qualcosa e la nasconde, qualcosa che diventa poi un feticcio della propria esistenza"[16].

2. Il gruppo Art Terminal e Campo Urbano

Nel febbraio 1969 Marrocco partecipa sia alla collettiva *Colore Forma* presso la galleria Visualità di via Pontaccio[17] sia alla mostra *Modelli di fruizione*, temporaneamente insieme a Ugo La Pietra, Vittorio Mascalchi e Mario Nanni, curata da Tommaso Trini alla Galleria La Nuova Loggia di Bologna. Un vero e proprio gruppo, coordinato sempre da Tommaso Trini, è invece quello di Art Terminal, cui Marrocco aderisce poco dopo e di cui fanno parte, oltre a Trini e Marrocco, Thereza Bento, Gianni Emilio Simonetti, Livio Marzot, Renato Maestri, Paolo Lomazzi, Carlo Bonfà, Vincenzo Dazzi e Antonio Dias. Autori eterogenei, forse accomunati da vaghe consonanze con la poetica dell'Internationale situationniste - pensiamo alla fiducia nel rapporto fra arte e scienza e all'esaltazione dell'architettura - e dalla vicinanza a certe pratiche di Fluxus quali la comunicazione interdisciplinare e la tendenza ad abbattere i confini tra arte e vita.

Il gruppo Art Terminal ha però breve durata e produce due soli interventi, sciogliendosi nello stesso 1969: la "spedizione" (così definita dagli autori) *Area Condizionata* nella Galleria De Nieubourg di Milano, gestita da Toselli, e uno degli interventi nell'ambito di *Campo urbano* a Como, una delle principali manifestazioni di avanguardia in quel decisivo volgere del decennio. Nell'aprile 1969 i dieci componenti del gruppo si chiudono nella galleria De Nieubourg e vi trascorrono poco meno di cinque giorni di isolamento totale. Il comunicato stampa diffuso dalla galleria di via Borgonuovo dava queste informazioni: "La spedizione è durata ininterrottamente per 109 ore. Le porte del locale sono state sigillate alle ore 9 pm di giovedì 24, e sono state riaperte alle ore 10 am di martedì 29 aprile 1969. L'organizzazione è stata curata da Franco Toselli e Marc Pariente. / *Area Condizionata* ha richiesto l'utilizzazione dei seguenti strumenti e materiali: 10 scatole Campbell, 5 litri di latte, 108 cubi di poliuretano espanso, 3 macchine fotografiche e 1 cinepresa, 1 frigorifero e 1 cassa di Coca-Cola, 12 uova, 4 scatole di tonno, 14 scatole di legumi conservati e 3 scatole di caffé in polvere, 11 spot e 2 quarzi, 14 litri di vino, 2 bottiglie di whisky e 1 di bourbon, 2 registratori di cui uno a 4 piste, 1 televisore portatile, 1 bicicletta, 1 lavagna, 2 amplificatori con 6 altoparlanti, 1 giradischi con 10 dischi, 2 tavoli a cavalletto, 19 coperte, 1 telefono, 1 scala, 1 tubo in plastica da giardino, 50 candele e 20 torce a vento, alcune assi di legno, 1 flauto, 3 kg di riso e 2 metri di salsiccia, una scatola d'incenso indiano, più gli effetti personali da viaggio. / Durante la spedizione si sono accumulati i seguenti materiali: 70 kg di rifiuti, 960 fotografie, 150 metri di film a 16 mm e circa 8 ore di nastro registrato. [...]". Il comunicato ricordava quindi la sponsorizzazione tecnica della ditta Brionvega di Milano, che aveva fornito parte del materiale elettronico, e annunciava l'uscita del catalogo della spedizione, che invece non uscì.

Ricorda oggi Marrocco: "Art Terminal è interessante dal punto di vista antropologico perché per alcuni giorni costrinse ad interagire diverse personalità e diverse culture all'interno di uno spazio chiuso, un po' come accade oggi nel "Grande Fratello". Ognuno dei presenti aveva portato con sé delle cose. Io portai, per la prima volta, l'*Habitat per formiche*, in forma di libro-scatola. Il musicologo Maestri contribuiva a tenerci uniti cadenzando il tempo con ritmi "naturali", che immediatamente tutti noi seguivamo. Alcuni scrivevano e disegnavano sulle pareti, la Bento ogni giorno mi tagliava una ciocca di capelli, al punto che ne uscii pelato. Una situazione comunque non facile. Tanto è vero che l'architetto Lomazzi se ne andò"[18].

Parte dei materiali raccolti da Simonetti e Bento confluirà in seguito nel film 16 mm *Teoria e pratica dell'architettura spontanea*, realizzato nel 1971 da Gianni Emilio Simonetti, autore pure della colonna sonora. Lo stesso Simonetti, nella traccia dello script, cita la situazione sopra descritta come uno dei tre punti da cui prende le mosse l'intreccio storico della vicenda da lui raccontata nel film, omettendo però dall'elenco i nomi di Dazzi e Lomazzi: "la carcerizzazione volontaria di otto persone [...] per settantadue ore nei locali sotterranei dell'allora Galleria Toselli (*Area condizionata*, 1969), privi di strumenti del comunicare, di luce solare, ma muniti di *sitar* e *scatole di piselli*"[19].

L'immagine del formicaio torna nel commento di Toti Carpentieri a una fotografia di Grottole pubblicata in *Calendario*: "un paese città formicaio umano". E, per *Uomo e formica*, la didascalia recita "La vita di un formicaio è paragonabile a quella di una movimentata città moderna". Infine l'attenzione per l'habitat delle formiche da parte di Marrocco evoca l'immagine delle formiche spesso utilizzata da Claude Lévi-Strauss fin dai suoi testi dei primi anni Sessanta: si pensi al fatto che l'antropologia, sulla strada delle scienze della natura, debba leggere gli uomini "come fossero formiche", prescindendo da postulati esistenzialisti e storicisti del tutto antiscientifici.

Di nuovo con il gruppo Art Terminal, il 21 settembre 1969 Marrocco partecipa alla *Sostituzione di un cancello* in un orfanotrofio di Como nell'ambito di *Campo urbano*, una manifestazione coordinata da Luciano Caramel, nata "dal desiderio di alcune persone di provocare una verifica operativa, sotto una certa angolazione, del rapporto arte-società" e quindi articolata, come recita il sottotitolo, in una serie di "interventi estetici nella dimensione collettiva urbana"[20].

I partecipanti alla manifestazione, singoli oppure organizzati in gruppi, sono diversi per età e per scelte culturali. Accanto a scultori e pittori, vi sono musicisti, architetti, scrittori e persone non professionalmente dedite ad attività estetiche. Come precisa il comunicato stampa, si tratta "dell'invito ad un impegno nella ricerca di un rapporto reale - e quindi vivo e non scontato - tra gli artisti, gli abitanti di una città e la città stessa". Invito che pone gli artisti di fronte a quesiti fondamentali sul senso stesso dell'arte e sul problema della sua funzione oggi.

Dal primo mattino alla sera di quel 21 settembre si susseguono circa quindici interventi, ai quali segue un dibattito protrattosi fino a notte fonda.

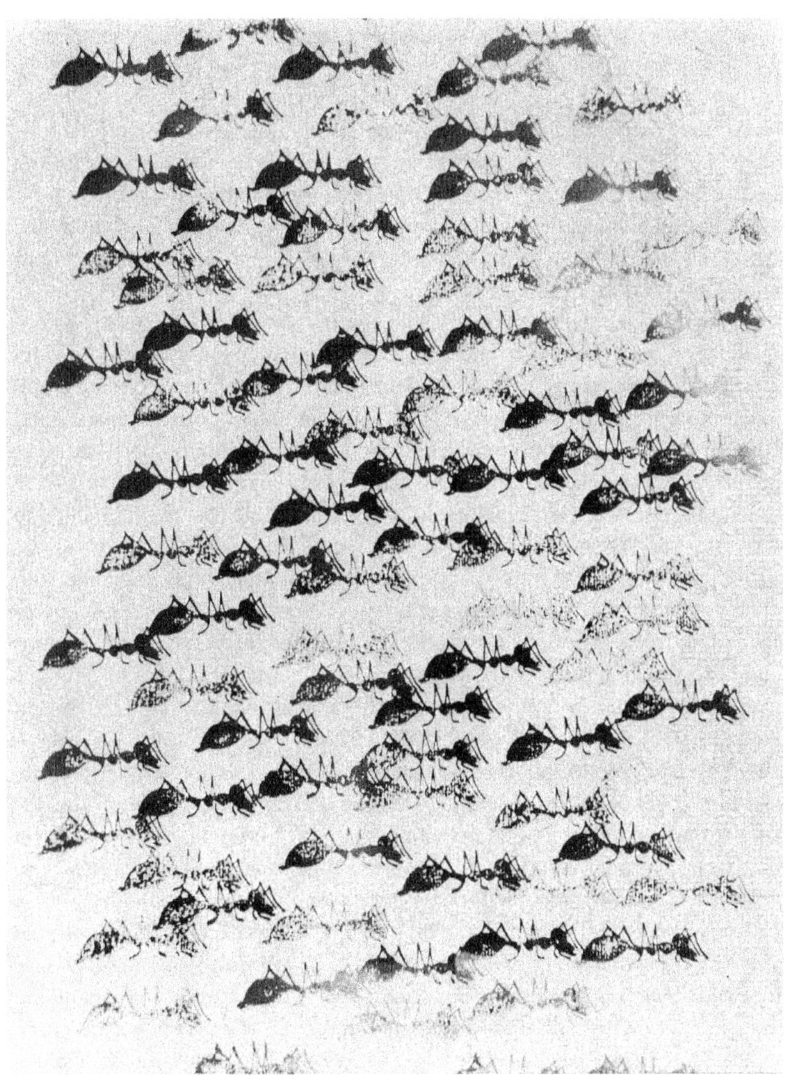

Armando Marrocco, *Uomo e formica (particolare)*, 1974

Gli interventi vedono coinvolti, ad esempio, un maestro come Bruno Munari, due giovani esponenti dell'Arte Povera come Giulio Paolini e Luciano Fabro, due artiste dedite a ricerche d'arte programmata come Grazia Varisco e Dadamaino o ancora gli outsider, ognuno per conto proprio, Gianni Pettena e Ugo La Pietra. Con loro, diversi gruppi variamente composti: Giuseppe Chiari con Franca Sacchi, Ico Parisi con Francesco Somaini, che presentano i *Contenitori umani*, il gruppo formato da Alpini, Boriani, Colombo, De Vecchi, il gruppo formato da Marcolli, Minoli, Cotta, Giardina e Maraja e infine il gruppo Art Terminal.

La maggioranza dei partecipanti all'evento - secondo il curatore - hanno "trascurato, o scartato, o ritenuto irrealizzabile, l'opportunità, in una circostanza che pure esplicitamente la sollecitava, di promuovere interventi non circoscritti al momento contingente e che tenessero conto della possibilità di agire, oltre che in rapporto con la collettività, in rapporto con le strutture urbane in cui la collettività vive. La città è stata infatti da essi vista [...] in fondo, con una sostanziale rinuncia alla possibilità di intervenire realmente su di essa, modificandola, o almeno proponendo di modificarla"[21].

Il gruppo Art Terminal aveva scelto inizialmente di attuare il proprio intervento mediante l'apertura di una finestra in un muro e per la ricerca di quest'ultimo si era rivolto all'Ufficio Urbanistica del Comune. Art Terminal e Luciano Fabro (con la sua "domanda di cessione di terreno nel territorio comunale") furono infatti gli unici, tra i numerosi partecipanti alla rassegna, che cercarono un dialogo con l'amministrazione cittadina. Insorte varie difficoltà, sia esterne che interne al gruppo, nel corso di un sopralluogo Art Terminal ha l'idea di sostituire il cancello di un orfanotrofio[22]. Durante il lavoro, alcuni ragazzi della struttura ospitante vengono forniti di cartucce fumogene realizzate da Marrocco con rodamine chimiche; queste vengono accese, come antico rito propriziatorio, al termine del pranzo offerto agli artisti.

Osservò Caramel all'epoca: "Ma anche questa idea ripropose le contraddizioni di base, per cui gli artisti si trovarono in bilico sul vuoto, impostando azioni piuttosto velleitarie e, soprattutto, fragili, ambiguamente ondeggianti tra la dimostrazione libertaria e la beneficenza, come impietosamente ha poi sottolineato la cronaca fattane da Trini (su *Domus* n. 480). Lo stesso Trini, d'altra parte, nel dibattito aveva esplicitamente confessato l'impotenza che stava alla base di tutta l'operazione e che, a posteriori, da essa veniva esplicitata: impotenza dovuta anche al fatto - come egli ebbe ad affermare - che per gli artisti "la collettività è ancora una entità astratta ed univoca". Per cui la soluzione più onesta e fertile è, secondo Trini, il ripiegamento su di un lavoro nascosto, di decantazione, di presa di coscienza di se stessi e del proprio ruolo"[23]. Anni dopo, con la benevolenza inevitabilmente acquisita nel corso di altri tre decenni di esperienza e

indossando le vesti di studioso invece che quelle di critico militante, Caramel
ha invece ricordato, pensando all'esito finale dell'azione del gruppo, come il
gruppo Art Terminal abbia saputo "trasformare il gioco della *Sostituzione di
un cancello*, all'interno di un orfanotrofio, con i piccoli ospiti, nella recita di
una specie di microguerriglia [...]"[24].

3. Il rapporto con Guido Le Noci e la personale del 1971
alla Galleria Apollinaire

Nel novembre 1970 Guido Le Noci offre a Marrocco l'occasione di
collaborare con Jean Tinguely alla realizzazione del monumento effimero
alla *Vittoria* in Piazza Duomo a Milano nell'ambito delle manifestazioni
organizzate per il decimo anniversario del Nouveau Réalisme e curate da
Pierre Restany insieme allo stesso le Noci. Un programma celebrativo articolato
in tre giornate, che comprendeva un'esposizione storica, una scultura di
fuoco in memoria di Yves Klein alla Rotonda di via Besana e una fitta serie
di azioni-spettacolo pubbliche nel centro cittadino. Una manifestazione -
tiene a sottolineare Restany - che ha l'appoggio incondizionato dell'assessore
alla cultura Paolo Pillitteri e che segna "il punto di partenza di una politica
municipale attiva in favore dell'arte contemporanea"[25]. In realtà l'evento
suscita dubbi legittimi e perplessità, soprattutto fra gli addetti ai lavori,
sull'effettivo coinvolgimento della collettività urbana da parte degli operatori
estetici[26]. In ogni caso per Marrocco rappresenta un'esperienza irripetibile.

Il fallo dorato di otto metri di altezza ideato da Tinguely ed esposto davanti
al Duomo è in realtà una macchina che si autodistrugge in 29 minuti.
Costruito in un capannone alla periferia di Milano durante quindici giorni di
lavoro intenso, questo monumento alla virilità viene poi trasportato a pezzi in
piazza Duomo, protetto da ampi teloni. Scoperto la sera dell'inaugurazione,
poco dopo l'enorme fallo comincia a scoppiettare e nell'arco di mezz'ora si
autodistrugge. Anche gli spettacolari fuochi d'artificio, come la costruzione
del fallo, vengono organizzati da Marrocco insieme ad Enrico Weber, fido
assistente di Tinguely. Di questo rogo Marrocco si ricorderà poco dopo
sulla spiaggia di Rimini, dando vita al *Rogo simbolico contro la società dei
consumi* in occasione dell'Incontro Sincron del 1971, utilizzando materiale
eterogeneo fornitogli dall'organizzazione.

Il primo incontro di Marrocco con Guido Le Noci data al novembre 1961,
quando il giovane artista, di passaggio a Milano, visita in galleria la mostra di
Klein. Stabilitosi a Milano l'anno dopo, comincia a frequentare regolarmente
la galleria Apollinaire. "Con Le Noci nacque subito una simpatia perché
io ero pugliese". Convinto di vivere nella "più grande di tutte le epoche
pittoriche dell'umanità [...] alla vigilia di un nuovo Rinascimento"[27],

all'epoca il gallerista promuove con entusiasmo l'informale di Fautrier, Hartung e Mathieu, l'opera di Yves Klein, che lo aveva affascinato più di tutti, e degli altri componenti del Nouveau Réalisme. La Galleria Apollinaire, che dal 1955 al 1982 ebbe sede in via Brera 4, nel 1968 ospita la prima mostra in Italia della Mec Art (cui partecipa anche Aldo Tagliaferro) e nel 1969 la personale *9000 mosche vive* di Elio Marchegiani[28], a cura di Bruno D'Amore e di Giorgio Celli, che l'accompagna con una poesia-manifesto. In questa occasione 9000 mosche vive sono state collocate su un tavolo, protette da 350 bicchieri da osteria capovolti[29].

Le Noci ha ancora il coraggio di compiere scelte anticonvenzionali, anche se in un caso sente di essersi avventurato troppo oltre e chiude la galleria la sera stessa dell'inaugurazione. Ciò accade nel febbraio 1973 in occasione della personale di Giovanni Rubino[30], *Mortedison*, dagli intenti già di per sé eloquenti, riflesso di quella politicizzazione che dopo il '68 si è diffusa anche nell'arte: "Non è nocivo. Progetto per un intervento contro la *non civiltà* realizzato e gestito a Marghera dall'assemblea autonoma di Porto Marghera durante lo sciopero generale dell'industria il 27 -2 - 1973"[31]. Rubino presenta il progetto in galleria - una serie di collages, disegni e fotomontaggi - e la sera stessa si reca sul posto, a Marghera, per realizzare la sua azione. L'intervento della polizia rimuove il fantoccio nudo legato a una croce e con una maschera antigas sul volto che Rubino ha issato davanti ai cancelli del Petrolchimico. Ciò induce Le Noci, a Milano, a smantellare la mostra. Si è già detto, invece, della proficua collaborazione fra Le Noci e Paradiso.

Con Le Noci Marrocco costruisce un rapporto di stima e amicizia che si concretizza, prima ancora che nella monografia del 1975, nella doppia personale del gennaio 1971 al Centro Apollinaire, insieme a Giovanni Valentini (Galatina, 1949)[32]: Marrocco presenta le duemila formiche vive dell'*Habitat per formiche*, Valentini presenta *Cyborg e il mondo vegetale*. Accompagna l'evento, concepito unitariamente, la musica elettroacustica di Cioni Carpi, estratta dai suoni gutturali prodotti dai due artisti con un microfono[33]. Il rapporto di amicizia e di lavoro fra Marrocco e Valentini risale almeno al 1960, quando i due artisti espongono insieme a Lecce. E di nuovo in coppia si presentano a Milano, nel 1966 alla Galleria Montenapoleone e nel 1967 alla Galleria Rizzato-Whitworth, quindi in alcune collettive, per poi approdare nello spazio di Le Noci. L'*Habitat per formiche*, che due anni prima Marrocco aveva introdotto nella Galleria De Nieoubourg nel corso di *Area condizionata*, viene qui presentato in forma di contenitore di plexiglas e di ceppo di legno e viene collocato su freddi tavoli di cristallo. La descrizione accurata della fisionomia di questa mostra e il testo dei due manifesti stesi dagli artisti per l'occasione compaiono tempestivamente sulla rivista "Humandesign" e restano oggi una testimonianza preziosa di quell'evento:

"In un allestimento da essi progettato nel locale del Centro Apollinaire, hanno presentato un habitat per formiche racchiuso in un contenitore in metacrilicato con accorgimenti ambientali, un altro con formiche precedentemente morte nel loro habitat, un libro per appunti e alcuni espositori con foto riproducenti aspetti ingranditi del mondo delle formiche; in altri contenitori di metacrilicato - accorgimenti climatico-ambientali regolati elettronicamente, piante subacquee di vario tipo, un tavolo in vetro con microscopi - acidi ed attrezzi da laboratorio di biologia e botanica, piante vive terrestri ed espositori per foto riproducenti aspetti ingranditi del mondo vegetale. La presenza degli operatori era continua ed attiva, accompagnata da musica elettroacustica creata in collaborazione con Cioni Carpi. Ecco il loro comunicato attraverso i manifesti:

FORMICHE VIVE
- Il comportamento degli insetti e il loro linguaggio
- L'imenottero dall'organizzazione sociale perfetta
- Paragone tra la superiore organizzazione delle formiche e lo stato sociale dell'uomo
- Proposta per una nuova società umana organizzata muovendo dal ciclico svilupparsi delle formiche e sviluppandone le strutture in chiave avveniristica e in agglomerati sociologici perfetti

Non si può dire certo che gli uomini siano organizzati con equilibrio di socialità! Essi risultano divisi da interessi e beni mal distribuiti. Le formiche con i loro sistemi di vita possono insegnarci molte cose se guardate con la giusta attenzione. Possono aiutarci a togliere il tragico dalla vita di ognuno di noi e ritrovare le fonti più autentiche dell'uomo nella società. Forse non sarà la guerra atomica, o peggio, quella chimica o batteriologica a distruggerci... Non è necessario... Basterà continuare l'attuale progressivo inquinamento delle acque e dell'aria e infine del nostro spazio vitale, a livello planetario, e la fine dell'uomo sarà sancita in un tempo non troppo lontano...

[...]

Milano, gennaio 1971[34]

Ricordiamo che il Centro Apollinaire aveva pubblicato nel 1969 il libro d'artista *Uomo e formica (Habitat per formiche)* in un'edizione di cinque esemplari firmati[35]. Sulla "copertina" trasparente in plexiglas, in acrilico era scritto "Uomo e formica"; sotto, quattro righe recitavano le seguenti azioni divine: "Dio prese il vento e fece il beduino del deserto/ prese la freccia e fece il cavallo/ prese il fango e fece l'asino/ prese le feci dell'asino e fece l'abitante sedentario della città".

Nel 1973, d'intesa con Le Noci, Marrocco comincia la raccolta del materiale per la pubblicazione di *Calendario*, un volume monografico che verrà poi pubblicato nel gennaio 1975 per le Edizioni Apollinaire. Si affaccia inoltre la prospettiva di un'eventuale seconda personale da Le Noci. Nella realizzazione di *Calendario* lo affianca Toti Carpentieri, il critico che più di ogni altro seguirà l'intero percorso dell'artista, che stende il prologo e i commenti alle opere. L'introduzione è invece di Pierre Restany, con cui Marrocco tornerà a collaborare negli anni seguenti, il cui testo autografo dichiara perentorio: "tutta la vita dell'uomo in una sola vita d'artista, Armando Marocco ha una sola vita: il calendario è tutto suo, solo suo"[36]. Il prologo di Carpentieri attacca dichiarando che "Ovviamente all'inizio del discorso è sempre l'uomo [...]", quindi ripercorre i capisaldi della poetica e dell'immaginario di Marrocco, in una sequenza-fiume di periodi privi di punteggiatura, per concludere che "l'uomo che è alla base di tutto riafferma la sua condizione teatrale di attore"[37]. Il volume documenta i lavori realizzati da Marrocco fra il 1963 e il 1973, dalla fase minimalista fino all'installazione realizzata nel 1972 per la mostra *Pollution*, ripercorrendo un itinerario teso alla riappropriazione dei luoghi, al dialogo fra l'uomo e l'ambiente e alla ricerca della propria identità[38].

L'eco di queste ricerche di Marrocco è immediato. Renato Barilli ne parla in un saggio del 1974, nel capitolo intitolato *Le ricerche di comportamento*[39], dove accenna ai "recuperi verso il basso, cioè verso il comportamento animale e perfino vegetale": "C'è per esempio un comportamentista italiano, Armando Marocco, che ha ricostruito degli *environments* facendovi "lavorare" delle formiche. L'etologia è in effetti tra le discipline chiamate in causa dall'attuale svolta degli interessi estetici"[40]. E in effetti, pensando all'ambito del comportamento, negli anni Settanta Marrocco esegue numerose performances, spesso filmate in super 8 secondo una moda assai diffusa tra gli artisti del tempo: ricordiamo almeno *Il tappeto di Baghdad*, eseguita nel 1974 nel Palazzo dei Diamanti di Ferrara utilizzando un lenzuolo intonso al cui interno sono celate cartucce di fumo che, innescate, bruciano il telo e lo trasformano in una specie di sudario; *Le verità scontate* del 1977, in cui Marrocco legge a voce alta vari articoli tratti da giornali che preleva da una catasta; *Rivelazione 3* del 1978, in cui invita il pubblico a lasciare l'impronta del palmo della mano intrisa di rilevatore fotografico, o a fare altri segni su un grande telo bianco.

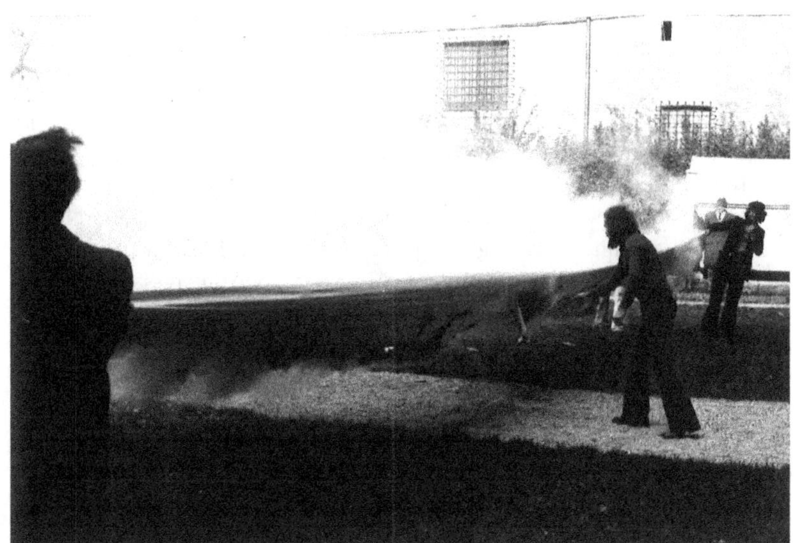

Armando Marrocco, *Consumazione collettiva di un rito*, 1974, Ferrara, Palazzo dei Diamanti

4. 1976: VERSO UNA NUOVA POETICA ...

La performance *Sconcerto. Musiche integrate di Armando Marocco*, che ha luogo nel novembre 1976 alla Galleria International Arts di Roma, rappresenta la maturazione di un percorso avviato dall'artista fin dal 1970 e approfondito nei decenni seguenti[41]. Marrocco accompagnerà spesso l'inaugurazione delle sue mostre con delle performances, grazie anche alla collaborazione di Fernando Sulpizi e di altri amici musicisti. Inoltre egli approfondirà la sua attenzione nei confronti della scenografia per concerti e spettacoli pirotecnici e interdisciplinari, con l'uso di laser, suoni e immagini, sempre intrecciando la musica strumentale con l'ambito propriamente visuale.

Il 1976 segna una svolta nella poetica dell'artista, chiudendo quella fase di ricerca che fin qui si è cercato di descrivere e aprendone un'altra che si è andata sviluppando fino ad oggi. Il passaggio era già documentato, ma all'epoca difficilmente percepibile, nell'ampia retrospettiva ospitata al Palazzo dei Diamanti di Ferrara nel 1977, in una doppia personale con Ugo La Pietra (*La riappropriazione dell'ambiente*). Sotto il titolo *Armando Marocco. I cavalieri ardenti (Ricordi dimenticati)*, sfilano circa dodici anni di attività dell'artista, dalle forme minimaliste di *Stessa forma stesso peso* (due sassi identici, uno in calcare e l'altro identico ma fuso in anticorodal) ai realistici *calchi su visi di persone irreperibili,* dai disegni riferiti alla cabala di *Ricordi dimenticati* alla scultura *L'aurora* del 1975, per arrivare infine alle armature de *I cavalieri ardenti* del 1976, che dal versante antropologico introducono a una nuova fase creativa dell'artista. Il "cavaliere ardente" è un alter ego dell'autore e l'archetipo della figura del guerriero, protagonista di molti suoi racconti successivi. Nel breve testo introduttivo, Franco Farina scrive: "[...] Non è certo facile a prima vista cogliere i nessi aggreganti la ricca produzione di Armando Marocco, perché di volta in volta sono interessati aspetti e prerogative ancora ancestrali quali la estesa religiosità che si evidenzia nel mito e nel rito, il senso della vita che è pur sempre un atto d'amore che inevitabilmente si placa spegnendosi poi nella morte. Direi che il filo conduttore e la chiave di lettura sono individuabili più genericamente nella accorta analisi introspettiva, non tanto perché l'uomo sia la misura legittima e privilegiata dell'universo, ma perché in scala ridotta lascia intuire il grande "disegno" della natura"[42]. Segue un breve testo dell'artista in cui affiorano alcune immagini portanti della sua poetica: "Dimenticando il tufo, sabbioni calcarei cementati, mescolati alla terra rossa, [...] Gli ulivi gridano tutta la loro disperazione per la mancanza d'acqua che in molte regioni scarseggia, vicino alle case fatte di sassi e calce. [...]"[43].

Il decennio si chiude simbolicamente con *L'Opera dei Celebranti,* scaturita per volontà di Solmi dalla sezione *L'ambiguità Rituale* presente nella rassegna bolognese *Metafisica del quotidiano,* curata da Franco Solmi presso la Galleria d'Arte Moderna di Bologna nel 1978. *L'Opera dei Celebranti* avrebbe esercitato la propria attività "in senso polidisciplinare portando nelle celebrazioni l'armonia di professionalità diverse, dalla critica alla lettura, dalla musica al teatro, alla pittura, alla scultura, alla scenografia, al cinema, agli audiovisivi, alle arti del corpo, alla fotografia, tutte cooperanti nel Lavoro Felice"[44]. Fra l'ottobre 1978 e il maggio 1979 *L'Opera dei Celebranti,* di cui fanno parte, tra gli altri, Marrocco, Giuliano Mauri, Elio Marchegiani, il gruppo della "Terza R di Barroco" di Milano (includente Ferdinando Greco), Giovanni Rubino, William Xerra, Giorgio Celli, Ando Gilardi e Attilio Mina, si presenterà compatta in diverse occasioni espositive[45].

Dai primi anni Ottanta Marrocco orienterà la sua ricerca sempre più decisamente verso nuove direzioni d'indagine, in realtà già intraprese, come si è accennato, nella seconda metà del precedente decennio: da un lato verso grandi installazioni ambientali in cui l'artista rappresenta il luogo della dimora con sculture di bronzo, marmo e fuoco; dall'altro verso oggetti più piccoli, sempre più orientati verso i territori del mito, della magia e dell'alchimia[46]. Un capitolo a sé, che corre parallelamente, è costituito dal lavoro di destinazione liturgica su commissione, a cominciare dalla

Basilica di Santa Rita in Cascia, dove dal 1978 a oggi Marrocco ha lavorato assiduamente, in collaborazione con architetti, liturgisti, artisti e storici, e dove nel dicembre 1979 scopre l'*Ex voto dedicato a Santa Rita da Cascia*, donato in anonimato da Yves Klein nel febbraio 1961[47].

Questo passaggio dai territori dell'antropologia a quelli dell'alchimia ricorda da vicino quello compiuto da Claudio Costa intorno alla stessa data, ossia 1976-1977. Un passaggio probabilmente favorito dallo stretto contatto di entrambi gli artisti con la materia e dalla scoperta quotidiana delle sue inevitabili trasformazioni. Spiega Marrocco: "L'alchimia è la scienza della trasformazione della materia, un processo che poi è intrinseco nel nostro lavoro di artisti... Però, dal punto di vista filosofico, alchimia e antropologia sono due scienze totalmente diverse. Se l'alchimia si avvicina maggiormente - e qui esagero - alla massoneria, l'antropologia è intrinseca nell'essere umano: siamo tutti coinvolti in questa situazione, poi c'è chi lo manifesta istintivamente e chi vorrebbe manifestarlo ma non ha le capacità..."[48].

5. Risalire alle origini

Anche se il 1976 segna una svolta nella poetica di Marrocco, esso non costituisce ovviamente una cesura netta nella sua attività. Nel 1976 egli firma il *Manifesto dell'Arte Genetica*, un movimento nato a Lecce che vede le presenze, tra gli altri, di Francesco Saverio Dodaro, Franco Gelli, Toti Carpentieri, Carlo Alberto Augerl, Guido Le Noci, Pierre Restany, Milena Milani, Elio Marchegiani, Corrado Marsan, Giovanni Valentini e altri e che si avvale anche della pubblicazione di *GHEN*, un giornale modulare progettato da Saverio Dodaro e riservato a opere e contributi inerenti la genetica e le sue problematiche.

Un Gruppo Ghen-Movimento Arte Genetica, di cui fanno parte gli stessi Francesco Saverio Dodaro e Franco Gelli, oltre ad Armando Marocco, Giovanni Valentini, Antonio Massari, Ilderosa Petrucci Laudisa, Vittorio Balsebre, Federico De Leonardis e altri, partecipa nel 1980 alla rassegna *Dentro/Fuori luogo*, allestita a Palazzo D'Elia a Casarano, in provincia di Lecce, con la presenza anche di Fernando De Filippi, Natalino Tondo, Nicola Sansò e altri. Marrocco vi partecipa sia come Gruppo XdM - insieme a Federico De Leonardis e William Xerra - con l'installazione *La rotta della memoria*, sia nell'ambito del Gruppo Ghen-Movimento Arte Genetica, cui appartiene anche Giovanni Valentini, che presenta la performance *Contatto genetico*. Scrive in catalogo Saverio Dodaro: "Casarano. Palazzo d'Elia. [...] Marrocco s'interroga sull'amaro destino d'un feto in boccetta [...]"[49]. "Un'immagine - spiega oggi Marrocco - trovata su una rivista, ingrandita e accompagnata dalla scritta "mio padre e mia madre futuri progettisti genetici"[50].

Tuttavia di Marrocco interessa qui porre in rilievo l'operazione *La rotta della memoria*, realizzata in collaborazione con il Gruppo XdM, nel quale egli ha coinvolto Federico De Leonardis, nato a La Spezia nel 1938 ma attivo a Milano, e William Xerra, nato a Firenze nel 1937 ma piacentino di adozione. Dunque tre personaggi "fuori luogo", considerando che lo stesso Marrocco lavora a Milano ormai da vent'anni. Personaggi con i quali proporrà in seguito alcune installazioni in Italia e in Germania. Il primo contatto del Gruppo XdM con la realtà di Casarano è avvenuto con una lettera da loro spedita a diverse persone del "luogo": un invito a documentare con immagini, oggetti e scritti la propria esperienza ambientale. Quindi, a Casarano, i tre hanno incontrato quelle persone e hanno raccolto sia oggetti della cultura materiale sia testimonianze orali e notizie su vari aspetti della loro vita (strade, modi di lavorare, alimentazione). Queste narrazioni sono state registrate, e ugualmente le litanie recitate in chiesa come antiche nenie dalle vecchiette. Infine il materiale è stato portato a Palazzo D'Elia e raccolto in un angolo della prima stanza, mentre sul pavimento e sulle pareti del corridoio sono stati trascritti, anche rielaborati, alcuni brani delle testimonianze raccolte. Nella seconda stanza è stata posta sul pavimento una lunga scala, in diagonale, illuminata da una semplice lampadina. In definitiva, il gruppo XdM ha riportato alla luce queste "forme dell'elementarietà dell'origine" che sono gli attrezzi e gli utensili, i modi di lavorare e di mangiare, le tradizioni orali e le litanie, come pure i rumori, i suoni, la luce, gli odori[51]. Una situazione che richiama alla mente l'esperienza condotta nel 1975 a Monteghirfo da Claudio Costa e Aurelio Caminati e, inoltre, le ipotesi di riappropriazione dello spazio e di manipolazione dei materiali recuperati, condotte però in un contesto di marginalità urbana, avanzate da Ugo la Pietra in un ciclo come *La seconda casa di campagna*.

Il motivo delle comuni radici pugliesi conduce De Filippi, Saverio Dodaro, Gelli, Marrocco, Paradiso, Sansò, Tondo e Valentini a partecipare con altri, nel febbraio 1983, anche alla rassegna *Ab Origine. Presenze pugliesi nell'arte contemporanea*, allestita allo Studio Carrieri di Martina Franca. Pur oltrepassando i limiti cronologici di questo studio, la mostra getta luce su alcune tematiche in esame. Nel catalogo viene pubblicato un testo di Marrocco in dialetto leccese, accanto ad alcune sue opere dei primi anni Ottanta[52].

Un ipotetico dialogo sulla tematica delle origini, con particolare riferimento alle comuni radici pugliesi che riuniscono i partecipanti, scaturisce dalla lettura dei testi dei quattro responsabili del "coordinamento" della mostra - Nicola Carrino, Mimmo Conenna, Fernando De Filippi e Antonio Paradiso - densi di spunti e richiami agli argomenti finora esaminati. Carrino, all'epoca residente a Roma, esalta la dimensione plastica dell'artista pugliese, connaturata a suo dire alle peculiarità storiche e geografiche del territorio:

"Ritengo che una qualità comune all'artista pugliese sia la dimensione plastica. Tale dimensione proviene dal sentire il territorio e dalla sua storia, dall'eredità costruttiva del neolitico pugliese, dalle testimonianze della Magna Grecia, dalle presenze federiciane, dallo spazio naturale di Puglia e dalla sua luce, dall'ulivo e dall'acciaio di oggi"[53].

Fernando De Filippi, premesso che le cosiddette radici si rivelano un lungo cordone ombelicale e che "non è solo un problema artistico, ma generale; una sorta di vuoto riempito dalla citazione [...]", osserva un curioso ribaltamento dei ruoli: "Io avverto queste radici più nell'artista che venti o dieci anni fa ha lasciato la Puglia che negli artisti che hanno continuato a lavorare nella regione. Anzi, in questi è latente un internazionalismo sia negli strumenti che negli atteggiamenti, probabilmente determinato da un'esigenza di sprovincializzarsi e anche dalla tempestività dell'informazione che le riviste [...] ci portano. Al lato opposto, negli artisti emigrati c'è invece il bisogno della citazione o dell'uso di archetipi antropologici che riemergono coscientemente - o inconsciamente - all'interno di climi culturali diversi che filtrano l'archetipo sino a farlo diventare irriconoscibile ai non iniziati, agli estranei alla tribù. La pericolosità di quest'internazionalismo è quella di livellare un prodotto [...] In Puglia c'è una luce diversa, un riverbero accecante [...] Questa luce non c'è né a Milano né a Düsseldorf, quindi non è possibile che queste caratteristiche così differenti portino agli stessi risultati [...]"[54]. Antonio Paradiso ne riprende i concetti di "internazionalità", per l'artista che vive in Puglia, e di "origini", per chi vive fuori della Puglia, ma si colloca su altre posizioni: "Purtroppo la vera internazionalità è proprio quando un artista prende il fare del proprio territorio e lo propone come messaggio"[55]. Quindi inserisce questa mostra nell'ambito di attività dello Studio Carrieri che, negli Incontri Internazionali di artisti del 1979-80 propose il teatro d'Artista, "proiettato in avanti rispetto alle *performances* o azioni". Infine ne difende le ragioni da facili accuse ed equivoci: "Una mostra di *regione* può far pensare a una mostra campanilistica. Invece, il problema che affiora è proprio il confronto di *cultura*, che esiste fra spazi etnici, non intesi più o meno evolutivi, ma esistenti sotto matrici millenarie. [...] La Puglia, piantata in mezzo a due mari del Mediterraneo, possiede ancora viva questa matrice classico-mitologica. Lo si vede e lo si sente nella luce, spazi, costruzioni, paesaggi, comportamenti, ecc. Basti pensare ai muri a secco della Murgia, ai trulli, ai tarantati di Galatina, all'ulivo, che solo in Puglia è potato in modo che la sua architettura deve essere un *cubo* [...]"[56]. Fra i numerosi artisti che hanno scelto di lavorare fuori dai confini pugliesi, pur essendo legati a questo territorio per nascita e formazione, la rassegna annovera - oltre a Carrino, De Filippi e Paradiso - Aldo Calò, Pietro Coletta, Fernando De Filippi, Armando Marrocco, Pino Pascali, Giuseppe Spagnulo e Giovanni Valentini.

Alla mostra è presente pure Ignazio Gadaleta, originario di Molfetta (dove all'epoca ancora risiedeva) e allora soltanto ventiquattrenne ma che già aveva alle spalle la partecipazione, nel 1980, a Laboratorio Puglia nell'ambito degli "Incontri di Martina Franca"[57].

Alcuni di questi artisti si ritroveranno ad esporre di nuovo insieme nel 1992, nell'ambito della II Biennale Internazionale di Scultura in "pietra leccese" organizzata dal Comune di Martano[58]. Il tema delle radici e del "genius loci" rientrerà nel dibattito artistico e storiografico proprio a partire dai primi anni Ottanta - una riabilitazione che in parte è la conseguenza degli studi di scienze antropologiche e sociali coltivati negli anni Settanta -, come dimostra la ricchezza di saggi e rassegne risalenti a quegli anni. Infatti sul finire degli anni Ottanta, nel testo *Radici: del sud e dal sud* che accompagnava la quarantunesima edizione del Premio Michetti - una mostra ristretta a quindici artisti nati dopo il 1950, residenti nel sud o provenienti da esso - Luciano Caramel citava ampi brani delle considerazioni in parte autobiografiche di De Filippi sopra riportate. E attaccava scrivendo: "Non a caso da un decennio s'è ripreso a parlare con insistenza, nel dibattito artistico, di radici: nel senso del radicamento, antropologico, in realtà determinate, per tradizione e cultura e perciò anche per collocazione geografica"[59]. Un concetto, quello del "genius loci", che sarà anche al centro della riflessione di Ugo la Pietra e guiderà in maniera sistematica la sua produzione artistica proprio a partire dalla metà degli anni Ottanta, con la valorizzazione delle risorse del territorio e il complesso ciclo progettuale articolato intorno a *Le aree artigiane omogenee*[60].

1. Comunicazione personale dell'artista, 4 febbraio 2004.

2. Marrocco sembra essere sensibile anche alla relazione tra arte e scienza, nella loro imprescindibile relazione con l'uomo, quale viene realizzata nell'opera dell'artista tedesco, una relazione radicata nel pensiero di Leonardo da Vinci, di Goethe e di Rudolph Steiner.

3. Sul ruolo di maieuta svolto da Lucio Fontana nel dopoguerra e sui suoi rapporti, spesso reciprocamente fecondi, con Piero Manzoni, Yves Klein, la rivista "Azimuth", Enrico Castellani e il Gruppo T, vedi Tedeschi Francesco, *Sul "magistero" di Fontana. Fontana nell'avanguardia milanese degli anni Cinquanta-Sessanta*, in Cortenova Giorgio, *Lucio Fontana. Metafore barocche*, Venezia 2002, pp. 145-155.

4. Vedi Bruciati Andrea, "Piero Manzoni: l'influenza della produzione ceramica nella sua poetica antropologica", in "Faenza. Bollettino del Museo Internazionale delle Ceramiche in Faenza", LXXXV (1999), 4-6, pp. 229-241.

5. Quando i "Multispazi illusori" vengono esposti nel 1967 alla Galleria Rizzato-Whitworth, il testo di presentazione di Bruno Alfieri attacca citando il Groupe de Recherche d'Art Visuel e gli artisti Victor Vasarely e Julio Le Parc, quindi prosegue: "Marrocco giunge da Lecce, con le sue sculture pulite, nitide, terse, volumetricamente esatte, con i suoi schematici giochi di luce". Vedi Alfieri Bruno, *Armando Marrocco*, cat. della mostra, Galleria Rizzato-Whitworth, Milano 1967.

6. L'immagine verrà poi ripresa in *Donna nel deserto*, pubblicata sulla copertina del piccolo catalogo della sua personale dell'aprile 1979 al Mercato del Sale di Milano.

7. Barilli Renato, a cura di, *Blow up. I viaggi di Gulliver nel regno della percezione*, cat. della mostra (Alessandria, Sala Comunale d'Arte Contemporanea, maggio 1976), Collezione "Mappe", n. 1, Milano 1976. Con la collaborazione di Luca Palazzoli e del centro "Dov'è la tigre", pp. 19, 20 (ripr.). Interessante la conclusione del testo di Barilli in catalogo, che accenna ai casi di rimpicciolimento nella variante del modellismo e cita il lavoro dei coniugi Poirier, con le loro perlustrazioni archeologiche, e di Charles Simonds, che con le sue devote ricostruzioni di forme di insediamento "da manuale di antropologia" collocate su muretti, davanzali, lontano comunque dai luoghi deputati delle mostre, "sposta l'accento piuttosto sulla problematica antropologica" (Ivi, p. 24).

8. Marrocco ama raccontare, a questo proposito, due episodi significativi, forse confusi e mescolati dal tempo che ne ha sbiadito il ricordo. Durante l'estate del 1965, tornato in Puglia, dà vita ad alcune azioni: si sdraia a terra, all'interno di alcune serre piccole e basse, lasciando che la testa e i piedi sporgano alle estremità, e si fa fotografare in questa posizione. "Sembravo un bruco, un lombrico o un millepiedi, comunque una figura lunghissima". Nel novembre 1967, sempre in compagnia di amici, Marrocco compie una sorta di spedizione nei trulli abbandonati del Salento - in un ambiente desolato, con le foglie rosse per terra e gli alberi quasi spogli - e crea una specie di tomba, vi pone all'interno delle candele, vi si adagia dentro e si fa fotografare. L'illusione di una prossima pubblicazione di quel materiale fotografico sul foglio di *Flash Art*, da poco creato da Giancarlo Politi, "nel contesto di una presentazione della Land Art", si dileguò nel nulla, per giunta aggravata dalla perdita irreparabile del materiale. In queste opere non è da escludere un rapporto con certe azioni di Pino Pascali, certamente una sintonia con la sua poetica mediterranea, con la sua tendenza a bruciare le cose, a esprimerle nell'immediato invece che riflet.tervi e ponderarle, lontano dagli atteggiamenti mentali e talora maniacali di molta Arte Povera. Pensiamo all'happening *Requiescat* (che secondo Calvesi è in assoluto la prima performance italiana), che ha luogo nel

luglio 1965 in occasione della mostra-concorso su Corradino di Svevia a Torre Astura, in cui Pascali allestisce la tomba *Requiescat* e su di essa officia per ore infagottato in paramenti da dadaista Café Voltaire, con soffocanti nuvole di incenso.

9. Di Genova Giorgio, *Storia dell'arte italiana del '900. Generazione anni Trenta*, Edizioni Bora, Bologna 2000, p. 419. Per alcuni anni, anche su suggerimento di Guido Le Noci, l'artista espone con il cognome "Marocco".

10. Anche Luciano Caramel ricorda Marrocco, con altri artisti italiani (Germano Olivotto, Livio Marzot, Giovanni Valentini, Carlo Bonfà, Eliseo Mattiacci, certo Luca Maria Patella e, in altra direzione, certo Maurizio Mochetti) fra gli autori, sullo scorcio degli anni Sessanta, di "interventi nella terra e sul paesaggio". Vedi Caramel Luciano, *Verso i Settanta (oltre i Sessanta)*, in Caramel Luciano (a cura di), *Arte in Italia negli anni '70. Verso i Settanta (1968-1970)*, cat. della mostra (Erice, La Salerniana, Ex convento di San Carlo, 10 agosto - 31 ottobre 1996), Charta, Milano 1996, p. 19.

11 Toti Carpentieri ravvisa in questo ciclo di opere un'anticipazione della Narrative Art. Vedi Fontana Sara, *Armando Marrocco. Io lo conosco*, Scalpendi editore, Milano 2017, p. 65.

12. Sensibile e attento a diverse problematiche sociali e ambientali, Marrocco nel frattempo ha avviato una serie di opere dedicate al rischio della sovrappopolazione dai titoli come *Anno Z. Trilioni di trilioni di abitanti* o *Anno X. Trilioni di trilioni di abitanti* e in gran parte datate fra il 1970 e il 1973. Sono tele emulsionate con immagini minuscole di formiche o di volti umani, disposte in fitte sequenze e spesso sovrapposte, fino a rasentare l'illeggibilità dell'immagine iniziale, al nero totale. Questa sensibilità per l'aumento vertiginoso della popolazione trova un'eco nelle preoccupazioni espresse da Claude Lévi-Strauss in un'intervista per "Le Monde" e "New York Times" (vedi "Corriere della Sera", 25 febbraio 2005. p. 35). Non dimentichiamo che sul tema del Grande Numero era focalizzata la quattordicesima edizione della Triennale di Milano, che avrebbe dovuto aprire i battenti il 30 maggio 1968.

13. Vedi Garraud Colette, *L'idée de nature dans l'arte contemporain*, Flammarion, Parigi 1994, ripr. p. 25.

14. Marrocco partecipa, fra l'altro, ad alcune mostre curate da Ugo Carrega al Mercato del

Sale di Milano (*Lettere documento di artisti*, 1976; *La Nuova Scrittura*, 1977; *Scrittura attiva*, 1979) e all'ampia rassegna *Testuale*, curata da Luciano Caramel e Flavio Caroli alla Rotonda della Besana di Milano nel 1979. Vedi Caramel Luciano – Caroli Flavio, *Testuale. Le parole e le immagini*, cat. della mostra, Gabriele Mazzotta editore, Milano 1979.

15. Comunicazione personale dell'artista, 18 settembre 2001.

16. Comunicazione personale dell'artista, 4 febbraio 2004.

17. Vi espongono pure Max Bill, Josef Albers, Jean Arp, Jean Delahaut, Victor Vasarely, Cioni Carpi, Richard Mortensen, Carlo Manini, Alberto Seassaro, Giovanni Valentini e Ugo La Pietra.

18. Comunicazione personale dell'artista, 18 settembre 2001.

19. Fagone Vittorio, a cura di, *Arte e cinema. Per un catalogo di cinema d'artista in Italia 1965-1977*, Marsilio editori, Venezia 1977, p. 97. Gli altri due punti sono "un viaggio domenicale nella bassa padana che fruttò cento metri di balli popolari e due ottime inquadrature di girotondi ora nel film" e "il sorriso di una ragazza con le labbra color mattone e la pelle bianca [...]". Vedi pure Meneguzzo Marco, Thea Paolo, *Verso l'arte povera*, cat. della mostra, Milano, Padiglione d'arte contemporanea, Electa, Milano 1989, p. 149.

20. Pur essendo spesso a torto trascurato anche dalla stessa storiografia artistica italiana, a decenni di distanza questo evento di una giornata che fu *Campo urbano* assume un ruolo di primo piano fra le manifestazioni storiche dell'epoca. Per un'analisi critica e documentata dell'evento e di altre manifestazioni coeve, ugualmente ambientate all'aperto in contesti periferici, vedi: Acocella Alessandra, *Avanguardia diffusa. Luoghi di sperimentazione artistica in Italia 1967-1970*, Quodlibet / Fondazione Passaré, Macerata 2016.

21. Caramel Luciano, in Caramel L. - Mulas U. - Munari B. (a cura di), *Campo urbano. Interventi estetici nella dimensione collettiva urbana. Como 21 settembre 1969*, Editrice Cesare Nani, Como 1970. Si veda anche G. Curonici, "Arte e città. Como", in "L'uomo e l'arte", 1, aprile 1971, pp. 31-32.

22. Ricorda Marrocco, da me interpellato in merito: "Invece di accettare il denaro previsto per la nostra azione, pensammo di sostituire

il cancello. L'oratorio ci offrì poi un pranzo". Comunicazione personale dell'artista, 18 settembre 2001.

23. Caramel Luciano - Mulas Ugo - Munari Bruno (a cura di), *op. cit.*, 1970.

24. Caramel Luciano, *op. cit.*, 1996, p. 22.

25. Restany Pierre, *La rivoluzione blu è in marcia*, in Restany Pierre (a cura di) *Nouveaux Réalistes Anni '60. La memoria viva di Milano*, Mazzotta, Milano 1997, p. 21.

26. Vedi ad esempio Caramel Luciano, "Arte e città. Milano", in "L'uomo e l'arte", 1, aprile 1971, pp. 29-30. Nello stesso servizio anche Bruno Munari lamentava l'occasione mancata della grande manifestazione milanese, contrapponendo ad essa quella organizzata dalla Sincron a Sant'Angelo Lodigiano, dove i contadini del luogo avevano partecipato con entusiasmo all'allestimento di un grande banchetto collettivo, espressione dei loro problemi concreti. Vedi Munari Bruno, "Arte e città. Sant'Angelo Lodigiano", in "L'uomo e l'arte", 1, aprile 1971, p. 30.

27. "I mercanti d'arte. Guido Le Noci: notizie e opinioni", in "Domus", n. 395, ottobre 1962, pp. 35-37, riportato in Gualdoni Flaminio - S. Mascheroni, *Miracoli a Milano 1955/1965 Artisti Gallerie Tendenze*, cat. della mostra, Milano, Museo della Permanente, Milano 2000, pp. 188-191.

28. Elio Marchegiani nasce a Siracusa nel 1929 da genitori siciliani. Nel 1934 è a Livorno con la famiglia, dove trascorre l'infanzia e la giovinezza e inizia a dipingere da autodidatta. Dopo gli studi classici si iscrive alla Facoltà di Giurisprudenza all'Università di Pisa. Ventunenne, partecipa alla Mostra della caricatura a Livorno, iniziando a frequentare un certo ambiente artistico della città. Decisivo è però l'incontro con Mario Nigro e quindi con Gianni Bertini, il quale lo spinge a tentare l'avventura artistica a Milano, a Roma e a Bologna. La sua prima personale è alla galleria Giraldi di Livorno nel 1958. A Firenze fa parte del "Gruppo 70", iniziando una solidale amicizia con Giuseppe Chiari. L'attenzione a Giacomo Balla, Marcel Duchamp e Lucio Fontana e ai legami fra scienza e immagini costituiscono la base di tutto il suo futuro lavoro, intessuto fin dall'inizio di una costante tensione ironico-trasgressiva. Dopo la ricerca sul movimento e la luce, l'idea di tecnologia come poesia lo porta a un'analisi ancora più attenta del suo lavoro con opere

e ambientazioni (vedi *Le Mosche*, 1969 con
Giorgio Celli e Bruno D'Amore. *Cultura è energia*,
1971 con Pierre Restany e Giorgio Cortenova).
Prende a frequentare matematici e scienziati,
traendo nuovi spunti di approfondimento del
proprio lavoro. La serie delle *Gomme* (eseguita
tra il 1971 e il 1973) precede il periodo in cui si
dedica alle *Grammature di colore* e alle ricerche
sui supporti (pelle, pergamena, intonaco,
lavagna). Le *Grammature di colore* (sintesi
astratto-geometrica dell'affresco italiano)
restano un costante riferimento di ricerca che
l'artista considera obbligatorio nel suo fare
("fare per far pensare"). E' stato docente della
Cattedra di pittura presso l'Accademia di Belle
Arti di Urbino, da lui diretta dal 1983 al 1988.
Attualmente vive e opera a Pianoro Vecchio sui
colli bolognesi.

29. Vedi *Elio Marchegiani. Fare per far pensare*,
cat. della mostra, Livorno, Museo Civico G.
Fattori Villa Mimbelli, Livorno 1998, pp. 28-29.
Anche Marchegiani, che trascorrerà buona
parte degli anni Settanta a Milano, come
Marrocco proviene da esperienze informali poi
sfociate in ricerche cinetiche e programmate,
analogamente fondate su un'idea di tecnologia
come poesia, però con una declinazione pop e
spettacolare. Anche Marchegiani, dopo il 1968,
si volge a una teatralità espressa sia in azioni
compiute in strada sia in installazioni-ambiente
allestite all'interno di spazi espositivi. È il caso,
appunto, della mostra del 1969 sopra citata o,
nella stessa sede (dove peraltro Marchegiani
aveva tenuto la prima personale nel 1966), della
personale *Cultura è energia*, curata da Pierre
Restany e Giorgio Cortenova nel 1971.

30. Giovanni Rubino nasce a Napoli nel 1938
e dalla fine degli anni Sessanta vive a Milano.
Personaggio eccentrico ed estraneo al circuito
artistico tradizionale, ha sempre creduto in
un'arte sociale, implicata nei grandi eventi
storici. Quindi ha partecipato in prima persona
a varie situazioni di lotta, spesso esprimendole
in opere video e in fitte sequenze di disegni
figurativi ("Io disegno da mattina a sera, è come
se parlassi dialetto" ammette l'artista), mezzi
a suo parere di insuperabile immediatezza
comunicativa. In rapporto con Nanni Balestrini,
Emilio Villa, Corrado Costa, seguì per anni
le attività della Galleria di Porta Ticinese,
che si conclusero con la memorabile *Mostra
incessante per il Cile* alla Rotonda della Besana
nel 1977. Fu presente alla Biennale Venezia del
1976 con il Collettivo Autonomo Pittori di Porta

Ticinese. Ricordiamo, fra i suoi interventi nel
sociale, l'occupazione del teatro dell'Opera di
Reggio Emilia nell'autunno del 1967, l'intervento
al Petrolchimico nel 1973, l'occupazione della
chiesa sconsacrata di San Carpoforo a Milano
per farne un centro culturale, fino al soggiorno
in Ucraina nel 2005.

31. Rubino Giovanni, Costa Corrado,
Mortedison, con Italo Sbrogiò, Dario Faccino,
Ettore Tibaldi, "extra", collana diretta da
Carmine Benincasa e Corrado Costa, editrice
Magma, Roma 1973.

32. Dopo le prime esperienze in un Salento
assai arretrato, Giovanni Valentini (Galatina,
Lecce, 1949) si ritrova in una situazione di
forte isolamento e con Marrocco, conterraneo
e amico, compie un primo trasferimento a
Milano. Vi si stabilisce soltanto alcuni anni dopo,
individuando i suoi punti di riferimento, oltre
che in Lucio Fontana e Piero Manzoni, in Gianni
Colombo e Davide Boriani. Negli anni Settanta
vale la pena ricordare un altro evento milanese:
la presentazione dello *Studio per l'olfatto* in
una personale alla Galleria Internazionale "La
Darsena" nell'ottobre 1974, quando Valentini
allestisce un laboratorio sperimentale in cui
sono presenti 4000 aromi e profumi provenienti
da tutto il globo terrestre. Per uno sguardo
completo sulla sua attività: *Giovanni Valentini.
Cyborg Astrophysics. 50 anni di avanguardia*,
Fondazione D'Ars Oscar Signorini Onlus, Milano
2010.

33. Poche settimane dopo, nell'aprile 1971,
Marrocco allestisce una mostra personale dal
titolo *Uomo e formica* alla Galleria 2000 di
Bologna, proponendo un habitat simile a quello
presentato a Milano e riscuotendo ampia eco
nel mondo dell'arte. Tornerà in questa sede nel
1976, presentando un libro trasparente riempito
di larve di mosca canaria.

34. "Armando Marrocco. L'uomo e la formica.
Giovanni Valentini. Cyborg e il mondo vegetale",
in "Humandesign", II, 5, gennaio-febbraio 1971,
p. 12. Il manifesto di Valentini, *Cyborg e il
mondo vegetale*, recita invece:

"Esperienze al microscopio / Il linguaggio delle
cellule (il significato del DNA - il meccanismo
della ripetitività)/ La "doppia elica" - la
"memoria genetica" con idee sul suo sviluppo
ecc.)/ Distillazioni bio-chimiche di tessuti
organici/ Piante vive - cibernetica del mondo
vegetale - la morfologia delle piante e il suo
significato biologico-estetico/ La biosfera:

atmosfera-litosfera-idrosfera - i cicli geochimici e i rapporti con le piante e la materia organica - l'attuale nefasto influsso sull'uomo nel rapporto ecologico/ Studi propedeutici sui batteri protozoi-anellidi-platelminti-dafnie-copepodi-isopodi ecc..../ Avviare o ravvivare un dialogo con la natura, aprire alla comprensione di un nuovo equilibrio ecologico, che l'uomo moderno con il suo mondo artificiale e la società industriale con le sue speculazioni stanno fatalmente smarrendo".

35. De Matteis Liliana, Maffei Giorgio, *Libri d'artista in Italia 1960-1998*, Regione Piemonte, Torino 1998, p. 159, n. 1655.

36. *Calendario di Armando Marocco*, prologo e commenti di Toti Carpentieri e un'introduzione di Pierre Restany, Edizioni Apollinaire, Milano 1975, p. 6.

37. Carpentieri Toti, *Prologo*, in *Calendario di Armando Marocco*, op. cit., 1975, p. 11.

38. Affrontano esplicitamente problematiche ambientali alcune opere e performances compiute da Marrocco in quegli anni, in occasione delle manifestazioni *Pollution* e *Operazione Vesuvio* (1972) o della propria personale alla Galleria Trianon di Bologna (1973).

39. Il termine "comportamento" ebbe la sua consacrazione definitiva nella mostra *Opera o comportamento*, curata da Francesco Arcangeli con la collaborazione dello stesso Barilli nell'ambito della Biennale di Venezia nel 1972, ove rappresentava la sezione italiana.

40. Barilli Renato, *Tra presenza e assenza. Due modelli culturali in conflitto*, Bompiani, Milano 1974, p. 199 e R. Barilli, *Tra presenza e assenza. Due ipotesi per l'età postmoderna*, Bompiani, Milano 1981, p. 199. Barilli chiude questa nota reinviando a *Etologia ed estetica* di G. De Crescenzio, apparso su "Marcatré", e ricordando come il mondo vegetale sia al centro pure delle ricerche dello statunitense Mel Bochner.

41. Il video dell'evento romano verrà presentato nella mostra *Camere incantate, espansione dell'immagine*, curata da Fagone nel 1980 a Palazzo Reale di Milano. Vedi Fagone Vittorio (a cura di), *Camere incantate, espansione dell'immagine*, cat. della mostra (Milano, Palazzo Reale, 15 maggio - 15 giugno 1980), Milano 1980.

42. Farina Franco, *Introduzione*, in Farina Franco (a cura di), *Armando Marocco. I cavalieri ardenti (Ricordi dimenticati)*, cat. della mostra (Ferrara, Centro Attività Visive Palazzo dei Diamanti, 15 maggio-6 giugno 1977), Ferrara 1977. L'esposizione era realizzata con la collaborazione della Galleria International Arts di Roma.

43. Marrocco Armando, *I cavalieri ardenti (Ricordi dimenticati)*, in Ivi. Nel dicembre dello stesso anno, sempre a Palazzo dei Diamanti, Barilli, Dorfles e Restany presentano *Il volto urbano*, un videotape di Empio Malara, Gianni Drago, Armando Marocco, Vittorio Gobbi, prodotto dalla Galleria Civica d'Arte Moderna.

44. *L'Opera dei Celebranti. Progetto di statuto*, agosto-ottobre 1978. Riportato in Pasquali Marilena (a cura di), *L'Opera dei Celebranti: discorso sul museo*, cat. della mostra, Palazzo Bosdari, Ancona, aprile-maggio 1979, Stabilimento Tipo-litografico Trifogli, Ancona 1979, p. 98.

45. Nella Chiesa di Sant'Agostino a Piacenza, nel Santuario della Madonna del Pozzo a Capurso, alla Galleria Civica d'arte moderna di Modena, all'Istituto Italiano di Cultura a Parigi - con gli interventi di Pierre Restany, che presenta il *Manifesto del Rio Negro o Naturalismo Integrale*, e di Franco Solmi che espone le linee del *Manifesto dell'Opera dei Celebranti* - e infine nel Palazzo Bosdari ad Ancona.

46. Vedi l'ampia monografia Gemma Raffaele, *Armando Marrocco Artecontemporanea*, Silvia editrice, Cologno Monzese 2007. Un precedente importante del discorso alchemico è costituito dall'azione *Rivelazione*, che ebbe luogo alla galleria Seconda Scala di Roma nel maggio 1975 e alla galleria del Milione a Milano nel gennaio 1976. Esperienze che hanno fatto spesso parlare di lui come artista-sciamano.

47. Si vedano le interviste a Rosario Scrimieri e a Tommaso Trini in Fontana Sara, 2017, op. cit., 2017, pp. 271-295; 341-361.

48. Comunicazione personale dell'artista, 4 febbraio 2004. Nella seconda metà degli anni Ottanta Costa e Marrocco parteciperanno per breve tempo al gruppo "Assemblaggi", con Ettore Consolazione, Giuliano Giuman e Mario Nanni, artisti che utilizzano linguaggi diversi.

49. Dodaro Francesco Saverio, *Ghen*, in *Dentro/Fuori luogo*, testi di Angelo Izzo, Roberto Menarini, cat. della mostra, Casarano (Lecce), Palazzo D'Elia, febbraio-luglio 1980, Editrice Salentina, Galatina 1980.

50. Comunicazione personale dell'artista, 4 febbraio 2004.

51. Vedi Izzo Angelo, in *Dentro/Fuori luogo*, cit., 1980, pp. 13-14.

52. *Ab Origine - presenze pugliesi nell'arte contemporanea*, cat. della mostra, Studio Carrieri, Martina Franca, 19 febbraio-15 aprile 1983, Laterza, Bari 1983, p. 72.

53. *Motivazioni*, in Ivi, pp. 6-7.

54. *Motivazioni*, in Ivi, p. 8.

55. Una dichiarazione che ricorda la risposta data da Paradiso a Pietro Marino dopo le polemiche scatenate dalla performance del toro alla Biennale di Venezia del 1978: "Ma a me importava essere capito innanzi tutto da chi se ne intende. Ti racconto un episodio per tutti. Rauschenberg [...] mi abbracciò e mi disse: "Noi artisti siamo tutti provinciali. Quando riusciamo a toccare la verità della nostra provincia e la portiamo nell'arte, allora siamo veramente artisti. E tu l'hai fatto". Riportato in Paradiso Antonio, *Teatro antropologico. La vita, l'usura, la morte*, in proprio, Milano 1980, p. 90.

56. *Motivazioni*, in *Ab Origine* ... , cit., 1983, pp. 9-10.

57. Nella mostra *Ab Origine* Ignazio Gadaleta presenta *Tre pennellate d'azzurro*, un'opera del 1981 (olio su tela, tavolozza e pennello, cm 210 x 280 x 65), appartenente alla sua fase concettuale ma emblematica di un interesse per la spazialità ambientale che insieme a quello per il colore e al recupero delle proprie radici caratterizzerà sempre le sue ricerche.

58. Nel centro storico di quest'isola grecanica del Salento, collocano le loro opere i cinque scultori salentini Fernando De Filippi, Armando Marrocco, Ercole Pignatelli, Enrico Scippa, Giovanni Valentini e, inoltre, Nicole Gravier, un'artista di origini francesi ma legata al Salento. Artisti che da tempo lavorano a Milano, autonomamente uno dall'altro, e che in questa occasione hanno lavorato *en plein air*, raggiungendo un risultato coerente e unitario, anche - sottolineò un quotidiano locale - "per quelle misteriose affinità elettive che affiorano da una comune matrice antropologica". Marrocco realizza *La fontana degli angeli*, una struttura costituita dai grandi vasi nei quali si raccoglieva l'olio spremuto dalla macina. Vasi denominati, nel dialetto locale, "augeli".

59. Caramel Luciano, *Radici: del sud e dal sud*, in Caramel Luciano – Orienti Sandra (a cura di), *Premio Michetti 89. Radici. Del sud, dal sud: quindici artisti giovani. Quarantunesima mostra di pittura Francesco Paolo Michetti*, cat. della mostra (Francavilla al Mare, 15 luglio - 31 agosto 1989), Fondazione F. P. Michetti, 1989, s.p. Al Premio partecipa anche, tra l'altro, Ignazio Gadaleta.

60. La Pietra Ugo, *La sinestesia delle arti 1960-2000*, introduzione di Vittorio Fagone, testimonianze di Gillo Dorfles, Eugenio Battisti, Pierre Restany, Maurizio Vitta, Gianni Pettena, Enzo Biffi Gentili, Aldo Colonetti, Milano, Mazzotta 2001, pp. 232-237.

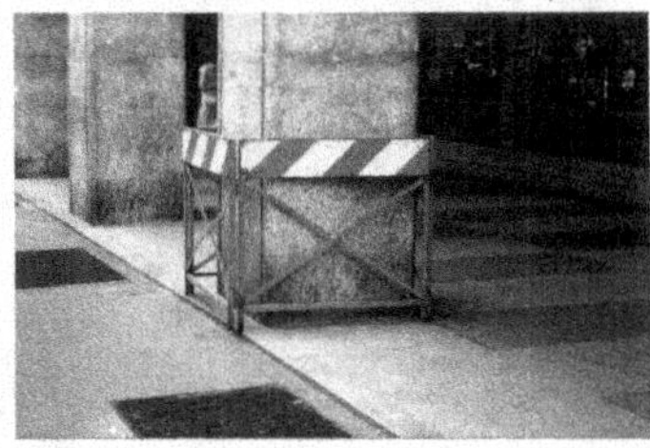

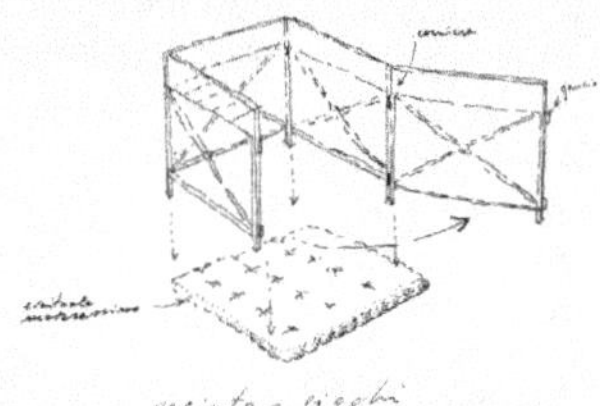

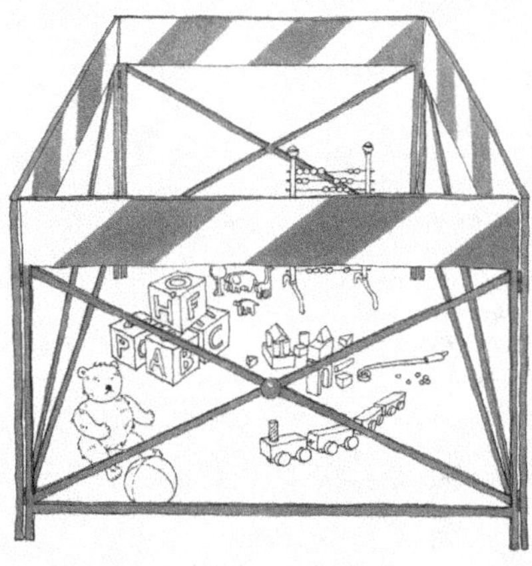

Ugo La Pietra, *Attrezzature urbane per la collettività*, 1979
Courtesy Archivio Ugo La Pietra

Ugo La Pietra

In sei decenni di attività Ugo La Pietra (Bussi sul Tirino, Pescara, 1938) è
stato pittore, architetto, designer, si è occupato di arti applicate, ha fatto del
cinema, ha suonato il clarinetto in orchestra ed è stato direttore di una decina
di riviste. Nell'ambito delle arti visive ha partecipato, tra l'altro, al gruppo
del Cenobio, alla Poesia Visiva, all'Arte nel sociale e al cinema d'artista
(due fenomeni, questi ultimi, che La Pietra ha contribuito a consolidare
attraverso rassegne organizzate al Centro Internazionale di Brera) e fin dalla
seconda metà degli anni Sessanta ha avviato le prime ricerche di carattere
antropologico e sociologico[1].

Che ci si trovi di fronte a una personalità artistica sfaccettata lo confermano,
oltre alla sua opera, il fatto che tra gli anni Sessanta e gli anni Settanta La
Pietra esponga in un circuito di gallerie che incrocia quasi tutti gli artisti
qui considerati. Basti citare le mostre al Cenobio dal 1962, le personali del
1970 da Toselli, del 1971 alla Galleria La Bertesca di Genova e presso la
sua gemella Modulo a Milano, del 1975 alla Galleria Unimedia di Genova.
Questa versatilità è tra le ragioni della presenza di La Pietra, apparentemente
anomala, in tale contesto, e nello stesso tempo è tra le cause della sua
inafferrabilità, complice il suo continuo riprendere e aggiornare concetti e
teorie da lui formulati fin dalla seconda metà degli anni Sessanta. Costante è
tuttavia lo spirito di ricerca che ha sempre animato il suo lavoro, dai dipinti
segnico-informali di fine anni Cinquanta, vicini alle opere di Lucio Fontana
e di Umberto Milani, alle ironiche installazioni in ceramica di qualche
decennio dopo[2].

1 *I gradi di libertà* e *Recupero e reinvenzione*, 1969-1976

Si è già accennato, a proposito di Marrocco, agli esordi di La Pietra
con il gruppo del Cenobio, alle sue prime mostre alla Galleria Visualità
e all'esposizione *Modelli di fruizione. La Pietra, Marrocco, Mascalchi,
Nanni*, curata da Tommaso Trini alla Galleria La Nuova Loggia di Bologna
nel febbraio 1969. Nel frattempo, intorno al 1967, La Pietra ha intrapreso
lo studio e la definizione dei cosiddetti "gradi di libertà" reperibili
all'interno delle "strutture organizzate", stabilendo così le fondamenta di

tutto il suo futuro lavoro. È allora che egli formula la teoria de *Il sistema disequilibrante* e la concretizza in una serie di ricerche con le quali intende portare alla luce le contraddizioni del sistema, decodificarle e far leggere la realtà in modo diverso da quello abituale[3]. Questa teoria trova uno strumento insostituibile nel commutatore, che è un semplice piano inclinato regolabile, trasportabile e utilizzabile da chiunque per osservare la realtà da posizioni alternative a quelle abituali.

Una delle prime ricerche di carattere antropologico e sociologico di La Pietra è quella, risalente agli anni 1969-1970, relativa a *I gradi di libertà*, fondata sul presupposto che nella periferia urbana il sistema abbia maglie più larghe e vi siano quindi dei margini di libertà per intervenire sul territorio. La ricerca viene intrapresa nel 1969 con Livio Marzot al fine di proporre attività culturali nelle Biblioteche di Quartiere, ma sarà proseguita dal solo La Pietra, articolata in ulteriori ricerche e condotta a sviluppi inattesi. L'osservazione di elementi marginali di varie culture periferiche e praticamente sconosciute - come quelle legate alla cultura materiale urbana povera - accende in lui il desiderio di conoscere e di esplorare alcuni luoghi della città prima ignorati: "Furono anni dedicati al rilievo, ma più che rilievo era esplorazione; la città era il mio territorio. Un territorio che percorrevo organizzando "safari" sempre più sofisticati alla ricerca di percorsi, ostacoli, segnali, reperti, tracce, bellezze, pericoli e avventure"[4].

Questa indagine sui sistemi comunicativi urbani alternativi viene documentata nel libro *I gradi di libertà*, edito nel 1975 da Jabik & Colophon, e trova una sintesi godibile nella prima parte del film 16 mm *La riappropriazione della città*, prodotto dal Centre Georges Pompidou nel 1976 e presentato alla Biennale di Venezia del 1978[5]. All'inizio della pellicola una voce fuori campo dichiara "Abitare è essere ovunque a casa propria", uno slogan che La Pietra recupera dall'Internationale situationniste e che utilizza spesso nelle sue opere degli anni Settanta. Nella prima parte del film l'artista vuole rappresentare le difficoltà del vivere e dell'abitare all'interno di uno spazio urbano che consente poche possibilità di trasformazioe: la prima scena mostra l'artista mentre si rade, seduto al centro di una piazza milanese, protetto alla meglio dal traffico circostante. Piccoli segnali e interventi concreti sembrano invece più frequenti nella periferia, là dove il sistema è meno efficiente e dove l'appropriazione del territorio può avvenire attraverso l'uso del terreno e lo sfruttamento delle risorse naturali. In periferia l'attivazione di un desiderio represso di attività creativa si manifesta concretamente nella modificazione del territorio: si creano dei percorsi alternativi all'interno delle "smagliature" del territorio e si costruiscono case, casette, pergolati, capanni, tavoli, sedie e soprattutto orti, utilizzando materiali di recupero. Le riprese di La Pietra si soffermano a descrivere la lenta costruzione di tali baracche e il loro utilizzo,

Ugo La Pietra, *L'uso dell'oggetto. Per un comportamento creativo nei processi di riappropriazione dell'ambiente*, 1973, numero monografico di "Progettare Inpiù", I, 1, ottobre-novembre 1973. Courtesy Archivio Ugo La Pietra

mentre ricompare l'immagine dell'artista intento a radersi. Tuttavia - sembra dire La Pietra - si tratta di interventi modesti e di semplici operazioni manuali.

La seconda parte del film presenta la soluzione individuata dall'artista per intervenire nella città ed appropriarsene: possedere uno spazio implica l'esecuzione di un percorso soprattutto mentale e la pratica di una serie di esercizi intellettuali. La Pietra mostra quindi due metodi per appropriarsi dello spazio urbano, scelti fra i numerosi da lui suggeriti nel suo lungo lavoro di ricerca: la costruzione di decine di mappe della propria città da parte di altrettanti autori e la creazione di una propria topografia, fatta di monumenti e di luoghi a misura personale, derivante dalla contrapposizione tra immagini codificate e immagini decodificate. È di nuovo un desiderio represso di invenzione quello che si manifesta nelle tracce formalizzate recuperate all'interno dello spazio urbano. Anche qui la rottura di una maglia precostituita e imposta avviene attraverso itinerari liberamente scelti secondo necessità e intenzionalità finalmente liberate dai percorsi convenzionali, programmati dagli urbanisti.

Uno dei percorsi di approfondimento della ricerca *I gradi di libertà* è *Recupero e reinvenzione*, un processo sviluppato da La Pietra fra il 1970 e il 1975 e che è di nuovo un'esemplificazione di come gli scarti della società dei consumi possano essere recuperati e trasformati liberamente, reinventando oggetti ma anche orti e casette. Introducendo il volume edito nel 1976, Enrico Crispolti pone in evidenza le caratteristiche del lavoro di La Pietra nell'ambito di quella prospettiva artistica, l'ambiente come sociale, documentata dal critico proprio in quei mesi nell'ambito della Biennale di Venezia: "[...] la presenza di La Pietra è di primaria importanza nell'insieme della sua attività, sia propriamente creativa, progettistica e analitica, sia propriamente di promozione e di riflessione metodologica, attraverso un esercizio diretto di elaborazione teorica, quanto attraverso un lavoro di organizzazione culturale sulle colonne di "In", e soprattutto di "Progettare Inpiù". Un insieme di attività [...] strettamente correlato attraverso la costante tensione appunto ad un dialogo con la realtà territoriale-sociale, intesa questa dunque non astrattamente (come puro "paesaggio, astratto o non), ma come campo di un concreto commercio sociologico". E conclude: "Resta da osservare che le indicazioni culturali alternative emergenti dall'analisi condotta da La Pietra non sono alternative nel senso oppositorio: cultura urbana/cultura agricola e rurale, ma sono alternative all'interno della stessa dimensione urbana, giacché offrono modelli alternativi non appunto alla città stessa, ma all'uso della città come attualmente gestito"[6].

Il testo di La Pietra, premesse le scarse possibilità di manovra dell'operatore culturale all'interno di una società burocratica e del consumo, dove la pianificazione urbanistica non è che un mezzo di pubblicità-propaganda, trae queste conclusioni: "Verificata la realtà limitata, all'interno della quale difficilmente possiamo muoverci, occorre ipotizzare per l'individuo urbanizzato un nuovo ambito di agibilità e creatività basato non tanto sull'intervento all'interno delle strutture fisiche (possibilità che, abbiamo visto, andiamo perdendo di giorno in giorno) quanto sulla possibilità di un atteggiamento creativo in relazione agli ambiti comportamentistici e mentali. Infatti le condizioni di una società divenuta ormai totalitaria non potranno essere sostituite dal ritorno ad ideologie più o meno arcaiche: ma *"dalla liberazione di un istinto di costruzione attualmente represso in tutti"* (Internazionale Situazionista). Ciò non vuol dire che tutti debbano trasformarci [sic] in apprendisti muratori: la costruzione di cui l' I.S. parla non è tanto quella della propria casa quanto quella della propria vita, la quale non può realizzarsi senza l'autogestione totale di tutti gli aspetti dell'esistenza: "Abitare è essere dovunque a casa propria", nelle condizioni attuali nessuno abita veramente ma è "abitato" dal potere"[7].

Quindi La Pietra affronta il discorso sulle *tracce formalizzate* presenti all'interno della città *regolata*, affermando che "queste povere tracce rappresentano gli unici "poveri" risultati di un'analisi per la scoperta dei gradi di libertà che ancora esistono all'interno del sistema urbano; sono tentativi disperati e disorganici di una società che ormai non riesce più a trovare una ragione di ciò che fa, perché lo fa e dove lo fa". Spiega che "l'analisi delle tracce formalizzate recuperabili all'interno dello spazio urbano ci fa scoprire quindi come l'alterazione (la trasformazione), anche minima, dello stesso possa rivelarci un desiderio represso di invenzione e un atteggiamento creativo che ancora persiste nel comportamento dell'individuo". Infine indica alcuni "parametri di lettura" da lui messi a fuoco l'anno precedente - in occasione della personale al Mercato del Sale, intitolata appunto *Recupero e reinvenzione* -, e poi continuamente ripresi nei suoi testi successivi: il recupero, la manipolazione, l'appropriazione dello spazio, il desiderio di possesso, la reinvenzione[8].

Gli stessi parametri di lettura compariranno pure a lato del testo di La Pietra *La seconda casa di campagna (periferia di Milano)*, pubblicato nel 1979 in occasione della mostra *Fuori dalle città: le altre culture*, allestita nel maggio-giugno al Centro Internazionale di Brera. Una mostra che diviene particolarmente interessante in questo contesto poiché documenta i materiali raccolti nel corso delle esplorazioni "periferiche" di Claudio Costa, di Ugo La Pietra, del Gruppo Superstudio, di Riccardo Dalisi e del Gruppo A3, evocando situazioni generate negli anni precedenti e in larga parte già sedimentate. Si pensi, ad esempio, all'orientamento di Costa, da oltre due anni, verso altre ricerche, oppure all'impegno di La Pietra nella curatela della mostra *Spazio reale-spazio virtuale* per la sezione audiovisivi della *XVI Triennale di Milano*, inaugurata nel dicembre dello stesso anno.

Il testo di La Pietra descrive i mutamenti più evidenti percepibili allontanandosi dalla città ed evidenzia, nelle fasce periferiche, la presenza di molti spazi liberi dei quali si appropriano provvisoriamente individui che "appartengono quasi tutti alla massa di proletari immigrati spesso dalle campagne del sud, che dopo le ore di lavoro riescono a trovare la voglia e il tempo da dedicare alla poca terra che sono riusciti ad occupare. In questi individui e nella loro capacità di trasformare aridi terreni ai bordi di cantieri, di linee ferroviarie o di strade provinciali in orti ricchi di frutti è facilmente ritrovabile un rapporto con la terra che non è improvvisato, in quanto riconducibile alla loro prima natura che è quella di contadini, e al loro non del tutto represso desiderio di manipolazione". E quindi spiega: "Ciò che più caratterizza la creatività di questi individui è la capacità di riscattare tutta la miseria in cui si dibattono, attraverso il recupero e la reinvenzione di materiali, che essi raccolgono rifiutati dalla civiltà dei consumi, per la realizzazione, in infinite soluzioni, di una tipologia abitativa che anche nella sua precarietà e semplicità riesce comunque a comunicare tutta una serie di nuove e stimolanti indicazioni sul rapporto casa-individuo. In queste costruzioni si rivela così la volontà, repressa, di farsi una casa a propria misura, di trovare soluzioni al di fuori degli schemi, di reinventare materiali, oggetti e rifiuti e di farli rivivere secondo una logica che non appartiene a nessun "modello" borghese di cultura alternativa. Infatti anche se superficialmente queste costruzioni possono sembrare solo delle "baracche" per il deposito di attrezzi da utilizzare nella coltivazione del terreno, in effetti per i loro proprietari sono molto di più: esse rappresentano ciò che per il borghese medio è la seconda casa di campagna rispetto alla residenza urbana. Non è difficile, infatti, penetrando all'interno di questi piccoli spazi soprattutto il sabato o la domenica, scoprire famiglie o gruppi di amici che si intrattengono sotto il pergolato o la tettoia (realizzata con elementi eterogenei come: lastre di ondolux, gomme, tapparelle, pannelli demoliti da uno stand fieristico) che cuociono carne alla brace e mangiando e bevendo allegramente, si comportano alla fine proprio come le numerose famiglie che passano il week end al mare o ai laghi nella loro villetta di "campagna" alla ricerca dell'ormai indispensabile contatto con la natura". [...] "Oggi la domanda che ci si potrebbe porre è se siano loro i depositari di una cultura popolare nell'architettura [...]"[9].

2. L'OGGETTO TRA "GLOBAL TOOLS" E "GENIUS LOCI"

È all'interno della rivalutazione delle culture subalterne e delle tradizioni popolari intrapresa alla fine degli anni Sessanta che La Pietra diviene uno dei fondatori della "Global Tools", cioè un sistema di laboratori didattici che ha lo scopo di diffondere l'uso di materie e tecniche naturali e tutto ciò che ne consegue sul piano sociale, favorendo anche in tal caso la creatività individuale. Creata nel gennaio 1973 da un gruppo di architetti e designer "radicali" fra i quali lo stesso La Pietra, Riccardo Dalisi, Gaetano Pesce, Gianni Pettena ed Ettore Sottsass jr, con la partecipazione di Luciano Fabro e Franco Vaccari, "Global Tools" cessa l'attività nel 1975. Essa è stata un'esperienza breve ma decisiva, in prospettiva storica e in relazione all'itinerario di La Pietra, emblematica di quel momento unico e irripetibile nei rapporti fra arte e architettura, verificatosi negli anni Settanta, in cui entrambe le discipline tendono alla concettualità: "Come gli artisti non identificano più l'arte necessariamente con il manufatto, con il dipinto, anche gli architetti sostengono che l'architettura non sia necessariamente il costruito"[10].

La denuncia di La Pietra dell'estraneità di un oggetto alla sua funzione precipua finisce per coinvolgere anche singoli edifici e intere città. Nel film *Il monumentalismo* (1974), alludendo polemicamente alla corrente di pensiero e di progetto del "monumentalismo", che in campo architettonico fa capo in quegli anni ad Aldo Rossi, La Pietra cerca di rappresentare lo scollamento tra un'architettura monumentale storica (la Stazione Centrale di Milano) e il tipo d'uso che ne viene fatto quotidianamente dagli individui. Lo spazio dell'edificio viene filmato con enfatiche zoomate, accentuate da una colonna sonora estratta da un documentario degli anni Trenta dedicato alle architetture monumentali nella Roma antica. Il film diviene così una sorta di manifesto radicale contro l'architettura incapace di dialogare con l'individuo.

Risale a questi anni, e in parte condivide le istanze alternative ma socialmente impegnate degli architetti "radicali", un'inchiesta dedicata all'uso dell'oggetto condotta da La Pietra nel corso del 1973 e pubblicata quello stesso anno su un numero monografico della rivista "Progettare Inpiù". Sempre più scettico verso le possibilità concesse ai nostri bisogni dalla rigida organizzazione della società, egli decide di analizzare le ragioni profonde e le finalità del "desiderio dell'oggetto"[11].

Elabora una scheda modello contenente la fotografia del personaggio interpellato e degli interni della sua abitazione e, accanto, il disegno dell'oggetto "desiderato". Quindi sottopone la scheda a cinquecento persone di diversa estrazione sociale (tra i quali, ad esempio, Aldo Tagliaferro, Ciacia Nicastro, Alessandro Mendini e Gianni Emilio Simonetti) e ne trae dei dati sociologicamente significativi.

Vale la pena di ricordare, anche se l'osservazione meriterebbe un ulteriore approfondimento, che già nel 1972 sulla rivista "In"[12] venivano segnalate le teorie di Charles Jencks e Nathan Silver, il primo critico e storico dell'architettura e il secondo architetto, autori nel 1972 di *Adhocism: The Case for Improvisation*[13]. Il termine "adhocism" deriva da "ad hoc", che significa "per questo" o "per quello" specifico bisogno o proposito; apposta;

appositamente. Premesso che l'adhocism è sempre esistito (basti pensare a Robinson Crusoe e al suo riuso dei relitti del naufragio), è evidente che la cultura dell'adhocism veniva a trovarsi in piena sintonia con la sensibilità di La Pietra e della nascente "Global Tools": principio vitale del design nel quotidiano spirito di improvvisazione che spinge a fare di una bottiglia un portacandela o di un libro un fermaporta, ma anche forza potenziale nell'affrontare qualsiasi attività, ludica o seria.

L'incontro di La Pietra con i "radicali" è favorito dalla comune rivendicazione, fin dagli anni Sessanta, di un rinnovato rapporto con la cultura del fare e, quindi, dal comune avvicinamento alla cultura contadina e in generale alle culture delle periferie. Approfondendo poi per conto proprio queste analisi, e sviluppandole lungo tutto il suo itinerario creativo, La Pietra riscontrerà una forte presenza di questa realtà in numerosi contesti, in alcuni casi marginali geograficamente ma spesso perfettamente inseriti nel sistema di produzione industriale. Non a caso dalla metà degli anni Ottanta il recupero di tecniche e materie povere e naturali assumerà per lui un carattere di indagine sistematica, spinto dal richiamo del *genius loci*. Sarà allora che La Pietra intraprenderà un lavoro impegnativo e in un certo senso "controcorrente" rispetto al mondo dell'arte e a quello del design, coinvolgendo le produzioni dell'artigianato di tradizione di diverse aree territoriali (alabastro di Volterra, marmo di Carrara, vetro di Murano, ceramica di Faenza, mosaico di Monreale, pietra leccese, pietra lavica, pietra lavagna, mobile di Cantù ecc.). Un lavoro che si identifica con il recupero della cultura materiale e della cultura del fare, che erano state abbandonate dal mondo dell'arte e da quello del design, ristabilendo un dialogo con il pensiero e con il progetto. Un lavoro lungo e faticoso, che ha portato alla realizzazione di circa due migliaia di oggetti.

3. Arte nel sociale: da *Campo Urbano* alla Triennale di Milano del 1979

In relazione agli studi di Crispolti già ricordati, nell'arte italiana degli anni Settanta merita un cenno anche il fenomeno "arte nel sociale", che negli anni Settanta vide tra i pionieri proprio La Pietra e i cui interessi teorici e le cui pratiche operative in parte si legano - secondo lo studioso - alle intenzioni dell'"Arte antropologica".

Alle origini del fenomeno "arte nel sociale" in Italia La Pietra pone la manifestazione *Campo Urbano*, cui egli stesso partecipa nel settembre 1969[14]. Rivolgendosi alla città, anzi alle "relazioni microurbane", a Como La Pietra costruisce una propria strada all'interno del vano stradale di Corso Vittorio Emanuele, tra i più legati al sistema commerciale (*Allora: copro una strada, ne faccio un'altra, trasformo gli spazi originari, cambio le condizioni di comportamento*). Mediante una struttura lignea a sezione triangolare, ricoperta da fogli di plastica nera, per dodici ore isola la via e nasconde i negozi. Nel testo pubblicato in catalogo, l'artista denuncia la "mancanza di quegli "spazi collettivi" che svincolati dalla servitù dei sistemi urbani, siano in grado effettivamente di determinare un intenso coinvolgimento vitale, attraverso strutture capaci di stimolare i comportamenti il più possibile liberi e vitali". Da qui la sua volontà di realizzare un'opera "segnale", "un segnale espresso in termini spaziali", pienamente consapevole del fatto che "non basta liberare una strada dal traffico automobilistico per poter ritrovare quei valori di cui da tempo ci sfuggono i significati [...], ma occorre ricuperare degli spazi che effettivamente possano contenere all'interno della città "regolata" quei gradi di libertà, quegli elementi di azzardo capaci di garantire, attraverso il libero comportamento, il ritrovamento di un ambito decisionale autonomo ed individuale"[15]. La strada così costruita rappresenta un "modello di comprensione" appartenente al "Sistema disequilibrante", la teoria nata dal rifiuto di La Pietra di operare entro la logica del sistema e dalla sua individuazione di operazioni estetiche che possano infrangere schemi precostituiti. Come spiegherà più tardi l'artista: "Il modello acquistava il significato di "segnale", in quanto rappresentava la volontà di recuperare (per sottrazione) spazio ai sistemi urbani (a quello commerciale in particolare); esso si poneva come tentativo di segnalare alla massa urbanizzata un problema: lo spazio collettivo all'interno della città regolata dai 'sistemi'"[16]. Luciano Caramel, curatore della manifestazione, accomuna l'intervento di La Pietra a quello del gruppo coordinato da Attilio Marcolli, non a caso entrambi architetti, sia per la ponderata valutazione preliminare dei tempi e delle possibilità economiche loro consentiti, sia per "l'aspirazione a recuperare per la città una dimensione più umana, meno compromessa dai condizionamenti imposti dal ciclo produzione-consumo"[17].

È noto che una panoramica pressoché completa delle manifestazioni di "arte nel sociale" viene data da Enrico Crispolti nel Padiglione Italia in occasione della Biennale di Venezia del 1976, dedicata al tema dell'ambiente. Qui La Pietra viene incluso nella sezione *Riappropriazione urbana individuale*, insieme al Gruppo Salerno 75, a Fabio De Sanctis e al Gruppo di Coordinamento. Una sezione che, secondo Crispolti, a differenza di *Ipotesi e realtà di una presenza urbana conflittuale* (Nino Giammarco, Francesco Somaini, Mauro Staccioli), mira a "un rapporto di esplorazione articolata e flessibile, attenta alla riscoperta dell'episodio e del particolare, in una sorta di continuità d'interesse tutto ipotetico, inteso a cogliere la concreta semiologia urbana sociale. Costante vi è appunto il modo interrogativo dell'individuo che si riappropria di una realtà autentica entro il labirinto dei codici consumistici, ma scoprendone di alternativi, di sotterranei, di emarginati"[18].

Parallelamente, in una Milano in cui fioriscono i collettivi e gli spazi culturali autogestiti[19], tra il 1976 e il 1977 La Pietra organizza una serie di mostre e seminari sul tema "Arte e società" al Centro Internazionale di Brera, con la partecipazione, fra gli altri, di Ettore Pasculli, Franco Mazzucchelli, Gruppo Salerno 75, Aurelio Natali, Riccardo Dalisi, Collettivo Autonomo Pittori di Porta Ticinese, Giuliano Mauri, Maurizio Vitta e Davide Boriani. Inoltre La Pietra è tra i firmatari, insieme a Fernando De Filippi, Armando Marrocco, Emilio Tadini, Adriano Altamira, Gianfranco Pardi, Ugo Carrega e altri artisti gravitanti sul capoluogo lombardo, dello statuto della Cooperativa Maroncelli, fondata sull'autogestione, la vendita di cartelle e altre iniziative, ma purtroppo di effimera durata.

Un ruolo fondamentale in questa direzione giocano pure le riviste dirette da La Pietra, in particolare "Fascicolo" e "Brera Flash", che accolgono numerosi interventi dedicati all'arte nel sociale e alle attività periferiche e alternative[20]. I quaderni speciali inaugurati in occasione della citata mostra *Fuori dalle città: le altre culture* proseguono invece grazie alla rassegna *Post no bills (segnali urbani)*, curata da La Pietra e da Fernando De Filippi e ospitata, in quello stesso 1979, nell'ex chiesa di San Carpoforo. Una mostra costituita da un'abbondante quantità di segni effimeri realizzati nella città da artisti di tutto il mondo, opere che utilizzano come veicolo il manifesto, la scritta, il volantino, la pittura murale, vale a dire supporti appartenenti al mondo dei messaggi urbani, stravolti e usati con intenzioni artistiche[21].

Il 1979 si chiude con l'apertura della XVI edizione della Triennale di Milano, in cui La Pietra, avendo avuto l'incarico di progettare l'area tematica *Lo spazio audiovisivo*, concepisce la mostra *Spazio reale-spazio virtuale*, cercando di favorire un atteggiamento creativo in relazione agli ambiti comportamentistici e mentali. La Pietra indica fra i suoi strumenti principali l'uso dell'immagine "intesa come strumento disvelatore delle situazioni in cui l'utilità e l'abitudine hanno creato una struttura di comportamento rigida" e spiega come "i mezzi audiovisivi possono diventare gli strumenti più adatti per queste operazioni", precisando che la sua mostra non ha alcuna pretesa di completezza sul tema[22]. Accanto agli interventi "esemplari" di Franco Vaccari, Paolo Gioli, Davide Boriani e Alessandro Mendini, lo stesso La Pietra firma nove installazioni che ripercorrono parte della sua attività degli anni Settanta, a partire dal film *La grande occasione* del 1972, e rappresentano una nuova e originale lettura di molte tematiche da lui sviluppate da tempo. Ad esempio *Paletti e catene* presenta diversi elementi di arredo domestico (tavolo, sedie, armadio, letto, divano, cassettiera) realizzati con i tanto deprecati "paletti e catene", che all'epoca, nello spazio pubblico della città di Milano, circondavano molte aree in attesa di essere poi qualificate, con la funzione di dissuasori di sosta. Di questi simboli di violenza e separatezza, lontanissimi da una cultura dell'abitare, La Pietra offre una lettura ironica e godibile nel film *Interventi pubblici per la città di Milano*, realizzato proprio in occasione della Triennale e presentato nell'installazione *Attrezzature per la collettività*. Nel film egli intende evidenziare lo scollamento esistente tra lo spazio privato e lo spazio pubblico urbano. Ripetendo la frase sottratta all'Internationale situationniste "Abitare è essere ovunque a casa propria", egli mostra varie possibilità di trasformazione e riconversione di questi paletti e catene in oggetti di arredo domestico, ambientati in una villa sontuosa sul lago di Como. *Abitare è essere ovunque a casa propria* è anche il titolo dell'installazione in cui La Pietra presenta cinquanta opere di riconversione progettuale, in cui attrezzature normalmente usate per la segnaletica urbana vengono riprogettate, stravolgendone la loro destinazione e trasformandole in strutture di servizio per lo spazio domestico (un tavolo, una sedia, un recinto-giochi, una libreria, una doccia). L'installazione *Istruzioni per l'uso della città* è composta sia da una quarantina di mappe costruite da altrettanti autori, facendo riferimento alle istruzioni del recente libretto di La Pietra *Istruzioni per l'uso della città* (1978), sia dal film *La riappropriazione della città*[23]. La ricerca di una contaminazione fra le due categorie comportamentistico-spaziali "spazio pubblico" e "spazio privato" si ritrova infine nell'installazione *Un pezzo di strada nella stanza o un pezzo di stanza nella strada?*, nella quale - avverte La Pietra -, le contaminazioni formali (le sedie sulla strada) alludono anche e soprattutto a quelle comportamentistiche.

1. Vedi la recente monografia pubblicata in occasione della mostra *Abitare è essere ovunque a casa propria* al Maga di Gallarate: Meneguzzo Marco (a cura di), *Ugo La Pietra. Il segno randomico. Opere e ricerche 1958/2016*, Silvana Editoriale, Cinisello Balsamo (MI) 2016.

2. Su questo concetto della ricerca e sull'opportunità che un vero ricercatore non si ponga mai degli obiettivi prefissati, rischiando in tal modo di mancarli, è impostato anche il film del 1974, *La ricerca della mia identità*, un film curioso, costituito semplicemente dal montaggio rapido dei diversi volti di La Pietra, da quando era bambino fino al 1974, cogliendone i continui mutamenti.

3. Per un'analisi dei cicli di opere che si susseguono in questi anni, si veda l'attenta ricostruzione in Scotini Marco (a cura di), *Ugo La Pietra. Campo tissurato. I segni e l'urbano 1964-1972*, Archive Books, Berlino 2017.

4. La Pietra Ugo, *La sinestesia delle arti 1960-2000*, introduzione di Vittorio Fagone, testimonianze di Gillo Dorfles, Eugenio Battisti, Pierre Restany, Maurizio Vitta, Gianni Pettena, Enzo Biffi Gentili, Aldo Colonetti, Milano, Mazzotta 2001, p. 68.

5. Fagone Vittorio, *"Arte e cinema", opere storiche, documenti e materiali attuali (1916-1978)*, in *La Biennale di Venezia 1978....*, cit., 1978, p. 243.

6. Crispolti Enrico, *Per un comportamento creativo nei processi di riappropriazione dell'ambiente: analisi e interventi di Ugo La Pietra*, in La Pietra Ugo, *Recupero e reinvenzione 1969-1976*, edizioni Grafica Mariano, Milano 1976, s. p.

7. La Pietra Ugo, *I gradi di libertà*, in La Pietra Ugo, *Recupero ...*, cit., 1976, s. p.

8. "Il recupero: individuazione di luoghi dove la società dei consumi accumula i propri rifiuti e le proprie scorie. Recupero intenzionato e contemporanea scoperta (dovuta alle sollecitazioni di ciò che di volta in volta è possibile trovare) di elementi disponibili. La manipolazione: desiderio di recuperare, attraverso attività manuali, quelle facoltà creative atrofizzate dalla *società del lavoro*. Tentativo di provare come si fa "a fare" usando (spesso violentando) ciò che non ci viene dato come "disponibile". L'appropriazione dello spazio: recupero di uno spazio provvisoriamente disponibile e sviluppo di una "creatività" applicata ad un territorio in cui si ritrovano in embrione tutti i parametri che caratterizzano l'intervento dell'individuo nella definizione del suo ambiente: la proprietà; l'uso del terreno; lo sfruttamento delle risorse naturali, le attrezzature fisse, i percorsi, i confini ecc... Il desiderio di possesso: sottrazione di spazio e identificazione di una certa disponibilità di definizione dello stesso, mediante un'azione individuale ed autonoma, garantita attraverso l'espressione della proprietà privata. Dall'analisi sul territorio urbano (es. Milano) si può notare come esista un vero e proprio diagramma dei gradi di libertà, dove questi passano da valori massimi in periferia a valori minimi o addirittura nulli al centro; tutto ciò in diretto rapporto al "sistema" che man mano che ci si allontana dal centro perde di efficienza. La reinvenzione: utilizzazione dei materiali recuperati, secondo una logica liberata da schemi precostituiti; invenzione di nuove immagini legate a realizzazioni rispondenti alle necessità funzionali individuate". Vedi La Pietra Ugo, *I gradi di libertà*, in La Pietra Ugo, *Recupero...*, cit., Milano 1976, s. p.

9. La Pietra Ugo, *La seconda casa*, in La Pietra Ugo (a cura di), *Fuori dalle città: le altre culture*, arti visive-ambiente, quaderno n. 1, Centro Internazionale di Brera, Milano 1979, s.p. Tra le molteplici riflessioni di La Pieta sull'architettura spontanea, merita una segnalazione il recente volumetto dedicato alle architetture balneari delle spiagge del Poetto a Cagliari: La Pietra Ugo, *Le altre culture. Le "ville" al mare sulla spiaggia del Poetto a Cagliari, 1978*, introduzione di Vittorio Fagone, Corraini Edizioni, Mantova 2017.

10. Comunicazione personale di Ugo La Pietra, 18 febbraio 2004.

11. La Pietra Ugo, *L'uso dell'oggetto. Per un comportamento creativo nei processi di riappropriazione dell'ambiente*, numero monografico di "Progettare Inpiù", I, 1, ottobre-novembre 1973.

12. Come "Progettare Inpiù", "In" viene creata da La Pietra nei primi anni Settanta per sviluppare con un taglio antropologico-sociale le indagini sul rapporto individuo-ambiente, raccogliendo in numeri monografici le testimonianze di tutta l'area dell'architettura radicale europea.

13. Jencks C. - Silver N., *Adhocism: the case for improvisation*, Secker & Warberg, London 1972.

14. "Già dal 1968/69 (vedi "Campo Urbano" a Como) una serie di artisti tentarono di abbandonare le connotazioni intimistiche, esistenziali e di linguaggio puro legato alla logica della disciplina per invadere un campo più complesso, nel tentativo di chiarire il rapporto esistente tra l'individuo e l'ambiente. [...]". Da allora, per circa dieci anni, "l'ambiente, non solo come spazio fisico, ma soprattutto come luogo in cui si manifestano i comportamenti e dove si determinano le più complesse conflittualità tra gli individui, fu per un sempre più vasto numero di operatori estetici l'argomento fondamentale delle loro ricerche"· Vedi La Pietra Ugo, *Abitare la città. Ricerche, interventi, progetti nello spazio urbano dal 1962 al 1982*, Alinea editrice, Firenze 1983, p. 13.

15. La Pietra Ugo, *Allora: copro una strada, ne faccio un'altra, trasformo gli spazi originari, cambio le condizioni di comportamento*, in Caramel L. - Mulas U. - Munari Bruno (a cura di), *Campo urbano. Interventi estetici nella dimensione collettiva urbana. Como 21 settembre 1969*, Editrice Cesare Nani, Como 1970.

16. Vedi Crispolti Enrico, *Extra media*, Studio Forma Editrice, Torino 1978, p. 177.

17. Caramel L. - Mulas U. - Munari B. (a cura di), *op. cit.*, 1970.

18. Crispolti Enrico, *Italia*, in *La Biennale di Venezia 1976. Ambiente, partecipazione,*

strutture culturali. Catalogo generale, vol. 1, Edizioni "La Biennale di Venezia", Venezia 1976, p. 108.

19. Fra i molti artisti coinvolti da La Pietra nel Centro Internazionale di Brera, Davide Boriani, Gabriele De Vecchi, Aurelio Natali, Maurizio Vitta, Cesare Chirici e altri fanno parte ad esempio del Comitato promotore costituitosi a Sesto San Giovanni nel 1974 per promuovere interventi da realizzare nei quartieri sulla base delle esigenze emerse dai cittadini. Vedi Gruppo Arca, *Abbasso il grigio. Comunicazione e linguaggio di base nella pittura murale a Milano*, Edizioni il Formichiere, Milano 1977, p. 80.

20. Vedi ad esempio De Filippi Fernando, *Segnali urbani*, e Crispolti Enrico, *Como x Como* (dedicato alla manifestazione di "animazione urbana" *Como x Como*, promossa nella città lariana da Ico e Luisa Parisi), in "Brera Flash", 3, n. 10, aprile-maggio 1979.

21. La Pietra Ugo, a cura di, *Post no bills (segnali urbani)*, arti visive-ambiente, quaderno n. 2, testi di Fernando De Filippi, Ugo La Pietra, Franco Mazzucchelli, con la collaborazione di Angela Vettese, Centro Internazionale di Brera, Milano 1980.

22. Bettetini Gianfranco, *Lo spazio audiovisivo*, in *XVI Triennale di Milano. Lo spazio audiovisivo. Spazio reale-spazio virtuale*, cat. della mostra (Milano, Palazzo dell'Arte, dicembre 1979-febbraio 1982), Marsilio Editori, Milano 1981.

23. Il testo che accompagna in catalogo l'installazione *Istruzioni per l'uso della città* è lo stesso già apparso nel 1976, sotto il titolo *Le tracce*, in La Pietra Ugo, *Recupero ...*, cit., 1976, s. p.

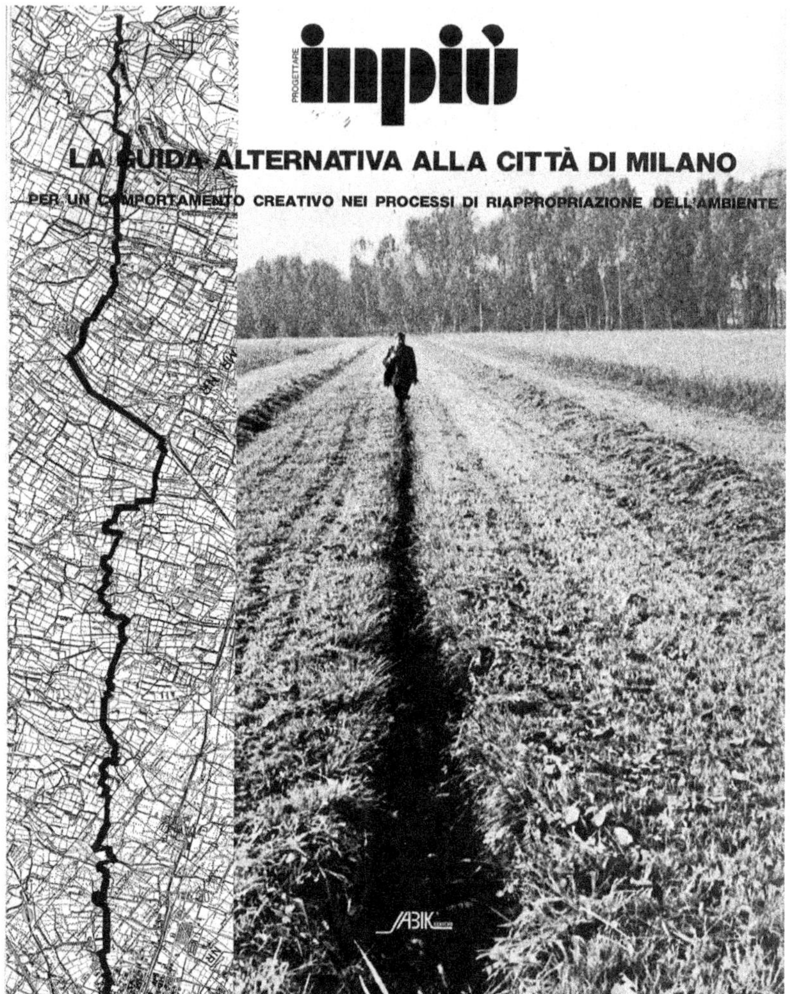

Livio Marzot, *Percorso*, 1969, in "Progettare Inpiù", n. 5-6, 1974.
Courtesy Archivio Ugo La Pietra

Altre ricerche tra antropologia ed ecologia

Osservati da una certa prospettiva, i rapporti tra arte e antropologia paiono delineare un panorama incentrato sugli aspetti primordiali della nostra civiltà, uno scenario articolato e in apparenza eclettico o contraddittorio, ma sostanzialmente omogeneo. Il lavoro sul corpo, sull'identità e sul comportamento da un lato e il lavoro sull'ambiente e sul territorio dall'altro si incontrano e talora si incrociano, rispettivamente, con le ricerche generalmente raggruppate sotto le definizioni di Comportamento, Performance, Body Art da un lato e di Land Art, Intervento nel paesaggio, Intervento nello spazio sociale urbano dall'altro[1].

Ricordiamo che Costa ricostruisce le parti anatomiche degli antenati in terracotta dipinta, attenendosi il più fedelmente possibile ai testi dei maggiori paleontologi, ma in realtà partendo dai calchi fatti sulle proprie mani, sui propri piedi e sulla propria testa. Nelle sue ricostruzioni dell'Uomo di Neanderthal e dell'Uomo di Cro-Magnon si ritrovano quindi un po' delle sue sembianze. Sempre per quanto concerne la prima tendenza, anche Marrocco, sia nei video che nelle azioni (*Area condizionata*, ad esempio), mostra un'attenzione quasi ossessiva al proprio corpo. E si potrebbero citare anche le ricerche di Giovanni Valentini, motivate da implicazioni di tipo scientifico, o il lavoro iniziale di Ferdinando Greco. I film realizzati negli anni Settanta da Paradiso reinviano inevitabilmente a un discorso di espressione corporea, sia quando documentano il fenomeno del tarantismo sia, spesso, quando esplorano il "paesaggio culturale naturale", evocando in quest'ultimo caso, pur se non in maniera scolastica come suggerito da alcuni critici, "certi aspetti della Land Art americana"[2].

Per quanto riguarda eventuali richiami alla Land Art, è necessario premettere che siamo di fronte a un termine molto vasto e generico, e tuttavia efficace per sottolineare aspetti in questo contesto determinanti quali l'esplorazione del territorio da parte dell'uomo, l'utilizzo diretto di materiali naturali e la tensione verso il "sublime naturale", verso un tipo di spazio in apparenza inviolato e colmo di pace, addirittura religioso. I nomi citabili in questo ambito sarebbero in particolare quelli dell'inglese Richard Long o degli statunitensi Dennis Oppenheim, Michael Heizer, Robert

Smithson e Walter De Maria. Si è già ricordata la posizione di Caterina Gualco, che vede "Arte Antropologica" e Land Art come due tendenze che spesso si sovrappongono e in qualche caso possono confondersi, ma che è pure attenta a precisarne le distanze, come accade in occasione del seminario di Salerno. In questa sede D'Avossa, dopo aver richiamato un brano di *Antropologia strutturale due* in cui Lévi-Strauss scrive che l'arte non può rigenerarsi se non con "una ripresa di contatti con la natura allo stato bruto, impossibile in senso stretto; o almeno, diciamo... uno sforzo in questo senso", rivolge una domanda precisa alla gallerista: "È cosi che vedi questa ripresa di contatto con la natura?". La Gualco replica: "Esattamente. Ma, diciamo, non la natura come anche ci viene presentata dagli ecologi, ma la natura vera. Anche la *Land Art* ha avuto un interesse nei confronti della natura: ma era già un interesse di tipo troppo colto. C'erano degli *a priori* precisi che partivano dal concettuale o che si muovevano attorno al concettuale, ma in fondo, c'era sempre una volontà precisa di fare delle cose che già si conoscevano. Cioè un intervento sul paesaggio, sul terreno, la linea tracciata sul terreno, prevedevano un progetto senza rischio e senza caso. Non c'è molta differenza, nell'idea, tra il segnare una lunga linea sulla carta o una lunga linea nel deserto. In fondo è soltanto uno spostare dall'interno all'esterno, un ingrandire il pennello che si usa, ma il gesto non è poi molto diverso. Non so, la spirale di Smithson alla fine o la fai sul lago o la fai su carta, il concetto è lo stesso. Invece fra questi artisti, il cercare le "cose", il voler intervenire, in qualche modo ricostruirle, fa diventare importante il discorso sulla manualità, che li accomuna tutti: il fare con le mani usando dei materiali semplici, dei materiali naturali"[3].

E ancora, analizzando ricerche imperniate sui rituali e sui miti o sconfinanti con la process art, sarebbe interessante rileggere in chiave antropologica la poetica di artisti più o meno coetanei come l'israeliano Dani Karavan, l'austriaco Arnulf Rainer, il tedesco Klaus Rinke e l'americano Michael Singer[4].

In ogni caso il tema del rapporto tra l'arte e l'ambiente conoscerà, rispetto al primo, maggior consapevolezza da parte degli artisti italiani, anche se esso avrà una ripercussione effettiva e diffusa sull'intero mondo dell'arte soltanto nel 1976, quando la Biennale di Venezia sarà dedicata al tema *Ambiente, partecipazione, strutture culturali* (saranno presenti Ugo La Pietra e Giuliano Mauri). Per fare un esempio in Lombardia, nel settembre 1976 a Brescia si tiene la manifestazione *Arte Ambiente*, titolo che inverte quello di *Ambiente/Arte*, una delle mostre speciali della Biennale di quell'anno, ideata in particolare da Germano Celant. *Arte Ambiente* è un'iniziativa di interesse artistico, culturale e socio-politico coordinata da Piero Cavellini e organizzata in occasione delle "Giornate del quartiere di Porta Venezia".

Gli artisti invitati - fra i quali Giovanni Anselmo, Enzo Bersezio, Guglielmo Achille Cavellini, Luigi Mainolfi, Giuliano Mauri, Mario e Marisa Merz, Giuseppe Penone, Valentino Zini e Gilberto Zorio - realizzano un'opera nei Giardini di Rebuffone. Nel catalogo Mirella Bandini, sottolineata "l'urgenza del recupero di un nuovo rapporto creativo con l'ambiente" dopo la vertigine tecnologica degli anni Cinquanta e Sessanta, osserva: "Oggi le città sembrano "guardarsi in faccia", e riflettere con una analisi in profondità, sulla loro problematica che comprende oltre la strutturale e tecnica [...] quella culturale e antropologica"[5]. È evidente come a questa "sollecitazione di concetti e di comportamenti"[6] nella società urbana e industriale non si possano imporre limiti netti e invalicabili. Perciò appare spesso confuso il confine fra i caratteri palesemente antropologici di un intervento artistico e le sue valenze più specificatamente sociologiche. In prospettiva di una maggior chiarezza sarebbe utile indagare a fondo il rapporto fra "il tentativo di catturare la mobilità intellettuale di una città"[7] e lo sforzo di rivolgersi a un referente più ampio e indifferenziato, inducendo una presa di coscienza collettiva dei diversi aspetti di un territorio nei suoi utenti abituali o casuali.

La sollecitazione della Biennale del 1976 è immediatamente rinforzata, sotto certi aspetti, dall'edizione successiva della manifestazione veneziana, interamente consacrata al tema *Dalla natura all'arte, dall'arte alla natura* (saranno presenti Antonio Paradiso, Mario Cresci e Ugo La Pietra).

Una forte sensibilità verso l'ambiente e le problematiche ecologistiche si va diffondendo in quegli anni anche tra gli artisti italiani. Per fare soltanto alcuni esempi tra i molti possibili, si potrebbero ricordare le poetiche, declinata in maniera diversa, di Gabriella Benedini e di Ferdinando Greco. Penso in particolare al film in super 8 *Diutop* (titolo che allude al "giorno di utopia") di Benedini, che nel 1975 fu letto quasi esclusivamente - fraintendendolo - in chiave femminista: vi si descrive il lento viaggio di un enorme embrione di plastica, uscito dal mare in una zona della Toscana già allora bruciata dai rifiuti della Solvay; spostandosi a strappi, l'embrione percorre paesaggi inquinati e desolati e giunge infine a Milano; precipitato nelle acque ribollenti del Lambro, riesce a risalire a terra ma alla fine arde nel falò di una discarica[8]. Penso pure al registro tragico verso cui virano inesorabilmente le opere di Ferdinando Greco dopo la catastrofe di Seveso del 1976[9]. Tale sensibilita è condivisa anche da artisti come Giuliano Mauri e Livio Marzot, ai quali si accenna qui di seguito insieme ad Aurelio Caminati, collaboratore di Claudio Costa nel Museo di Antropologia a Monteghirfo ma orientatosi poi verso differenti interessi.

GIULIANO MAURI

L'avvicinamento di Giuliano Mauri (Lodivecchio, Lodi, 1938 – Lodi 2009) alle tematiche "antropologiche" si sovrappone, arricchendole, alle istanze politico-sociali e poi ecologiche sulle quali l'artista è inizialmente concentrato. Sia Vittorio Fagone che Enrico Crispolti riconducono a un ambito propriamente "antropologico" la ricerca condotta dall'artista lodigiano a partire dal 1980, in concomitanza con la sua affiliazione all'ambito internazionale dell'*Art in nature*.

Fin dai piccoli dipinti degli anni Sessanta, Giuliano Mauri sembrava propendere verso la natura come sua fonte d'ispirazione e suo contesto d'azione privilegiato. Gli armonici paesaggi morandiani, dagli alberi contorti e intrecciati - come le scene con figure da lui dipinte nella stessa epoca -, svelano una poesia e una genuinità dell'ispirazione che in seguito l'artista riuscirà a comunicare in modi diversi[10]. E perfino gli interventi dalle implicazioni politico-sociali degli anni Settanta (*Solidarietà con Tell al Zaatar*, 1976) scelgono, se è possibile, un contesto "naturale" o un supporto preciso: le campagne lodigiane o il filare di alberi sul Viale dei Martiri a Bassano del Grappa nel 1975, i Giardini di Rebuffone a Brescia e quelli di Largo Marinai d'Italia a Milano nel 1976. Si tratta di "azioni" in cui Mauri dispone nello spazio grandi tele bianche prive di supporto, sulle quali ha impresso immagini drammatiche e violente prelevate dalla cronaca. Sono immagini tratteggiate sulla tela da profili neri e visibili in trasparenza, la cui lettura è resa mutevole dalla libera fluttuazione delle tele nell'aria, sospese a un filo, oppure sull'acqua, adagiate sulla superficie dell'Adda.

Risalgono al 1976 anche la personale di Mauri alla Galleria Toselli di Milano, una sua "azione" al Centro Internazionale di Brera e la sua partecipazione alla Biennale di Venezia, quell'anno dedicata al tema dell'ambiente, nel Padiglione Italia curato da Enrico Crispolti. Mauri viene incluso nella sezione *partecipazione spontanea*, in cui - spiega Crispolti - "l'operatore/cooperatore agendo direttamente nello spazio sociale trova subito altri cooperatori" e, all'interno di essa, nell'ambito dell'*azione poetica*, "privilegiando il momento dell'azione creativa, sia in modo spontaneistico e quasi orfico (ma con profondi riscontri ancestrali d'ordine antropologico)" - ed è la modalità di Mauri - "sia in modo invece di recupero e rapporto con contenuti culturali tipici e ancestrali, e metodologie operative delle culture materiali locali (tentando la costituzione di strutture che le risarciscano)"[11].

Sarà proprio la partecipazione di Mauri alla manifestazione veneziana a incrinare per la prima volta la certezza delle sue scelte "militanti" e a innescare il processo di cambiamento, spingendolo a esplorare nuovi territori. Nel giugno 1977 Mauri partecipa alla settimana internazionale della performance

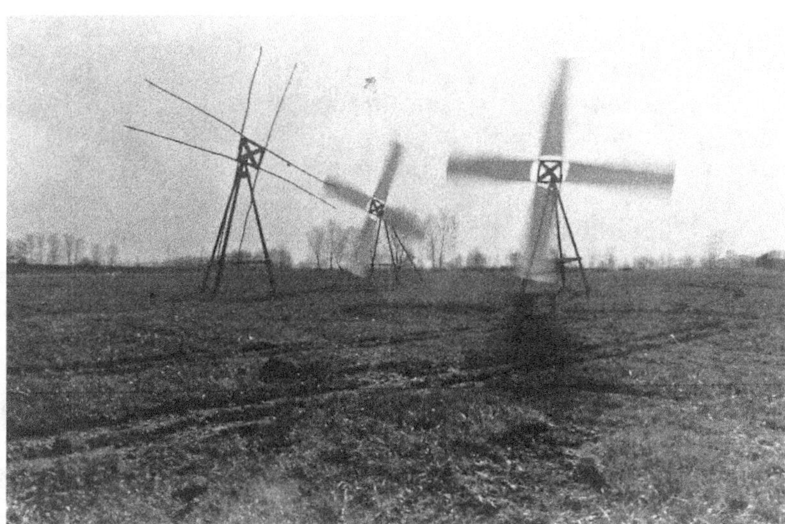

Giuliano Mauri, *I mulini a vento*, 1980, Lodi. Foto: Enrico Cattaneo

a Bologna, nella sezione dedicata alla "ricerca sul sociale", presentandovi la *Giostra*[12] e l'anno dopo realizza un enorme *Gioco dell'oca* nell'ambito della grande rassegna *Metafisica del quotidiano*. Tuttavia egli sente ormai di non avere più bisogno della pittura e per diversi anni si apparta a lavorare nella natura e con la natura[13], servendosi di rami di potatura e delle tecniche dell'intreccio. Lui stesso ammette: "Nel 1980 i *Mulini a vento* testimoniano la mia inquietudine [...]"[14].

Quindi è dai primi anni Ottanta che il lavoro di Mauri si svolge all'insegna dell'arte nella natura, con una tempestività di intuizioni e di proposte notevole anche in rapporto al contesto internazionale di ricerche orientate in questa direzione. E proprio per questi suoi primi lavori la critica userà l'attributo "antropologico". Come ha scritto Fagone: "Il primo intervento riconducibile alla scala antropologica e ambientale di arte nella natura è *La casa dell'uomo raccoglitore* che Giuliano Mauri realizza nell'area della chiesa di Sant'Agostino in Bergamo Alta nel 1981"[15]. È un manufatto complesso e di dimensioni monumentali (12 x 24 x 12 metri), costituito da rami, teli, legno, corde e fango, che Fagone giustamente considera un'opera manifesto: "L'uomo raccoglitore, nella dimensione storica

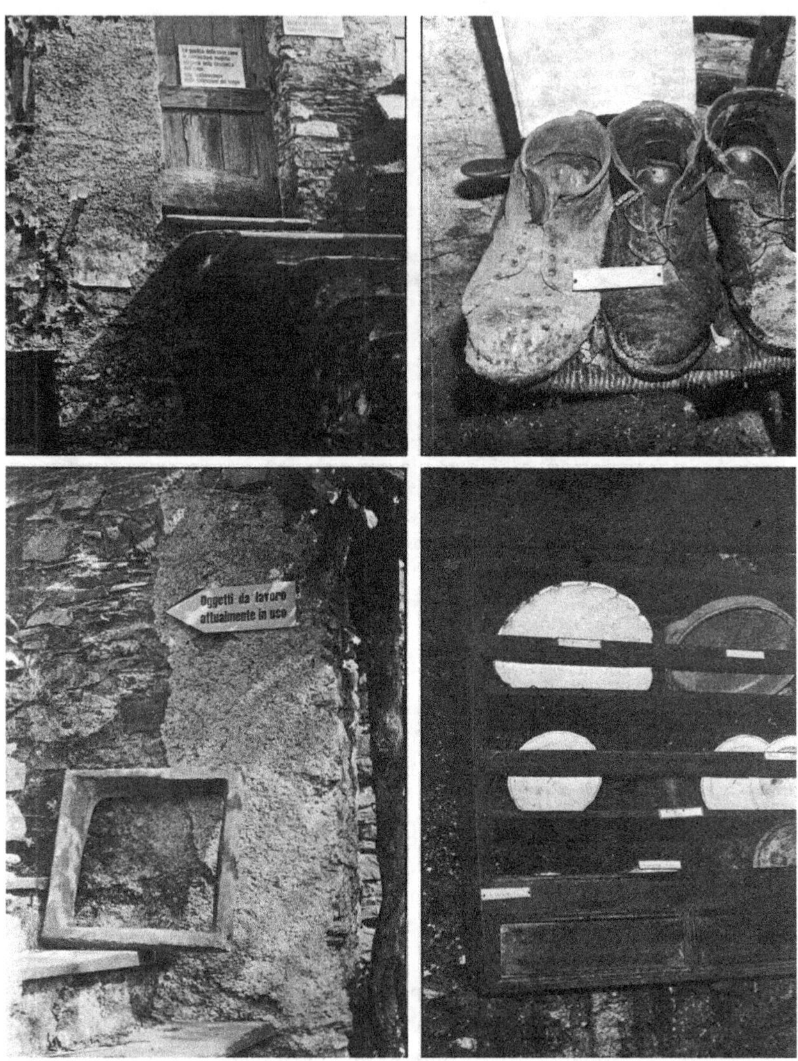

Museo di Antropologia Attiva, Monteghirfo, 1975. Courtesy Archivio Claudio Costa

primaria dell'uomo, decide di stabilire una sede fissa, anziché spostarsi con gli altri cacciatori, e di legarsi alla terra: potrà vivere di essa e con essa [...] L'uomo raccoglitore stabilisce insieme un nuovo confine dell'habitat, che non è però mai in disaccordo con il più vasto ambiente naturale"[16]. In un volume dedicato ai rapporti tra arte, natura e paesaggio, Gilles A. Tiberghien dichiara invece di associare più volentieri *La casa dell'uomo raccoglitore* agli habitat delle popolazioni nomadi[17].

Una lettura, quella di Fagone, condivisa pure da Enrico Crispolti, il quale sottolinea la natura individuale dell'intervento ambientale di Mauri, "dapprima garbatamente pittorico (teli liberi con su immagini appena percepibili), di forte capacità evocativa [...]", e quindi dichiara: "Negli anni Ottanta i suoi manufatti costruttivi assemblagistici ambientali acquisteranno una pronunciata caratterizzazione antropologica-ecologica di particolare intensità poetica"[18].

Volendo azzardare un confronto con Costa, si potrebbe dire che Mauri costruisce la capanna, Costa la fotografa e la usa come documento per costruirvi un libro, impegnato però, parallelamente, a ricostruire con la creta le sembianze dei propri antenati. La profonda conoscenza dei materiali e dei processi naturali che sta alla base dell'arte di Mauri non deriva tanto dalla mediazione scientifica quanto piuttosto dall'osservazione e dal personale coinvolgimento con il sistema naturale. Tuttavia va detto che quella di Mauri è un'antropologia circoscritta a un contesto naturale, protetta. Da quel momento infatti il lavoro di Mauri, pur radicato in un mondo arcaico, agricolo e primitivo, dunque un mondo in apparenza non lontano da quello di Costa, ne distilla e ne esalta gli aspetti esteriori, in un certo senso visibili ed "eterni", pur nel ciclo vitale che regola la natura. Mentre a Costa, concentrato sugli aspetti interiori, di quel mondo arcaico e primitivo interessa l'aspetto opposto, la parte mortale e deperibile. In questa prospettiva il lavoro di Costa e quello di Mauri potrebbero essere letti come due anelli opposti di una catena che si ricongiunge.

Il rapporto panico instaurato da Mauri con la natura, sempre in delicato equilibrio fra la sfida prometeica e il desiderio di fondersi con essa, il suo utilizzo di materiali appartenenti al paesaggio trasformandoli in opere scultoree, l'attivazione nello spazio stesso di un processo plastico, superando la contrapposizione tra arte e natura e infine, in una certa misura, il legame inscindibile fra il sito e l'intervento sono invece i caratteri che lo avvicinano maggiormente a Paradiso e, a tratti, a Marrocco.

Risalgono sempre al 1981 i nuovi interventi di Mauri sul fiume Adda, denominati dall'artista *Codici acquatici* e realizzati con bastoni di robinia disposti a creare fitte sequenze di segni (studiate in disegni di un suggestivo minimalismo materico), ideogrammi misteriosi ma spesso evocanti, a loro volta, oggetti e strumenti della cultura materiale.

Soltanto dalla seconda metà degli anni Ottanta, per una circostanza casuale e fortunata - l'incontro a Trieste con un australiano Maori che apprezza il lavoro di Mauri e che poco dopo lo presenterà a un convegno sull'arte ecologica in Inghilterra - l'artista lodigiano s'inserisce nel circuito delle manifestazioni di "arte nella natura", un sistema all'epoca già complesso e capillarmente diffuso in tutta Europa e nel mondo. Mauri diviene rapidamente, e lo è tuttora, a quasi dieci anni dalla sua scomparsa, il maggior rappresentante italiano di quella che sarà denominata *Art in nature*, una corrente che si genera, parallelamente all'Arte Antropologica, dalla crisi della Land Art e dell'Arte Povera e che, tentando di colmarne le carenze, sviluppa gradualmente un proprio specifico linguaggio.

Vittorio Fagone legge il fenomeno *Art in nature* anche in una prospettiva antropologica. Premesso che la Land Art e l'Arte Povera avrebbero ignorato o comunque trascurato i valori antropologici della relazione uomo-natura, il critico afferma: "il nodo antropologico che viene identificato è collocato al livello più direttamente tecnico, o artistico, delle procedure primarie della cultura materiale dove l'intervallo tra fabbrilità dell'uomo e plasticità del materiale naturale risulta sempre minimo. Questo elemento, testimoniato ad esempio dal recupero diffuso delle tecniche dell'intreccio, risulta caratterizzante di molti interventi nel paesaggio. Si tratta non solo di un recupero "tecnico" di un luogo fondamentale della manualità creativa, ma anche di un ancoraggio simbolico, dato nei termini di quella *immediatezza estetica* già teorizzata da Beuys. [...] L'alleanza tra opera e ambiente diventa, a questo punto, indistricabile [...] All'arte degli ambienti, affermatasi negli anni sessanta, *Art in nature*, l'arte nella natura, è legata solo dall'attivazione della partecipazione dello spettatore. A questi vengono richieste [...] una capacità di "contemplazione" non chiusa, in consonanza con le antropologie transdisciplinari di questo fine secolo"[19].

Considerazioni ricche di spunti e di implicazioni, ove sono interessanti il richiamo a Joseph Beuys e alla sua "predicazione" dell'impossibilità di reinviare "una diversa comprensione del ruolo della natura nel nostro orizzonte di vita" e, inoltre, la dichiarazione della stretta vicinanza fra la dimensione primaria dell'intervento manuale dell'uomo e la plasticità intrinseca nelle materie naturali e degradabili, provenienti dal medesimo habitat che accoglie l'intervento artistico[20].

La precoce scomparsa dell'artista lodigiano non ha impedito di portare a termine uno dei suoi numerosi progetti incompiuti, la *Cattedrale vegetale*, inaugurata nell'aprile 2017 a Lodi, sulla sponda sinistra del fiume Adda.

Nel 1969 anche Livio Marzot (Induno Olona, Varese, 1934), reduce dalla partecipazione alla Biennale di Venezia del 1968, incrocia il percorso di Marrocco nel gruppo Art Terminal e quello di La Pietra[21]. In una una sala personale che poi chiude nei giorni caldi della protesta, Marzot presenta una serie di grandi sculture metalliche ispirate alla curva sinusoide, da lui individuata come "modulo di espressione della natura e come linguaggio unificato dell'energia cosmica". La scoperta era frutto, secondo l'artista, di una singolare esperienza da lui condotta l'anno precedente quando era stato protagonista, con Riccardo Emma ed Edival Ramosa, di *Testimonianze psicodeliche*, una mostra di appunti e schizzi eseguiti dai tre artisti sotto l'azione dell'LSD, evento ospitato al Salone Annunciata di Milano e cui andò tutta la simpatia di Pierre Restany[22]. Gli studi coltivati da Marzot per cercare un fondamento teorico al concetto di ondularità confluiranno nel 1971 in una pubblicazione da lui prodotta in poche copie. Un lavoro simile, l'anno seguente, verrà invece dedicato al numero 8 (quale numero esoterico chiave del Castello di Andria presso Bari). Da allora fino al 1981 Marzot non svolgerà praticamente alcuna attività pubblica.

Nel novembre 1969 l'artista tiene una personale sempre nella galleria Annunciata di via Manzoni, con la quale egli ebbe un rapporto esclusivo, dalla prima personale nel 1959 almeno fino al 1968. Vi presenta una serie di contenitori in pietra al cui interno ripone, come fossero urne, reperti fisici da lui prelevati nel corso di una ricognizione su un'isola del Ticino, meta da lui raggiunta percorrendo a piedi una retta ideale tracciata a partire dalla propria abitazione milanese. Tommaso Trini così sintetizza l'esperienza di Marzot, prima di addentrarsi nell'analisi del lavoro vero e proprio, avanzando considerazioni sociologiche interessanti: "Ha frequentato per dieci anni anche col pensiero i soffioni boraciferi di Larderello / Ha preso possesso con osservazioni ecologiche di un'isola sul Ticino / Ha abitato per alcuni giorni sull'isola con Janet, Luana, Vincenzo e Ran / Ha camminato in linea retta da casa sua all'isola (Km. 30) / Ha chiesto a tre amici - Berengo-Gardin, Mulas e Nicolini - di fotografare un terreno abbandonato sito in via Conchetta / Si è riservato una stanza della Galleria di Grossetti per frequentarla prima della mostra (dal 13 novembre 1969)"[23]. È appunto nella stanza di cui parla Trini che Marzot raccoglie molti materiali eterogenei, fra cui le due vesciche di manzoniana memoria, un fallo in granito circondato da un cerchio di cenere del suo camino, l'uovo di struzzo datogli da Vincenzo Dazzi. Al materiale scientifico costituito dai campioni ordinati sistematicamente, si affianca quindi un materiale personale e diaristico che si estende all'odore di "fava tonca origano cardamonio zenzero curry" diffuso nella stanza. Un'operazione eccentrica e complessa, che vede la compresenza e la contaminazione di diverse espressioni artistiche (dalla ricognizione ecologica nella natura fino alle urne cilindriche di pietra), comunque originale nell'ambito della ricerca artistica italiana di quegli anni. Tale atipicità dell'evento viene riconosciuto anche da Gualtiero Schöenenberger, che tra l'altro recensisce la mostra su "Nac"[24], il quale la riconduce nell'ambito internazionale di quelle ricerche di tipo "naturalistico" che allora proponevano di affrontare la natura in modo nuovo: "in generale come recupero di un contatto compromesso dalla civiltà tecnologica e dai mass-media, oppure come rivalutazione del concetto di esperienza diretta, non trasposta nel "medium" plastico (visivo)"[25]. Il critico cita in particolare artisti inglesi come Richard Long e Bruce Mc Lean, fautori, a suo dire, di "un atteggiamento di maggiore umiltà (e di più estesa partecipazione) nei confronti della natura". Come poi nella recensione, evidenzia il carattere di azione piuttosto che di contemplazione nel rapporto di Marzot con la natura. Un'azione che parte da un progetto, ossia un itinerario tracciato su una carta topografica, il cui dato geometrico del tracciato rettilineo rappresenta, a suo parere, "la persistenza dell'altra faccia della sensibilità di Marzot: la manomissione artificiale della materia attraverso la riflessione tecnico-matematica"[26].

Le fasi iniziali dell'operazione di Marzot comportano la registrazione su nastro magnetico dell'ambiente sonoro (sia naturale che artificiale) e la documentazione fotografica di avvenimenti rilevanti quali il guado di un corso d'acqua o il volo di uccelli di una determinata razza. Dopo l'arrivo sull'isola, ecco la costruzione da parte di Marzot e compagni di un habitat rudimentale e quindi l'inizio dei prelievi di campioni e misurazioni. Il cerchio si chiude all'insegna dell'informazione, con l'ordinamento del materiale raccolto e il suo allestimento in galleria.

Il senso globale del lavoro si coglie anche valutando la passione giovanile di Marzot per gli studi di zoologia e botanica o il suo interesse per la musica, attivo e costante in tutto il suo lavoro (nel 1976 realizzerà in riva al mare un organo a vento composto da bottiglie di vino).

Diviene qui interessante una lettera scritta da Marzot a Francesco Leonetti nel dicembre 1969, in cui l'artista tenta di spiegare il suo approccio attuale all'arte e l'importanza delle esperienze collettive appena trascorse, non ultima quella di Art Terminal: "[...] è proprio la consapevolezza di essere un po' lo scemo del paese (irriducibilità biologica) che mi ha fatto riprendere a lavorare dopo un anno di inattività quando avevo preso coscienza, con gli altri artisti (?) della falsità del mio rapporto, grazie soprattutto ai contatti con i movimenti studenteschi, della falsità del mio rapporto con la società. È questa irriducibilità biologica che ha giustificato il riprendere l'attività, che dà la forza di affrontare le durezze implicite in una nuova forma di fare l'arte in rapporto meno diretto o solo parziale o più difficile con la mercificazione e che ha aiutato a sfrondare il linguaggio da ogni inessenzialità (da molte inessenzialità) e mi ha incoraggiato a dare voce ai miei amori più profondi. Una volta felicemente e permanentemente morta l'arte come proiezione su uno schermo (anche tridimensionale per questo) ecco che ogni cosa ogni gesto tutta la vita diventa arte"[27].

Quello di Marzot potrebbe forse essere definito un lavoro di tipo "ecologico-sociale", più che antropologico. Basti pensare all'intervento, da lui provocato, dei tre fotografi in via Conchetta a Milano, e soprattutto alle ricognizioni nella periferia milanese, per proposte di attività culturali nelle Biblioteche di Quartiere, da lui compiute assieme a Ugo La Pietra nel 1969 e presentate quello stesso anno alla Galleria Toselli. L'amico architetto, che proseguirà quell'esplorazione fino al 1972, dedicherà la copertina di un numero monografico della rivista "Progettare Inpiù" al suo *Percorso* del 1969[28]. Degna di nota è anche la partecipazione di Marzot - probabilmente grazie a Tommaso Trini, che è fra i curatori - alla rassegna *Gennaio 70. Comportamenti. Progetti. Mediazioni. 3^ Biennale Internazionale della giovane pittura* al Museo Civico di Bologna, in cui espone *Frequentazione e riti della pietra nera*. Documentazione del pellegrinaggio da lui compiuto, insieme alla sua pietra nera e al suo tappeto, nei mesi immediatamente precedenti, in luoghi magici e per Marzot di antica frequentazione, tutti situati nell'Italia centrale.

Subito dopo Marzot si trasferisce negli Stati Uniti, dove si dedica allo studio della sinusoide, rinunciando a produrre opere materiali, e presenta la sua ricerca concettuale sui processi creativi dapprima al California Art Institute, quindi, su invito di John Baldessari, alla Stanford University e al Massachussets Institute of Technology. Rientrato in Italia alla fine degli anni Settanta, avvia una collaborazione con Bruno Munari per la realizzazione di giochi didattici e pubblica alcuni libri con Emme Edizioni ed Einaudi. Nel 1981 tiene una personale allo Studio Grossetti di Milano, nel 2009 una mostra antologica alla Fondazione Mudima e nel 2017 una tripla personale presso Galleria Antonia Jannone, Grossetti Arte e Galleria Milano.

AURELIO CAMINATI

Lo studio di Claudio Costa ha consentito di riscoprire Aurelio Caminati (Genova, 1924-2012), pittore genovese amico intimo di Costa e più anziano di vent'anni, che negli anni Settanta collabora con lui in diverse azioni e che è attivo anche a Milano, dove nel 1976 realizza un singolare lavoro sui Navigli. In realtà il rapporto di Caminati con l'ambiente milanese risaliva alla fine degli anni Cinquanta, quando l'artista si era trasferito nel capoluogo lombardo, condividendo le istanze del Realismo Esistenziale e stabilendo contatti con Lucio Fontana, Mimmo Rotella e Piero Manzoni. Le numerose azioni di cui Caminati è protagonista dalla metà degli anni Settanta, anche al di fuori dai confini italiani, gli hanno guadagnato un posto tra i maggiori esponenti della performance genovese (Plinio Mesciulam, Angelo Pretolani, Belle Dellepiane)[29].

Un mese dopo l'apertura del Museo di Antropologia a Monteghirfo, di nuovo con l'amico Costa, Caminati affronta tematiche concettuali nell'azione *Beuys deconstruit*, che ha luogo al Musée d'Ixelles il 9 novembre 1975 e in cui primo operatore è Caminati, secondo operatore è Costa. Da questo momento fino alla metà degli anni Ottanta Caminati realizza una serie di *Trascrizioni*, cioè azioni che riattualizzano dipinti di grandi maestri del passato mediante l'intervento diretto dell'artista. Una ventina di operazioni in cui Caminati si conferma un grande pittore. Ampia eco e partecipazione ebbe la situazione da lui creata in Salita della Misericordia a Genova nel gennaio 1976 con la trascrizione *I matti del Lissandrino*, dal genovese Alessandro Magnasco. Nell'agosto 1976 è invece il *Caino e Abele* del Grechetto (un altro pittore genovese del Seicento) ad essere lo spunto di una transcodificazione popolare del delitto dell'Invidia. Altre trascrizioni gli vengono suggerite dalle opere pittoriche di Ingres, di Tintoretto, di David.

Caminati aveva avviato, consapevolmente, questa riflessione sui linguaggi dell'arte fin dalla metà degli anni Cinquanta, sperimentando diverse tecniche in relazione alle proprie esigenze espressive. Franco Sborgi sottolinea come già in alcune opere del 1950 incominciasse a porsi "quel confronto con la "storia dell'arte" che sarà una costante di tutto il percorso di Caminati: confronto al tempo stesso col mezzo espressivo e con la riflessione sulle potenzialità di "riattivazione" del linguaggio, allorché sia visto come esperienza "aperta", al di fuori di coordinate fissate a priori una volta per tutte"[30].

A Milano, il 30 ottobre 1976 Caminati propone *Una trascrizione nell'Alzaia: la peste del 1630. Riattualizzazione di un fatto storico collettivo*, un lavoro fondato sullo studio della pittura di Cerano: un lungo 'viaggio', dallo scalo del Naviglio Grande fino alla Darsena di Porta Ticinese, per mettere in scena il fatto storico delle due tremende epidemie di peste che colpirono le pianure della Lombardia e del Veneto nel 1576 e nel 1630. "Un intervento - come scrisse Vian in catalogo - sulla qualità sociale dell'estetica [...] No alla scenografia, all'happening, al living ... Caminati sceglie, per la sua azione collettiva, il 'teatro dei linguaggi'"[31]. Una simulazione storica che coinvolse una grande folla e che, sempre secondo Vian, riuscì a porre Arte e Città in un nuovo rapporto di partecipazione[32]. Vian interpreta *iperrealismo, trascrizioni e transcodificazioni* come tappe di una ricerca di identità da parte del pittore genovese, il quale, a suo parere, "vive una situazione mentale e psichica di sdoppiamento, di intimo teatro. Studiando l'atteggiamento dell'altro, ripetendone i gesti egli ritrova il suo ruolo e mette a fuoco il problema di una realtà artistica in continuo mutamento"[33].

È lo stesso Caminati a spiegare in catalogo le ragioni del suo intervento: "Ricostruendo e trascrivendo particolari culturali di un manufatto artistico non intendo rifare per copiatura fedele e dal vero un'altra opera pittorica tale da conservare i dati morfologici quali il telaio, la tela, il tessuto e magma pittorico, i colori, il disegno, le tonalità, le prospettive, i volumi le composizioni, l'espressione formale, le poetiche e le estetiche, gli individuali stilemi, ma attraverso l'uso delle mie copiature manuali ritrascrivere con processo non partecipato, neutro, distaccato, fotocopiato, meccanico, e pantografato i dati culturali contenuti nel quadro copiato. Solo gli strumenti che uso sono propri del fare artistico, ma il prodotto che fabbrico diviene contenente degli elementi culturali del modello che attivo. Selezionando per analisi rompo la finalità e l'estetica del quadro trascritto"[34].

Ricordiamo che nel 1978, a Parigi, alla rassegna *Cinema d'artista e cinema sperimentale in Italia*, curata da Vittorio Fagone e promossa dal Comune di Firenze in collaborazione con la Cinémathèque Française e con l'Istituto Italiano di Cultura di Parigi, Caminati partecipa con la proiezione di un lavoro realizzato insieme a Costa nella sezione "aspetti antropologici", cui pure è presente Antonio Paradiso[35].

1. Vedi Crispolti Enrico, *Extra media*, Studio Forma Editrice, Torino 1978.

2. Vedi Thiemann Eugen, in *A. Paradiso. Arte+Antropologia/Antropologia+Arte*, catalogo della mostra, Museum am Ostwall, Dortmund, febbraio-marzo 1975, in proprio, Milano 1975, p. 11.

3. *Seminario per un'antropologia dell'arte*, Università di Salerno. Istituto di storia dell'arte e di sociologia, 20 aprile 1978: interventi di Apolito, d'Avossa, Cascavilla, Costa, De Rosa, Paradiso, Mele, Trimarco. Riportato in Paradiso Antonio, *Teatro antropologico. La vita, l'usura, la morte*, in proprio, Milano 1980, p. 28.

4. A questo proposito Vedi Billeter Erika – Hürlimann Annemarie, *Mythos und Ritual in der Kunst der 70er Jahre*, cat. della mostra (Kunsthaus, Zürich, 5 giugno - 23 agosto 1981), Zurigo 1981.

5. Bandini Mirella, *Prefazione*, in *Arte Ambiente*, Giornate del quartiere di Porta Venezia, cat. della mostra, Quartiere di Porta Venezia, Brescia, 20 - 26 settembre 1976, Brescia 1976.

6. *Ibidem*.

7. *Ibidem*.

8. Questo super 8 in bianco e nero di trenta minuti (un'eccezione nel mondo tecnico-espressivo di Benedini) vuole essere, nelle intenzioni dell'autrice, "una presa di coscienza di fronte al minaccioso peggioramento della qualità della vita, la cui conclusione non può che essere la sua distruzione e la sua perdita". E Fagone a proposito scrive "D'altra parte il paesaggio può essere invaso, contaminato e ritrovato dentro una opposizione violenta". Vedi Fagone Vittorio (a cura di), *Arte e cinema. Per un catalogo di cinema d'artista in Italia 1965-1977*, Marsilio editori, Venezia 1977, pp. 8, 21.

9. Ferdinando Greco ricorda: "All'epoca avevo la sensazione di una di catastrofe imminente, di una civiltà che stesse finendo. Soprattutto dopo lo scoppio dell'Icmesa a Seveso, mi sembrava che tutto fosse contaminato. È vero che avevo cominciato questi miei "sfoghi" qualche anno prima, guardando alla città con un'occhiata di tipo sociologico-politico, poi cercando nella mia memoria religiosa, e infine tuffandomi negli affetti più intimi, sempre alla ricerca di una soluzione. Però quello scoppio tragico mi sembrò una sorta di annuncio apocalittico. Ecco allora questo bisogno un po' ossessivo di inventariare il dato urbano, la provenienza religiosa, le cose più amate [...]". Comunicazione personale, 10 luglio 2004.

10. Per una pànoramica sull'intero percorso artistico di Mauri, vedi Borghi Roberto, *Giuliano Mauri 1960-2010, Tra progetto e simbolo*, catalogo mostra (Piacenza, Palazzo Farnese), Linograf Mauri Luciano, Cremona 2012.

11. Crispolti Enrico, *Italia*, in *La Biennale di Venezia 1976. Ambiente, partecipazione, strutture culturali. Catalogo generale*, vol. 1, Edizioni "La Biennale di Venezia", Venezia 1976, p. 108. Nell'*azione poetica* vengono inclusi anche Riccardo Dalisi, Franco Summa, Geri Palamara, Crescenzio Del Vecchio e il gruppo "Humor Power Ambulante", Eduardo Alamaro e la "Cooperativa Artigiana Pronto Intervento" di Pomigliano d'Arco, le esperienze didattiche di Vincenzo De Simone nella Scuola media statale G. Pascoli di Cicciano (Napoli) e l'esperienza dei murali animata da Giuseppe Sciola nel paese museo di San Sperate (Cagliari). L'altra angolazione individuata da Crispolti in questa sezione è la *partecipazione politica*, che invece privilegia "il momento della partecipazione sotto il segno di un deciso accento di denuncia fortemente politicizzata nel senso di lotta di classe proletaria" e che comprende, tra gli altri, il Collettivo Autonomo Pittori di Porta Ticinese a Milano e la ricerca *Comunicazione politica povera a Milano*, coordinata da Fernando de Filippi e condotta nella Scuola di Serigrafia dell'Accademia di Brera.

12. *La performance oggi: settimana internazionale della performance*, con testi di Franco Solmi e Renato Barilli, Galleria d'Arte Moderna, Bologna, 1-6 giugno 1977, La Nuova Foglio, Macerata 1978. Fernando De Filippi e Francesco Matarrese, anch'essi nella stessa sezione, presentano *Slogan*, installazione sonora e manifesti per le strade.

13. Per un'analisi del concetto di natura nell'ambito dell'arte contemporanea, vedi Garraud Colette, *L'idée de nature dans l'arte contemporain*, Flammarion, Parigi 1994.

14. Carugati Decio G., *Giuliano Mauri: affabulazione*, in Carugati Decio G., *Giuliano Mauri*, Electa, Milano 2003, p. 11.

15. Fagone Vittorio, *Giuliano Mauri. Arte nella natura 1981-1993*, Mazzotta, Milano 1993, pp. 8-9.

16. Ivi, p. 9.

17. Tiberghien Gilles A., *Art Nature, Art, Paysage*, Actes Sud, Ecole Nationale Superieure du Paysage, 2001, p. 119.

18. Crispolti Enrico, *Riflessione antropologica, e "ripetizione differente"*, in Pirovano Carlo, a cura di, *La pittura in Italia. Il Novecento/3. Le ultime ricerche*, Electa, Milano 1994, p. 143.

19. Fagone Vittorio, *Art in nature*, Mazzotta, Milano 1996, pp. 19-20.

20. Non dimentichiamo che la relazione tra l'arte e la natura stabilita da Joseph Beuys, radicata nel pensiero romantico di Goethe, Schelling, Novalis e Steiner, trova un momento importante per la sua maturazione proprio in Italia, paese frequentato assiduamente dall'artista a partire dal 1971, quando a Capri nasce la partitura *La Rivoluzione siamo noi*, accompagnata da alcune esplicite dichiarazioni di Beuys a proposito della centralità dell'uomo, della creatività come unico capitale e degli strumenti della comunicazione: "[...] Quali mezzi usare per un'azione politica? Io ho scelto l'arte. [...] L'arte mi interessa solo in quanto mi dà la possibilità di un dialogo con l'uomo". Inoltre, a partire dal 1973, anno in cui aderisce alla Società Antroposofica nella sede di Düsseldorf, Beuys realizza a Bolognano

in Abruzzo *Operazione "Difesa della natura"*, dando una dimensione concreta al suo concetto ampliato di arte. Vedi d'Avossa Antonio, *Joseph Beuys. Difesa della natura*, Skira, Milano 2001.

21. Marzot si forma all'Accademia di Belle Arti a Roma e quindi a Milano, dove tiene la prima personale nel 1959. Fino al 1964 sviluppa una pittura lirica, memore di Morandi, Licini, Guidi e De Pisis. Dopo il soggiorno a New York nel 1965, approda a una figurazione simbolica, riferita a immaginari viaggi nello spazio di coni e cilindri e spesso eseguita su tavole con l'applicazione di lastre di rame.

22. Vedi Restany Pierre, "Ils peignent au L.S.D.", in "Art Loisirs", n. 82, 19-25 aprile 1967, pp. 12-13.

23. Marzot Livio, *Larderello / J.'S. Walk / L'Isola / Il percorso / Via Conchetta / La stanza e le urne*, testo di Tommaso Trini, Salone Annunciata, Milano 1969. L'anno dopo, insieme a Carlo Bonfà e Riccardo Emma, Marzot pubblicherà *Il lavoro progetto per una casa comune su palafitte*. Vedi De Matteis Liliana, Maffei Giorgio, *Libri d'artista in Italia 1960-1998*, Regione Piemonte, Torino 1998, p. 160, n. 1676 e n. 1677.

24. Schöenenberger Gualtiero, "Salone Annunciata: Livio Marzot", "NAC. Notiziario Arte Contemporanea", n. 27, 15 dicembre 1969.

25. Schöenenberger Gualtiero, *Natura e ricognizione nell'opera di Livio Marzot*, 23 ottobre 1969, riportato in Ranzi Gianluca (a cura di), *Livio Marzot. Opere dal 1959 al 2015*, Fondazione Mudima, Milano 2016, pp. 125-127.

26. *Ibidem*.

27. Ranzi Gianluca (a cura di), cit., Milano 2016, p. 131.

28. La Pietra Ugo, *La guida alternativa alla città di Milano. Per un comportamento creativo nei processi di riappropriazione dell'ambiente*, ed. "Progettare Inpiù", n. 5-6, Milano 1974.

29. Vedi Solimano Sandra, *Anni sessantasettanta: una stagione vicina e lontana*, in Solimano Sandra (a cura di), *Attraversare Genova. Percorsi e linguaggi internazionali del contemporaneo. Anni '60-'70*, cat. della mostra (Genova, Museo d'arte contemporanea di Villa Croce, 10 novembre 2004 - 27 febbraio 2005), Skira, Ginevra-Milano 2004, p. 25. Vedi pure Ricaldone S. – Sborgi F., *Percorsi e linguaggi internazionali del contemporaneo. Anni sessanta-settanta*, in Solimano Sandra (a cura di), *Attraversare Genova...*, op. cit., 2004, p. 55. Si veda inoltre la monografia su Caminati pubblicata in concomitanza alla sua personale a Palazzo Ducale a Genova: Sborgi Franco (a cura di), *Aurelio Caminati. Opere 1947-1998*, cat. della mostra (Palazzo Ducale, Genova, 3 luglio - 23 settembre 1998), De Ferrari Editore, Genova 1998.

30. Sborgi Franco, *Introduzione*, in Sborgi Franco, *op. cit.*, 1998, pp. 9-10.

31. Vian, in *Caminati trans-cultura. Una trascrizione nell'Alzaia: la peste del 1630. Riattualizzazione di un fatto storico collettivo*, 30 ottobre 1976 ore 18,30 sul naviglio Grande e alla Darsena, Comune di Milano, Milano 1976.

32. Vedi pure "Iniziative del Comune di Milano", in "Data", n. 24, dicembre 1976-gennaio 1977, p. 8.

33. Vian, *op. cit.*, 1976.

34. Caminati Aurelio, in *Caminati trans-cultura...*, op. cit., 1976. Caminati dedica questo lavoro all'amico Celso Del Portico.

35. Vedi Granchi A., "L'altro cinema italiano a Parigi", in "Brera Flash", 2, n. 10, p. 34.

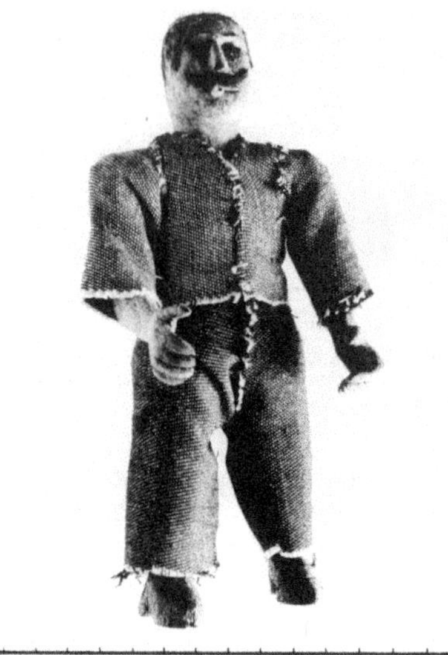

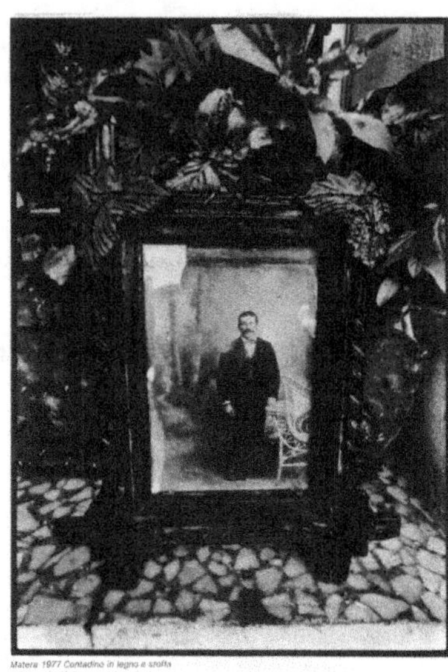

Mario Cresci, dalla serie *Misurazioni*, 1977. Courtesy Archivio Mario Cresci

Il contributo della fotografia

Fin dai primi anni Cinquanta la ripresa fotografica e filmica sono pratiche comunemente accettate, anche in Italia, nell'ambito della ricerca scientifica etno-antropologica. Tuttavia è opportuno precisare come il cammino verso un'integrazione tra fotografia e ricerca antropologica non sia stato in Italia fluido e immediato come potrebbe apparire, e come si verifica ad esempio negli Stati Uniti. Ciò anche a causa dell'atteggiamento dei demologi italiani (non escluso De Martino), i quali, condizionati da pregiudizi idealistici, hanno mostrato una certa diffidenza, se non una vera resistenza, nei confronti dei mezzi tecnici. Eppure è impossibile ignorare il ruolo fondamentale che la fotografia ha svolto nell'ambito della ricerca scientifica di carattere etno-antropologico, consentendo con relativa facilità l'analisi e la documentazione visiva dei luoghi che erano oggetto di indagine. E innegabile è il valore storico inestimabile oggi assunto dalle inchieste etnologiche di Ernesto De Martino nel Meridione e in particolare dal materiale visivo prodotto da fotografi come Franco Pinna[1] e Ando Gilardi[2], ma anche dei cineoperatori, presenti nell'équipe dell'antropologo italiano.

Il Meridione costituì nel secondo dopoguerra un polo di attrazione irresistibile per moltissimi fotografi e fotoamatori, calamitati, oltre che dalla possibilità di sfruttare i fortissimi contrasti della luce e dei soggetti, anche dalla seduzione che esercitava il viaggio etnografico, imitando idealmente il percorso dei grandi fotografi americani – pensiamo a Dorothea Lange, Walker Evans, Ben Shan - sulle strade degli Stati Uniti negli anni Trenta. Nel 1950 Elio Vittorini in persona si reca in Sicilia con il fotografo Luigi Crocenzi per eseguire le immagini destinate a illustrare la seconda edizione di *Conversazioni in Sicilia*. Poco dopo fotografi come Franco Pinna e Ando Gilardi partono per il Meridione al seguito di De Martino: il loro compito è quello di osservare e documentare le tradizioni, i rituali e in genere tutti i fenomeni di carattere magico-sacrale della Lucania e di altri recessi culturali del Sud. Per la prima volta tale missione viene concepita nei termini di un'analisi il più possibile scientifica, svincolata dalle convenzioni del folklorismo ottocentesco e del bozzettismo neorealista.

Sempre nell'ambito della fotografia, per completare il quadro culturale dell'epoca, si potrebbero ricordare le ricerche di carattere antropologico svolte da studiosi e appassionati distanti dal mondo accademico. Il più noto è stato Fosco Maraini (Firenze, 1912 - Firenze 2003), celebre grazie ai suoi molti volumi sul Giappone e autore di ricerche di Antropologia Fisica e Culturale sulla popolazione aborigena degli Ainu, cui dedica un volume nel 1942. Personalità complessa e sfaccettata fu Federico Patellani (Monza, 1911 - Milano, 1977), che fu aiuto regista di Mario Soldati, pittore nel clima del chiarismo lombardo e versatile fotoreporter che realizzò per la rivista "Tempo" di Alberto Mondadori innumerevoli reportages antropologici in ogni continente. Vale infine la pena di ricordare la fotografia "sociologica" proposta nei primi anni Cinquanta da autori come Mario Finocchiaro e Pietro Donzelli, contraltare della fotografia "formalista" rappresentata soprattutto da Giuseppe Cavalli. Finocchiaro, in particolare, oltre alle feste popolari siciliane, analizzò in numerosi servizi l'habitat della periferia milanese.

È interessante, a questo proposito, il dibattito presentato nel 1980 sulle pagine de "La ricerca folklorica": dopo aver dedicato il suo primo numero alle questioni teoriche concernenti la cultura popolare, la nuova rivista consacra il secondo e il terzo numero all'antropologia visiva - rispettivamente alla fotografia e alla rilevazione grafica il secondo e al cinema e al videotape il terzo -, vale a dire alle tecniche che supportano e integrano le discipline antropologiche attraverso la riproduzione dei segni visivi. Enzo Minervini vi sostiene che in Italia "la maggior parte del materiale fotografico di interesse etnografico è stata realizzata al di fuori di una logica di documentazione e con tutt'altra intenzione". Mentre è facile trovare materiale riguardante i "paesi coloniali" - spiega Minervini -, nell'ambito degli studi etnografici ben pochi ricercatori si sono serviti del mezzo fotografico e quindi ben pochi materiali fotografici sono stati inquadrati fin dall'origine in una logica di ricerca rigorosa. Inoltre lo studioso sottolinea il peso della soggettività del fotografo nella produzione del "documento" e le ineliminabili ambiguità interpretative cui la fotografia è esposta. Né si stanca di ribadire una constatazione solo in apparenza ovvia, cioè che ogni fotografia potrebbe costituire un reperto antropologico, indagabile da prospettive diverse, e che quindi è sempre necessario un criterio che definisca in quale misura una fotografia possa essere considerata documento etnografico[3].

La scelta di analizzare nelle pagine che seguono il lavoro di alcuni fotografi-artisti e artisti-fotografi quanto mai distanti dalle ricerche antropologiche sul campo appena accennate apre una serie di problematiche inerenti lo statuto della fotografia e il suo rapporto con altri "media", in particolare con la pittura[4]. Tutto ciò senza dimenticare l'importanza della fotografia nell'opera di Claudio Costa e di Armando Marrocco, sia come mezzo sia come processo chimico, e il ruolo di primo piano che il linguaggio filmico svolge nell'opera di Paradiso e di La Pietra.

Pur non essendo questa la sede adeguata in cui sviscerare tali tematiche, può essere utile un cenno ad alcuni capisaldi del dibattito esploso in quegli anni Settanta, ovviamente con una particolare attenzione agli eventi, peraltro spesso di primaria importanza, che coinvolsero anche gli autori qui considerati. L'incunabolo è rappresentato dalla mostra curata da Daniela Palazzoli e da Luigi Carluccio alla Galleria Civica d'Arte Moderna di Torino nel marzo-aprile 1973, *Combattimento per un'immagine: fotografi e pittori*, dove è presente Aldo Tagliaferro. Una carrellata attraverso centocinquant'anni di storia, con opere di Delacroix, di Corot, di Hayez, ma anche di Gianni Bertini, di Giuseppe Romagnoni e di Vincenzo Agnetti, per citare soltanto alcuni nomi. Per la prima volta pittura e fotografia vengono presentate insieme, l'una accanto all'altra, all'interno di una sede museale, "con peso e presenza paritetici - sottolinea la Palazzoli - per instaurare un dialogo. Un dialogo fra due tecniche di produzione dell'immagine - una manuale e l'altra meccanica - che ci consentano di scoprire e di mettere a fuoco un terreno comune fra le forme di comunicazione dell'arte occidentale e di operare un confronto fra la realtà delle apparenze esterne e il loro nocciolo costitutivo interiore"[5].

A fronte dell'atteggiamento manicheo di Eugen Thiemann nel testo di presentazione della personale di Paradiso a Dortmund[6], la fotografia ha trovato anche strenui difensori e infaticabili sostenitori. Si pensi al lavoro svolto da Daniela Palazzoli per promuovere, non soltanto in Italia, l'opera di quasi tutti gli artisti qui considerati. Nel testo di presentazione dell'edizione milanese della mostra *Fotomedia*, la fiducia nel "nuovo" mezzo e negli artisti che ne fanno uso è ostentata con entusiasmo: "Quando tre anni fa progettammo questa mostra di undici artisti italiani che usano la fotografia, non era ancora scoppiata la voga iperrealista lanciata con clamore dalla quinta documenta di Kassel [...] La nostra selezione, infatti, ha tenuto conto solo di quegli artisti che, pur intervenendo talvolta direttamente sulla immagine fotografica, utilizzano come base del loro lavoro la fotografia pura e semplice riportata sulla tela o sulla carta emulsionata. A questo abbiamo poi aggiunto una selezione di videotapes realizzati da artisti italiani negli ultimi anni, per sottolineare ulteriormente il carattere meccanico nella presentazione delle immagini come base del lavoro di una vasta area di artisti italiani"[7]. Nello stesso catalogo interviene pure Eugen Thiemann (la prima edizione della mostra aveva avuto luogo a Dortmund), con un testo breve ma piuttosto pessimista sulle sorti dell'arte di fronte all'avanzare minaccioso della fotografia, che però concludeva in chiave ottimistica: "L'esposizione del Museo Civico d'Arte Moderna di Torino ha aperto due anni fa l'intera problematica dell'era fotografica con il tema "Combattimento per un'immagine". Questa esposizione di Fotomedia porta una quantità di proposte per una soluzione del problema"[8].

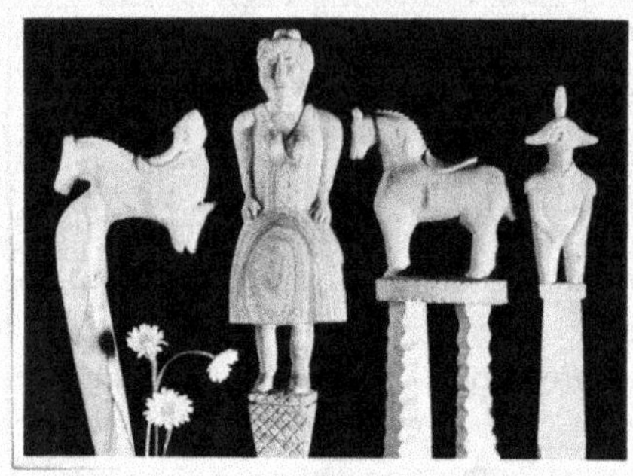

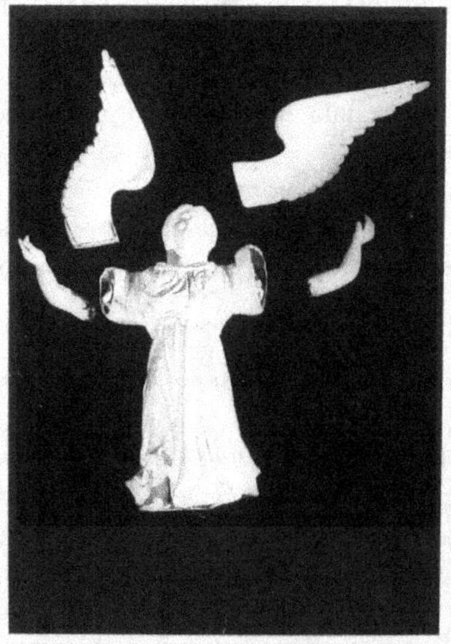

Mario Cresci, dalla serie "Misurazioni", Matera 1975-1977, stampe su carta fotografica assemblate su cartone fine art, cm100x70, Collezione privata, Torino

In Italia il decennio si chiude con la grande impresa espositiva *Venezia '79. La Fotografia* e con la bella mostra curata nel 1980 da Vittorio Fagone al Palazzo Reale di Milano, *Camere incantate, espansione dell'immagine*, cui partecipano De Filippi, La Pietra, Tagliaferro, Zaza e, come Gruppo Videoarte Ferrara, presente al Video Forum, Marchegiani e Marrocco[9].

MARIO CRESCI

Mario Cresci (Chiavari, 1942) ha trascorso vent'anni della sua vita nel meridione e a partire dal 1967 vi ha svolto un complesso lavoro, in particolare in Basilicata e in Puglia[10]. Tuttavia, nella prefazione al volume del 1983 *Basilicata. Immagine di un paesaggio imprevisto*, Cesare De Seta metteva in guardia da una superficiale sovrapposizione di quella ricerca al tema dell'inchiesta etnografica: "Cresci con questa doppia natura, con questi costanti riferimenti [luce e segno], è molto lontano dalla ricerca antropologica di matrice demartiniana che troppo spesso viene chiamata in ballo. I suoi riferimenti culturali sono molto lontani - in senso antropologico starei per dire - da quelli della scoperta neorealistica del Sud [...] Il suo lavoro [...] è ben distante dall'area definita da un Levi e da un De Martino: per trovare raccordi sarei tentato piuttosto di pensare a quella avanguardia "pauperista" degli anni Sessanta-Settanta che ha visto sulla scena figure di spicco come Piero Manzoni - in primis -, Pascali, Kounellis, e il manipolo che in Italia inaugurò la via della Land Art. Arte del paesaggio, arte che attinge alla natura più semplice e cruda"[11].

Queste posizioni sono all'epoca condivise da Italo Zannier[12], che di Cresci era stato maestro a Venezia, e ribadita anni dopo da un altro storico della fotografia, Caudio Marra, che infatti scrive: "All'inizio degli anni settanta anche Mario Cresci si è trovato a sfruttare lo stratagemma della foto dentro la foto; con una tensione però certo meno analitica e più emozionale. In una serie di ritratti realizzati fra gli abitanti di Tricarico in Basilicata, Cresci ha fatto impugnare ai propri soggetti i ritratti di parenti e defunti affettuosamente conservati fra le mura domestiche. La componente analitica è allora da un lato sicuramente presente in questi lavori perché proprio la foto dentro la foto serve da un lato a ridimensionare quel carattere di verità che altrimenti si sarebbe portati ad attribuire alla classica immagine da ricerca antropologica, ma contemporaneamente è anche la condizione assai più mondana della memoria a emergere dalla sovrapposizione delle due immagini"[13].

Anche se il lavoro di Cresci è innegabilmente impostato come una sorta di archivio della memoria, lo stesso artista terrà in seguito a prendere le distanze dall'opera di Franco Pinna e di Ando Gilardi, ossia da una cultura prettamente fotografica, ligia ai canoni e al valore di documentazione dell'immagine, o comunque al suo valore narrativo, ma poco o per nulla interessata all'arte e ad altre discipline. Infatti per Cresci la fotografia non è mai stata la descrizione del reale, ma sempre una trasformazione di esso, al limite un tentativo di misurazione. "Anch'io ho avvicinato quelle esperienze, però a me interessavano altre cose. Quella era la ricerca folklorica [...] Sì, certamente fotografie di quel tipo ne ho fatte anch'io, però quello non era affatto il mio obiettivo [...]"[14]. Cresci ricorda che nei due decenni trascorsi al Sud egli ha letto e interpretato in modo dilettantesco sia Ernesto De Martino che l'antropologa, documentarista e fotografa Annabella Rossi. Inoltre a Roma ha conosciuto l'antropologo Alberto Maria Cirese[15], autore di *Oggetti, segni, musei: sulle tradizioni contadine*, il quale ironizzava bonariamente sulla presunta scientificità delle ricerche condotte da artisti come Cresci.

Istintivamente portato all'interdisciplinarietà e fermamente convinto della necessità, pure per la fotografia, di connettersi con altre discipline, anche non di natura artistica, Cresci è però molto scettico sulla possibile identificazione di un'arte cosiddetta "antropologica". E non manca di porre in discussione sia una certa idea dell'antropologia come luogo d'identità, quindi immutabile, reclamando il dovere di questa scienza di rinnovarsi continuamente, sia le deviazioni museificanti subite da concetti pure intoccabili come quello di salvaguardia delle culture locali. In ogni caso preferisce considerare l'opera di Claudio Costa e di Antonio Paradiso, e del resto la propria, come una "libera interpretazione da parte di autori che si sono occupati anche di antropologia, ma lateralmente, utilizzandola come pretesto per produrre oggetti e forme d'arte [...]"[16]. Cresci sostiene che la loro produzione configuri dei "casi atipici" all'interno di una disciplina che nella realtà è ben più ponderosa di quanto possa apparire. Al contrario, riconosce una componente antropologica nell'opera di Pino Pascali o di Mimmo Paladino.

Cresci studia all'Istituto Superiore di Disegno Industriale di Venezia (operativo dal 1963 al 1972), dove Italo Zannier insegna fotografia. Nel 1966-1967 si reca per la prima volta nel Sud con il gruppo di urbanistica "Il Politecnico", formatosi a Venezia intorno al sociologo Aldo Musacchio, al fine di realizzare il piano regolatore di Tricarico, un paese in provincia di Matera. E a Matera Cresci si stabilirà nel 1969, dopo vari spostamenti fra Roma, Parigi e Milano, restandovi fino al 1988. Nei primi anni lavora di nuovo con il gruppo, che nel frattempo aveva rifondato.

Attento e sensibile all'ambiente dell'arte, nel 1968, a Roma, Cresci frequenta la Galleria L'Attico e conosce Pino Pascali, Eliseo Mattiacci e Jannis Kounellis. Affrontano tematiche impegnate i due nastri fotografici da lui realizzati all'epoca, dal montaggio già di per sé significativo. Nel 1969, a Milano, dando forma a *Environnement, mille immagini in mille cilindri trasparenti* alla galleria Il Diaframma, Cresci rende omaggio a Piero Manzoni

- lo colpirono le sue provocazioni, ma soprattutto la sua disperazione -, accumulando centinaia di scatole di plastica trasparente contenenti ritagli di pellicola con immagini riprese a Roma, a Parigi e a Milano e fissando alle pareti un nastro traslucido che riflette i volti dei visitatori.

Nel 1967, appena giunto a Tricarico, un luogo che per molto tempo gli procurerà un senso di spaesamento, Cresci aveva avviato un lento processo di conoscenza dei luoghi, degli oggetti e soprattutto delle persone, più difficilmente penetrabili. Una delle prime opere, appartenente ai cosiddetti *Fotogrammi d'affezione*, è l'immagine esile e scura di una bambina fotografata in una strada e trasformata da Cresci in un segno anonimo e freddo, mediante processi di reiterazione memori delle sperimentazioni sul movimento di Muybridge, di Marey e delle avanguardie di inizio Novecento. Ma il processo prende forma soprattutto nella sequenza dei *Ritratti mossi* (una ricerca poi ripresa nel 1974): figure riprese negli interni, in un contesto a fuoco, ma dai volti cancellati per mezzo del mosso fotografico. Come ha scritto Carlo Bertelli: "Non scompaiono le persone [...] soltanto i volti, come se questi, nella oggettivazione fotografica, potessero turbare la ricognizione commossa del loro dintorno. In questo andare al di là delle volontà individuali Cresci compie una ricognizione antropologica con caratteri inediti"[17].

Risalgono al 1967 anche le prime personali di Cresci: a Venezia alla Galleria del Leone, a Matera (*Proposte grafiche*) e a Tricarico (*Tricarico: passato e presente*), queste due ultime curate da Aldo Musacchio. Quindi, dopo la mostra milanese del 1969 sopra citata, egli tornerà ad esporre nel 1974 con ben quattro personali, due delle quali curate da Daniela Palazzoli, che l'anno seguente lo inviterà a *Fotomedia* alla Rotonda della Besana. Dal 1972, sempre a Tricarico, nascono invece i *Ritratti reali* (talora denominati *Ritratti in tempo reale*, in analogia con il lavoro svolto in quegli anni da Franco Vaccari)[18]: si tratta di trittici verticali raffiguranti gruppi familiari diversi ripresi negli interni delle loro abitazioni, nei quali l'uomo mostra una o più fotografie degli antenati. Una sorta di indagine sociologica, volta a sondare quelle identità nascoste attraverso una "verifica" analitica e rigorosamente fondata sull'inquadratura, ma anche una ricerca sulla propria identità, dal momento che Cresci esegue un proprio autoritratto in cui egli regge la fotografia dei suoi nonni sul petto.

Il ruolo fondante della memoria nel suo lavoro verrà esplicitato nella serie di fotografie *Memoria 1969-1977*, realizzate a Tricarico nel 1977 riprendendo luoghi ed oggetti fotografati dieci anni prima, e poi stampando soltanto i negativi delle situazioni che ancora ricordava, eliminandone però i contorni ed estrapolandone forme circolari con la parte centrale dell'immagine. Roberta Valtorta riconosce a questo lavoro una valenza simbolica, "in quanto dà il via a un processo di recupero e quasi di 'avvolgimento' sul tempo, sintomo di quell'idea di tempo circolare che domina tutta l'opera di Cresci"[19].

Ha un taglio decisamente antropologico anche la ricerca svolta da Cresci fra il 1977 e il 1979 e confluita nel volume *Misurazioni. Fotografia e territorio. Oggetti, segni e analogie fotografiche in Basilicata*. In questo lavoro confluiscono i suoi studi giovanili sulla percezione e sull'analisi del segno (con dichiarati riferimenti a Claude Lévi-Strauss, George Frazer, Margaret Mead e Gabriel Garcia Màrquez) e la conoscenza ormai decennale di quel territorio, soprattutto con oggetti appartenenti alla cultura artigiana e contadina.

Provenendo dal design, e da una consuetudine di riflessione sulla cultura della progettazione dell'oggetto di matrice Bauhaus, Cresci ha lavorato sistematicamente e analiticamente sugli oggetti, con un fine comunicativo e didattico. Dopo il primo impatto con il Meridione e la scoperta del mondo delle culture locali e delle tradizioni popolari, ha tentato di coniugare questo mondo dimenticato con quello dell'industria e del progresso tecnologico, prendendo posizione all'interno di un dibattito che era allora aperto tra nord e sud. Spiega infatti: "Un'idea che avevo era quella che anche l'oggetto più semplice, fatto a mano da una persona incolta, ma colta a suo modo, potesse avere dei valori di estremo interesse, non tanto per la produzione in serie quanto per l'oggetto in sé. E allora ho lavorato molto in questa direzione con la fotografia, poi anche con la grafica... perché queste due culture mi sembravano vicine tra loro, non antitetiche"[20].

Quindi Cresci cercò di produrre un lavoro di tipo comunicativo e con fondamenta didattiche, servendosi soprattutto della rappresentazione grafica e fotografica dei modelli, comparata con immagini e rilievi degli oggetti reali (un sistema di rilevamento adottato per qualsiasi oggetto e destinato a costruire nel tempo una "schedatura" ragionata), e affrontando la lettura degli oggetti attraverso una serie di analogie che andassero oltre il visibile. Era questo, a suo parere, il modo più efficace per rendere consapevoli quelle persone del loro patrimonio e del fatto che la cultura del fare e la sapienza della manualità potessero trasmettere le medesime forme e i medesimi segni da materia a materia, e da luogo a luogo, anche a distanza di secoli: "Ecco allora il confronto diretto fra il grande cesto ostentato dalla cestaia di Viggianello e la decorazione ad intreccio sull'ingresso della cattedrale di Matera. Oppure, di fronte a una tenda, sapere che qualcuno lavorava sulla percezione visiva della trama. [...] Si trattava di un tipo di attività tra arte e design, tra arte e comunicazione, e soprattutto tra fotografia e disegno. Un'esperienza durata tre anni (1974-1977), con fatiche enormi, che purtroppo non riuscì a generare nulla di stabile, anzi venne come spazzata dal vento. [...] Il terremoto che nel 1980 colpì l'Irpinia e la Basilicata non fu soltanto un cataclisma geografico, in un certo senso esso cancellò buona parte della memoria storica di quelle popolazioni. In seguito la classe politica ha preferito sostenere proposte culturali più eclatanti e spettacolari [...]"[21].

Nell'introduzione al volume, è lo stesso Cresci a rintracciare le motivazioni di tale lavoro e a contestualizzarlo: "Le immagini della prima parte del libro rappresentano un aspetto del lavoro fotografico svolto in Basilicata dal 1967 ad oggi. Con il gruppo d'urbanistica "Il Politecnico", la fotografia si poneva sin d'allora come mezzo di lettura critica della realtà contadina in una analisi globale che partiva dal territorio circostante per arrivare alla sistematica ripresa del paese, delle case, degli spazi interni ed esterni e dei movimenti della vita quotidiana in un continuo rapporto tra la fotografia e il tempo reale delle situazioni. A distanza di anni si può definire il lavoro di Tricarico come uno dei primi interventi in Italia sulla cultura materiale nel Mezzogiorno. Da questa esperienza, durata dal '67 al '72, nasce il mio rapporto con la Basilicata e i problemi delle aree meridionali; la ricerca fotografica continua saltuariamente sino al '74 e in questi ultimi due anni si identifica nelle 'misurazioni'"[22].

Quindi Cresci spiega il procedimento da lui seguito: "Negli oggetti ripresi inizialmente nel loro ambiente e poi nello studio ho trovato un riscontro con la memoria e la "creatività" degli anziani che li hanno realizzati al di fuori da qualsiasi uso commerciale; nel caso degli oggetti intagliati nel legno da ex contadini e pastori, ancora maggiore è il recupero della memoria e del tempo vissuto nei campi. Ho fotografato, volta per volta, gli attrezzi, la casa, gli oggetti e i gesti come elementi indicativi di una cultura autonoma e non certo subalterna a nessun'altra sul piano del rapporto materiale con il mondo delle cose e del linguaggio. Attraverso accostamenti di fotografie ho cercato una serie di analogie che a livello visivo individuano segni, forme e significati traslati su materiali diversi a testimonianza che il rapporto uomo-ambiente, nel suo isolamento, ha creato nel tempo la propria identità raffigurata e costruita in valori d'uso e credenze [...] La seconda parte del libro è la diretta conseguenza della prima, vissuta come esperienza di lavoro in una cooperativa di giovani artigiani di Matera"[23].

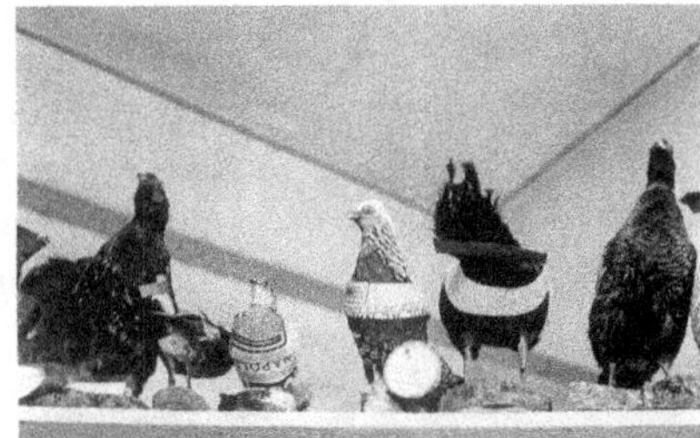

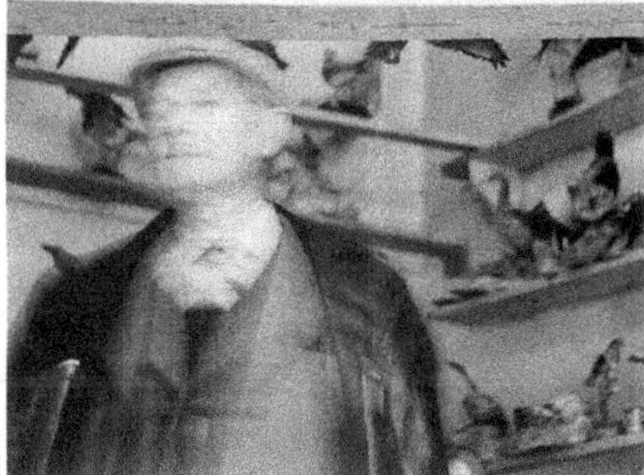

Mario Cresci, *Ritratti reali*, 1972. Courtesy Archivio Mario Cresci

Sfogliando le pagine di questo volume, si resta affascinati dalla sequenza delle immagini che scorrono, anche senza conoscere il rigore metodologico che le sottende: il sistema degli oggetti viene rappresentato attraverso le mani, gli strumenti, le impronte, le ombre, le immagini, i modelli, vale a dire "i segni delle nostre cose"[24]. Un lavoro che è un preludio diretto alle *Identificazioni* del 1981[25] e condotto da Cresci parallelamente a ricerche in apparenza distanti, quali la serie *Barbarano Romano* (1978-1979), ritratti in interni memori delle due sequenze sul medesimo tema già considerate, oppure l'azione fotografica di matrice concettuale *Campo riflesso e trasparente*, che ha luogo allo Studio Trisorio di Napoli nel 1979.

Mario Cresci è sempre stato consapevole, fin dall'inizio della sua esperienza di lavoro nel Sud Italia, dei problemi metodologici posti dall'uso dei "media" nella ricerca etno-antropologica. Ha spiegato dettagliatamente, in diverse sedi, il proprio *modus operandi*, disposto a confrontarlo con quelli, diversi, di altri operatori. In Basilicata ha avviato una sperimentazione esterna alle scuole istituzionali, programmando la realizzazione di un centro a carattere regionale e interregionale destinato al design e al visual design, come progetto pilota estensibile ad altre zone del meridione[26]. Un'esperienza, come si è detto, che purtroppo non raggiunse la stabilità auspicata da Cresci, per l'incomprensione della classe politica e le lacune croniche di una cultura che ha sempre ignorato o sottovalutato la cultura popolare[27].

Questa ricerca di Cresci sulla cultura materiale verrà utilizzata come apparato iconografico da Aldo Colonetti nel volume *I segni delle cose*, concepito come un viaggio, attraverso parole e immagini, all'interno della comunicazione visiva, partendo dal presupposto magrittiano che è la materialità delle cose stesse a rendere possibile la loro trascrizione linguistica. Colonetti riscontra "forti analogie tra la cultura materiale, oggetto dei segni di Mario Cresci, e l'esigenza di una progettazione di oggetti industriali in grado di esprimere con chiarezza funzioni e linguaggio riconoscibili"[28].

Una sequenza di cinque fotografie del 1971 dedicate alle cave di Matera (*Analisi di un ambiente: le cave di tufo di Matera*) e otto fotografie del 1978 della serie *Misurazioni. Basilicata* vengono esposte alla Biennale di Venezia del 1978[29] nella sezione *L'immagine provocata* curata da Luigi Carluccio. Il critico individua, nei fotografi da lui selezionati, sia una conoscenza delle tecniche fotografiche che però escluda spontaneità e casualità, sia "una disponibilità, viscerale o colta che fosse non importa, a riconoscere gli aspetti autentici della realtà naturale ed attraverso di essi suggerire per figure un discorso singolo o d'insieme, sino a proporre un principio di coordinazione interna, se non proprio il principio di un racconto"[30]. Fra gli autori presenti, di età e formazione diversa (Mario Giacomelli, Italo Zannier, Luigi Ghirri, Franco Fontana, Fabrizio Plessi, Luca Patella e altri), vale la pena di ricordare

Francesco Spada, un giovane artista di Novoli (presso Lecce) all'epoca venticinquenne, che dopo gli esordi come pittore si rivolgerà all'antropologia visiva e al design e diverrà amico di Cresci. Ritornato al Sud intorno al 1975, dopo un'esperienza romana in ambito socio-politico, Spada scopre le potenzialità della fotografia ai fini della documentazione e fino ai primi anni Ottanta si getta a capofitto in una ricerca che si muove essenzialmente fra tre poli tematici: l'artigianato, i rituali del fuoco e la lavorazione del tabacco[31]. Ma non vanno dimenticati i suoi studi sull'architettura rurale nel Salento e sulle tradizioni popolari di quei territori (ad esempio il lavoro *Maddhia* del 1981, dedicato alla pettinatura). A Venezia Spada presenta alcune serie di fotografie interessanti, fra cui quelle appartenenti alla documentazione da lui raccolta sulle feste popolari nel Salento e sulle botteghe della cartapesta a Lecce, lavori entrambi risalenti al 1976.

Se è vero che l'attenzione preminente di Cresci negli anni Sessanta e Settanta sembra essere stata verso l'uomo e gli oggetti, è altrettanto vero che il suo interesse è stato a tratti calamitato anche dai luoghi e dal paesaggio, naturalmente sempre in totale relazione con gli uomini che vi abitano[32]. Un interesse esplicitatosi negli anni Ottanta con i volumi *L'archivio della memoria. Fotografia nell'area meridionale 1967-1980* (1980) e *Basilicata. Immagini di un paesaggio imprevisto* (1983) e con i lavori per il progetto *Viaggio in Italia* del 1984. La passione per il paesaggio era emersa prima, nelle opere intitolate *Vedere a rovescio* del 1974 e, soprattutto, nell'episodio che qui importa maggiormente, ossia le ricerche da lui svolte nelle cave di tufo di Matera nei primi anni Settanta, probabilmente tra il 1972 e il 1974 (anche se le datazioni, nella bibliografia esistente, variano tra il 1971 e il 1976). Di questi luoghi magici egli pone in risalto la luce, i giochi geometrici sviluppati sulle pareti e i segni dell'uomo sulla polvere della strada. Anche nel volume *Misurazioni* sopra citato appaiono alcune fotografie dedicate alle cave d'estrazione del tufo a Matera, poste a cofronto con diverse possibili varianti, disegnate, della combinazione dei segni. Si tratta di fotografie affini - anche per la coincidenza del soggetto -, e quasi contemporanee a quelle scattate da Antonio Paradiso negli stessi luoghi e documentate nel libro d'artista *Storia naturale del quaternario*, edito nel 1972. Il tema delle cave verrà ripreso da Cresci nel 2001 - un altro dei "ritorni" evidenziati da Roberta Valtorta nel percorso di Cresci - fermando però lo sguardo su dettagli macroscopici come le orme nella polvere, in una serie di immagini luminosissime, espressione di una realtà bianca e lattescente. Tuttavia la ricerca più organica dedicata da Cresci al paesaggio sarà quella realizzata sul finire del decennio e sfociata nel volume *Martina Franca immaginaria*, pubblicato nel 1981. Nell'introduzione Enrico Crispolti scrive di una "lettura ambientale-antropologica, anziché ambientale-monumentale", sottolinea l'attenzione di Cresci a uno spazio "a dimensione umana, persino tattile"[33] e richiama, quanto al rilevamento dei muri, il lavoro sulle "tracce" svolto da Vaccari negli anni Sessanta.

MICHELE ZAZA

Michele Zaza (Molfetta, 1948) emerge nel panorama artistico italiano agli inizi degli anni Settanta presentando una sequenza di ritratti in penombra dei suoi genitori e di se stesso, fotografati all'interno della dimora di famiglia a Molfetta come fossero presenze arcaiche e ieratiche. La forza di quei ritratti sta nella capacità di Zaza di cogliere in pieno il *genius loci*, l'essenza di quei luoghi del Sud Italia e delle persone che lì abitano e, parallelamente, di sviluppare un discorso autobiografico intorno all'identità, dando voce al rapporto dialettico, di amore-odio, con la propria città, e al bisogno di ritrovare le proprie origini, la propria essenza di verità[34].

Zaza aveva compiuto i suoi studi a Milano, all'Accademia di Brera, dov'era stato allievo di Marino Marini. E a Milano e alla realtà artistica del Nord Italia resterà legato professionalmente lungo tutti gli anni Settanta, decidendo invece, a metà degli anni Novanta, di stabilire il suo principale domicilio a Roma[35].

Considerando lo sviluppo globale del suo lavoro, è facile leggere una componente antropologica fin dalla sua prima opera, *Simulazione d'incendio*, cinque fotografie in bianco e nero (50 x 75 cm), edite dalla galleria milanese Diagramma. La sequenza documenta diverse azioni realizzate da Zaza nella sua città natale, Molfetta, fra il 24 dicembre 1970 e il 10 gennaio 1971, intorno a mezzogiorno, con l'intenzione di simulare un incendio che disturbasse le tranquille abitudini domenicali dei cittadini. È quindi chiaro, fin dall'inizio, lo spirito provocatorio e trasgressivo di Zaza e la sua insofferenza verso una generica immobilità meridionale. Ma è lo stesso Zaza a riconoscere, al di là delle provocazioni giovanili, una forte influenza dei classici nel suo lavoro. In particolare egli ricorda la ritrattistica romana e le icone greco-bizantine, evidentemente ammirate per l'espressività e l'icasticità, il *Cristo redentore* del XIII secolo conservato nella cattedrale di Molfetta e, inoltre, la scultura e la pittura di Marino Marini. Quindi aggiunge: "Durante gli anni di studio all'Accademia i miei riferimenti iconografici preferiti erano Masaccio, che mi colpiva per il suo senso "fisico" delle figure, e Piero della Francesca per la ieraticità dei soggetti e l'organizzazione dello spazio. È la gravità di una forma che mi interessa sempre, anche se in seguito essa viene smaterializzata dalla fotografia"[36]. Questo senso di grave fisicità e nel contempo di assenza smaterializzante viene esaltato dalle campiture di colore (bianco, nero e blu) che Zaza stende sul proprio volto e su quelli dei genitori, agevolandone un processo di trasfigurazione già implicito nella ieraticità delle immagini. Campiture che sono state lette come "memoria della pittura"[37].

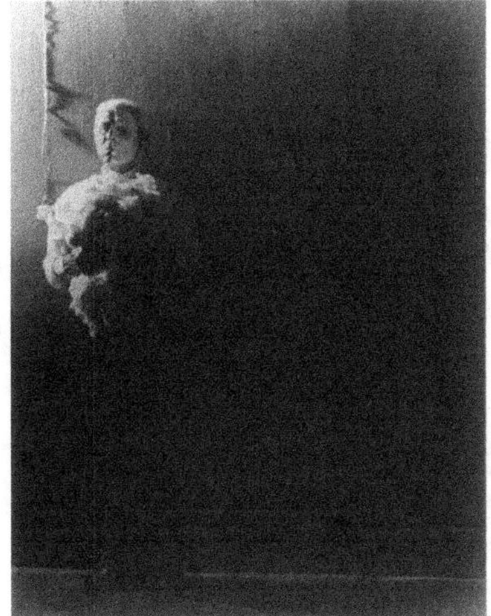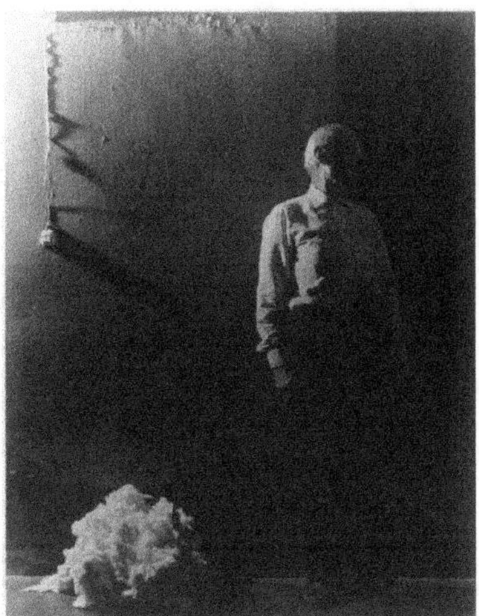

Michele Zaza, *Stile della presenza*,1974, fotografie in b/n, 23 x 30 cm, Coll. Cabinet d'arts graphiques des Musées d'art et d'histoire, Genève. Courtesy Archivio Michele Zaza

La battaglia di Zaza contro il conformismo della città natale prosegue con i tre cicli realizzati fra il 1972 e il 1974 (*Cristologia*; *Dissidenza ignota*; *Naufragio euforico*), nei quali l'artista intende denunciare l'omologazione dominante e la falsa libertà imposta da vari poteri istituzionali. Da qui la scelta radicale di lavorare sul corpo, strumento di scansione del tempo e dello spazio, e soprattutto sul viso, rivelazione autentica dell'anima.

Protagonisti delle rappresentazioni sono irrevocabilmente l'artista stesso, suo padre e sua madre, fotografati nella loro casa. Mediante la tecnica della ripetizione, i loro gesti e le loro abitudini comportamentali vengono privati di senso e di significato. L'espediente caratterizzante questa ricerca diviene infatti la sequenza fotografica: spesso si tratta di due, tre o più immagini, allineate in senso orizzontale o verticale oppure, nel caso di installazioni complesse, disseminate con ordine sulla parete. L'immanenza e la fissità dei personaggi conferiscono alla rappresentazione un'atmosfera di assurdità. Atmosfera potenziata dalla presenza di oggetti appartenenti al vissuto quotidiano (il piatto, lo specchio, l'orologio, i libri, la sedia, la bottiglia e la lampada), utilizzati da Zaza con un valore simbolico. D'altra parte la scelta di Zaza di indagare sulle relazioni affettive familiari all'interno di un'abitazione comune muove da profonde convinzioni filosofiche (la considerazione della madre come simbolo della terra) e dalla sua consapevolezza che tale ricerca porti ad emergere problematiche universali, ad esempio l'idea di una relazione dialettica fra le generazioni, l'idea dell'autonomia e l'idea della libertà.

Naufragio euforico, del 1973, è l'opera che rappresenta Zaza all'interno del volume di Lea Vergine *Il corpo come linguaggio*: nella sequenza di fotografie, che gioca sull'equivoco dell'esistenza reale o presunta dell'immagine riprodotta, l'artista introduce una personale riflessione sul tempo e sulla vita (38). Fra le numerose testimonianze dell'attenzione della critica verso l'opera di Zaza, si potrebbe ricordare che alla fine del 1973 egli è tra gli artisti scelti da Alberto Boatto e Filiberto Menna per rappresentare l'arte italiana intorno al 1970, documentandone soprattutto i linguaggi neoavanguardistici, in una vasta rassegna allestita al Museum of the Philadelphia Civic Center, nella sezione "redemption of the self and art as behavior"[39]. Fra gli artisti che esponevano insieme a Zaza, ricorderei Eliseo Mattiacci (Cagli, 1940), maturato in ambito romano ma anch'egli interessato al tema dell'identità strettamente collegato a quello della maschera. Dopo gli esordi "tecnologici" nel solco di Pascali, Mattiacci ha sempre cercato un rapporto diretto fra il suo corpo e l'ambiente, considerato come supporto di memorie stratificate, in una dimensione di riferimento antropologico[40].

A proposito del riferimento alla tradizione delle icone greco-bizantine, talora esplicitato dall'artista nei titoli delle opere (*Icona*, 1996), Angelo Capasso nota: "Il primato della "persona" (il cui valore etimologico è prima "maschera" e poi "individuo") è il valore essenziale che Zaza condivide con le Icone [...]"[41]. Anche se la sua è una formazione tradizionale, "da pittore", Zaza si definisce "un pensatore di immagini" che ha trovato il suo strumento congeniale nella fotografia. In questa percezione di sé, Zaza non è molto distante da Tagliaferro, il quale si considera un pittore che usa la fotografia per indagare il contesto sociale e la reazione dell'uomo. Pur avendo esplorato, non occasionalmente, altri mezzi quali il disegno e il video, Zaza preferirà sempre esprimersi attraverso la fotografia, senza peraltro rivendicare doti di professionista impeccabile e di conoscitore del linguaggio fotografico. Egli lega la scelta della fotografia alla propria natura ansiogena, agli esiti immediati del mezzo e alla totale fedeltà che esso è in grado di assicurare a pensieri e progetti. Quindi la fotografia ha per lui un ruolo puramente strumentale, è il mezzo più efficace e fedele per visualizzare non tanto ciò ch'egli vede quanto ciò ch'egli pensa.

È interessante leggere alcune sue dichiarazioni in merito, espresse nel corso di un'intervista pubblicata in francese in un catalogo, fonte preziosa per molte altre considerazioni qui avanzate: "La ricerca fotografica può costituire una difesa a oltranza della propria identità. Può aiutarci nel viaggio alla conoscenza delle nostre origini, delle nostre radici. Il mio lavoro possiede implicitamente una componente metafisica che spinge lo spettatore a leggervi una dimensione "altra" dell'immagine, che è la dimensione psichica dello spazio e della presenza umana. (...)"[42]. Nel medesimo catalogo

Mason osserva che "Zaza può affermare un'ambizione visionaria, espressa in una formula dalla splendida tensione creatrice, pertinente ieri quanto oggi: 'fotografare il mio corpo come non è', perché la sua mimèsis non è imitazione, ma rappresentazione limitata di una totalità del racconto (mitico, sociale, spirituale), proiezione differente". Mason cita poi l'opera *Astrazione* del 1977, in cui "sembra darsi la doppia dimensione dell'archeologia e della valutazione dell'avvenire". E a proposito dell'astrazione, è significativa la risposta di Zaza: "[...] Per me l'astrazione è un modo di comprendere meglio la realtà. Di solito si considera irreale una cosa che non esiste. Io invece do a questo termine un significato temporale: l'irreale è il non ancora reale, ciò che può essere reale. [...] Io ritengo che la realtà della mia interiorità sia più importante di una realtà esterna. [...] Ecco la mia conquista personale: l'astrazione è un'idealità della realtà"[43].

Quella di Zaza fu una ricerca originale e rigorosa, da lui bruscamente interrotta nei primi anni Ottanta, con grande sorpresa di un sistema dell'arte che aveva comunque riconosciuto il valore della sua opera, e ripresa soltanto nel decennio successivo. Analizzando il curriculum dell'artista, si evidenzia infatti un'intensa attività espositiva lungo tutti gli anni Settanta e fino ai primi anni Ottanta (con la personale al Musée d'art moderne de la Ville de Paris nel 1981, presentato da Celant, e con le presenze, nel 1982, a *Documenta 7* e alla rassegna sull'arte italiana degli ultimi due decenni alla Hayward Gallery di Londra). Dopo un rallentamento prolungatosi per circa un decennio, subentra una decisa ripresa, tuttora in corso[44]. Tuttavia va detto che nel decennio del suo silenzio artistico Zaza realizza numerose forme plastiche, in seguito associate a immagini fotografiche. Forse non estranea a questa interruzione fu la scomparsa dei genitori, fonte principale della sua ispirazione. Dopo questa interruzione, il lavoro di Zaza si inoltra alla ricerca di forme archetipe, per poi lanciare un altro discorso sul corpo come luogo di germinazione. Pur sviluppando temi e forme delle sequenze degli anni Settanta, le opere recenti indicano importanti trasformazioni: sono opere monumentali e dalla costruzione più astratta, protagonisti i volti dell'artista e quelli di sua moglie e di sua figlia, spesso composti con delle forme scultoree.

Come spiega lo stesso Zaza: "La doppia presenza, maschile e femminile, interviene meno, per lasciare spazio a una sola presenza, sia maschile che femminile. Perché l'idea dell'unità è cambiata. (...) non vi è più il riferimento al quotidiano, il legame al vissuto, ma è subentrata una grande autonomia iconografica che trasfigura un corpo biologico in un corpo culturale, un corpo mentale. Perchè ciò? Perché sono partito dall'idea di assoluto, dall'evocazione e dall'incarnazione di un'unità assoluta, che inevitabilmente obbliga ad andare oltre l'unilateralità dell'idea di maschile e femminile"[45].

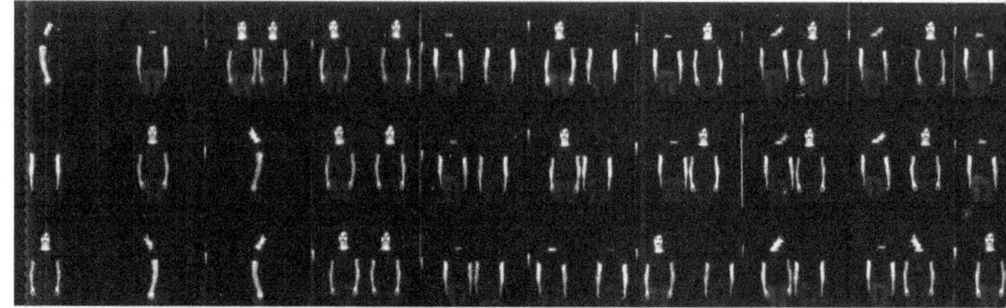

Aldo Tagliaferro, *Identificazione oggettivizzata*, 1973, riporti fotografici su tela emulsionata, cm 112 x 700. Courtesy Archivio Aldo Tagliaferro

Aldo Tagliaferro

Una componente antropologica sostanzia anche il lavoro di Aldo Tagliaferro (Legnano, Milano, 1936 - Parma 2009), che a partire dal giovanile *L'impegno e gli impegnati* (1967) fino a *Sopra/sotto-un metro di terra* (2000) è rivolto a una "registrazione" del comportamento dell'uomo e del suo ruolo all'interno delle strutture in cui si trova a operare[46]. Attraverso queste indagini egli intende approfondire la dimensione dell'interiorità umana e per farlo sceglie la strada della sperimentazione, forzando ai limiti le potenzialità dei mezzi e sviluppando un lavoro metalinguistico.

Tagliaferro appartiene alla stessa generazione di Paradiso, dunque è più anziano rispetto a Cresci, a Costa e ancor più rispetto a Zaza. Avvia la sua ricerca intorno alla metà degli anni Sessanta, partecipando attivamente al clima di rinnovamento linguistico di quel periodo di tensioni sociali e culturali. Il suo interesse per il tema antropologico-sociale si rinnoverà continuamente negli anni, sempre però traendo linfa da una ricerca nel contesto socio-culturale e con poco interesse per i temi archeologici e rurali tipici di Costa, di Paradiso e di Cresci.

Nato a Legnano nel 1936, in età giovanile Tagliaferro vi svolge un'intensa attività pittorica. Dal 1963 si trasferisce a Sesto San Giovanni, nel "Quartiere delle botteghe" ideato da Felice Valadè, costruttore edile e collezionista che, in cambio di quadri, aveva messo una ventina di studi a disposizione di artisti appartenenti alle tendenze più rappresentative dell'epoca: dalla nuova figurazione di Fernando De Filippi e Mino Ceretti all'indagine segnica di Arturo Vermi e Mario Bionda, dalle ricerche oggettuali di Enrico Castellani e Agostino Bonalumi a quelle concettuali di Luciano Fabro e Hidetoshi Nagasawa. Trasferitosi quindi a Milano, Tagliaferro vi abita dal 1970 al 1986, quindi si stabilisce a Bazzano, sull'Appennino parmense.

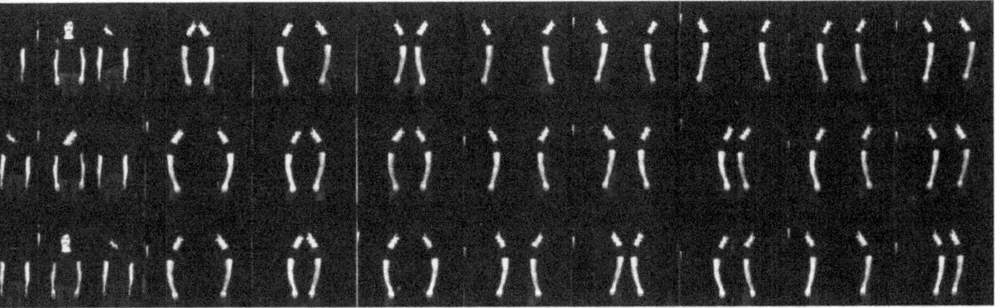

Dal 1965 egli opera una scelta radicale a favore della fotografia (dichiara perentorio: "Sono un pittore che usa la fotografia!") e di un lavoro di sperimentazione, partecipando, quello stesso anno, al Premio San Fedele e al Premio Ramazzotti. La maturazione della sua ricerca culmina intorno alla svolta del decennio. Non a caso tra le opere di Tagliaferro più significative anche nel contesto di un discorso sui rapporti fra arte e antropologia si possono ricordare *Verifica di una mostra*, un lavoro concepito dall'artista come una verifica in diretta dei rituali legati alla propria personale del gennaio 1970 alla Galleria La Bertesca di Genova[47], la sua partecipazione alla XXXV Biennale di Venezia nell'ambito della rassegna *Proposte per una esposizione sperimentale* (sezione *Laboratori*), *Identificazione oggettivizzata* del 1973 e, a fine decennio, *Analisi della pettinatura africana. "dal segno alla scrittura"*. In questa sede vorrei concentrare l'analisi su *Identificazione oggettivizzata* del 1973, un lavoro composto da venti pezzi (cm 112 x 35 ciascuno) costituiti da riporti fotografici su tela emulsionata. Così nel 1973 lo spiega Tagliaferro, che ha sempre accompagnato la presentazione delle sue opere con delle *Annotazioni di lavoro*: "In questa analisi all'identificazione ho voluto dare un senso negativo, un modello di spersonalizzazione. Per questo lavoro ho fotografato due gemelli. Ho cercato di creare delle pose di "rimando", cercando di spersonalizzare l'individuo fino a fargli assumere il ritmo di un oggetto. per la struttura assunta dall'immagine, da tale ritmo consegue una specie di scrittura"[48]. Riprendendo queste note molti anni dopo, in occasione delle personali del 2001, l'artista preciserà: "Il lavoro ha due momenti di lettura: uno è la verifica della similitudine delle immagini rappresentate, l'altro è la lettura globale dove, per la struttura assunta dall'immagine, ne consegue una modificazione della sua rappresentazione, fino a diventare una specie di scrittura[49].

Identificazione oggettivizzata è una componente di un progetto articolato in sette fasi sul tema *memoria e identificazione come sovrapposizione alla realtà*, un'analisi sulla variabilità oggettiva attraverso la soggettività temporale, composta di tre esempi di memoria, tre esempi di identificazione e un lavoro a metà fra la memoria e l'identificazione. Come spiega l'artista: "Per questa analisi ho usato due componenti: la memoria e l'identificazione, perché la somma delle due, parallele fino a sovrapporsi, dà, attraverso le esperienze consumate, una conoscenza del proprio io. Questo può diventare condizionante in un tempo presente, perché il nostro comportamento è dato dalla somma tra le nostre esperienze assimilate e la sollecitazione di nuovi stimoli, che tendono continuamente a modificarlo, in rapporto al tempo reale che è il presente"[50].

Sul finire del 1973 il lavoro viene esposto alla galleria L'Uomo e l'Arte di Milano, uno spazio espositivo enorme e ben strutturato, che presentò anche le personali, tra gli altri, di Vincenzo Agnetti, Claudio Parmiggiani, Mario Schifano, Penck, Dennis Oppenheim e Shusaku Arakawa, oltre che una mostra sull'arte primitiva e oceanica curata da Aldo Tagliaferri. Il titolare, Franco Ignazio Castelli, era pure il direttore responsabile dell'omonima rivista "L'Uomo e l'Arte", che al pari della galleria ebbe una vita breve ma intensa. Le sale della galleria furono in grado di accogliere quel lavoro così ampio valorizzandolo in tutte le sue componenti: *Memoria evocativa (infanzia)*; *Memoria variabile*; *Memoria-identificazione-in una variabilità temporale*; *Identificazione-della propria disponibilità*; *Identificazione-teatro trasposizione*; *Identificazione oggettivizzata*; *Sovrapposizione alla realtà*.

Il catalogo, introdotto da una citazione di Samuel Beckett ("Colui che ha buona memoria in realtà non ricorda nulla, per il semplice motivo che non dimentica nulla") e da varie definizioni tratte dalle parole di due dizionari di epoche diverse, illustra le varie componenti del lavoro accompagnate dai testi dell'artista. È interessante rileggere una breve recensione di Tommaso Trini apparsa all'epoca sul "Corriere della Sera", per la precisazione di alcuni riferimenti da lui individuati. Premesso che Tagliaferro "ha avvitato sul suo lavoro il grandangolare concettuale", il critico precisa: "La foto dell'infanzia col padre, che altri (Boltanski) userebbero proustianamente per una falsa autobiografia, Tagliaferro la sfoca in un diagramma dell'evocazione. La sequenza d'una finestra che si apre sulla luce (a differenza d'una analisi della visione che ne farebbe Dibbets) lui la volge all'esame della nostra disponibilità ad identificare le cose. Fotografati i muri della galleria, vi ha incollato sopra le immagini così ottenute, e ha rifotografato il tutto sovrapposto: è il lavoro più diretto per la nostra mente, ma già mostra un eccesso di manipolazione, che è appunto il rischio di molti foto-artisti. Ma in genere Tagliaferro riesce a ben combinare l'intenzione con il risultato, l'analisi critica con l'impatto visivo delle grigie sequenze fotografiche da mettere a fuoco con la mente"[51]. Il richiamo all'opera di Christian Boltanski, quasi inevitabile per questo lavoro che indaga sistematicamente il rapporto tra la fotografia e la memoria, andrebbe in realtà meglio precisato: i due condividono, ad esempio, l'indagine ossessiva della dimensione temporale e della sua percezione, l'atteggiamento freddo e distaccato e una certa atmosfera estraniata. Tuttavia Tagliaferro appare poco interessato all'insistente richiamo al passato dell'artista francese, peraltro più giovane di otto anni, ed è quanto mai distante dal suo mimetismo, dalla sua continua riproduzione di documenti fittizi di stile neutrale[52].

Ando Gilardi, critico e storico della fotografia, attacca il pezzo in cui recensisce la mostra dichiarando che Tagliaferro è stato il primo in Italia "a fare opera d'arte con la fotografia". Quindi, con il suo eloquio schietto e concreto, s'inoltra in un lungo discorso sulla moda di fare "arte come fotografia" o "fotografia come arte", abitudini generalmente sfocianti in una banale contaminazione, e sull'atteggiamento contrario di Tagliaferro, che a suo parere farebbe invece arte pura con mezzi fotografici puri[53].

I diversi gradi di lettura di *Identificazione oggettivizzata* di Tagliaferro sono deducibili anche dal diverso utilizzo dell'opera da parte di critici e storici dell'arte: Lea Vergine ne ha colto gli aspetti di corporeità, scegliendola per rappresentare Tagliaferro nel suo volume sulla Body Art[54], Vittorio Fagone ne ha evidenziato la componente segnica, di scrittura, in un lungo articolo impostato sulla metafora del pennello e dell'inchiostro (ispirata alla trattatistica cinese sulla pittura) e illustrato proprio da *Identificazione oggettivizzata*, oltre che da un'opera del 1974 di Ugo Dossi[55]. Non dimentichiamo che Tagliaferro, oltre ad aver stampato l'opera in diverse varianti (seppia, blu...), al fine di andare oltre la rappresentazione e concentrarsi maggiormente sul segno che essa traccia, ha stampato in negativo l'immagine dei gemelli, esaltandone in tal modo l'aspetto segnico, che l'avvicina quasi a una tavola geroglifica.

Nel 1974 *Identificazione oggettivizzata* viene esposto nella rassegna *Fotomedia*, curata da Daniela Palazzoli e allestita al Museum am Ostwall di Dortmund (che tra l'altro acquisì un bozzetto dell'opera) e l'anno dopo nella mostra *Sempre nuove cose pensando* curata da Vittorio Fagone e tenutasi all'International Cultureel Centrum di Anversa. Dopo la scomparsa dell'artista nel 2009, l'opera è stata presentata, tra l'altro, nelle personali allestite al Museo Maga di Gallarate nel 2011-2012[56] e alla Osart Gallery di Milano nel 2013-2014[57].

La medesima duplice lettura di *Identificazione oggettivizzata*, ossia un'analisi di carattere antropologico e un'analisi di carattere semiologico, è anche la chiave interpretativa di *Analisi della pettinatura africana. "dal segno alla scrittura"*, un lavoro nato negli anni 1979 e 1980 durante un soggiorno dell'artista nel Congo e presentato a Milano nel 1983. A Tagliaferro interessano sia l'aspetto etnologico delle acconciature, sia la ricerca sul segno e l'uso della ripetizione, una soluzione formale - quest'ultima - da lui utilizzata fin dai suoi esordi nel 1965 e che in tal caso gli consente di cogliere il graduale modificarsi dell'immagine, la quale perde la sua valenza rappresentativa e diventa una sorta di scrittura[58]. Come spiega Aldo Tagliaferri nella presentazione in catalogo: "Più precisamente, l'intervento si articola in due momenti, nel primo dei quali l'immagine è stata registrata, e riproposta cercando di ridarle la sua struttura formale, mentre nel secondo, sfaldando l'immagine, è stata evidenziata la struttura segnica, trasformata quasi in scrittura"[59]. Non a caso nel 2004 *Identificazione oggettivizzata* e *Analisi della pettinatura africana* sono state esposte insieme in occasione della mostra *Aldo Tagliaferro. "Riscrivendo"*, nella quale l'artista ha voluto puntualizzare il significato di due lavori da lui realizzati molti anni prima[60].

Franco Vimercati

Anche Franco Vimercati (Milano, 1940 - Milano, 2001) è una personalità artistica piuttosto anomala. Dopo gli studi all'Accademia di Brera e gli esordi come pittore (nel 1960 e nel 1961 partecipa al Premio San Fedele), nel 1962 intraprende una felice attività di graphic designer che proseguirà fino al 1997. Riemergono comunque, nei primi anni Settanta, una sua vena artistica e un significativo impegno professionale nella fotografia sperimentale.

Appartiene infatti a questo periodo il suo primo lavoro compiuto nell'ambito della fotografia, consistente in una serie di ritratti in bianco e nero degli abitanti di Monforte d'Alba e di altri paesi delle Langhe. Un lavoro nato nel corso dell'estate 1973, in luoghi a Vimercati da tempo familiari, trascorrendovi egli da molti anni lunghi soggiorni estivi[61]. Dei seicentotrentasette scatti effettuati, Vimercati ne seleziona trentotto per la stampa. Nella stessa estate del 1973 quelle immagini vengono esposte alla Biblioteca Einaudi di Dogliani (non lontano da Monforte d'Alba), mentre nella primavera successiva sono in mostra alla Galleria Primopiano di Torino, con una presentazione di Cesare Colombo. Quindi, nel novembre 1974, viene stampato il fotolibro *Sulle Langhe*, che raccoglie i trentotto scatti prescelti e un testo di Davide Lajolo, e che costituisce il primo volume della collana "Documenta", affidata a Luigi Carluccio dalle Grafiche Alfa di Torino[62].

Le immagini "documentano" la vita quotidiana e i protagonisti della Langa: la tabella dei giuochi proibiti, la rivendita di sale e tabacchi, la Trattoria dei Cacciatori e la trebbiatura; e soprattutto le persone, i contadini e i tartufai, il guardiacaccia, il fabbro, il falegname, il meccanico, il gommista, la macellaia,

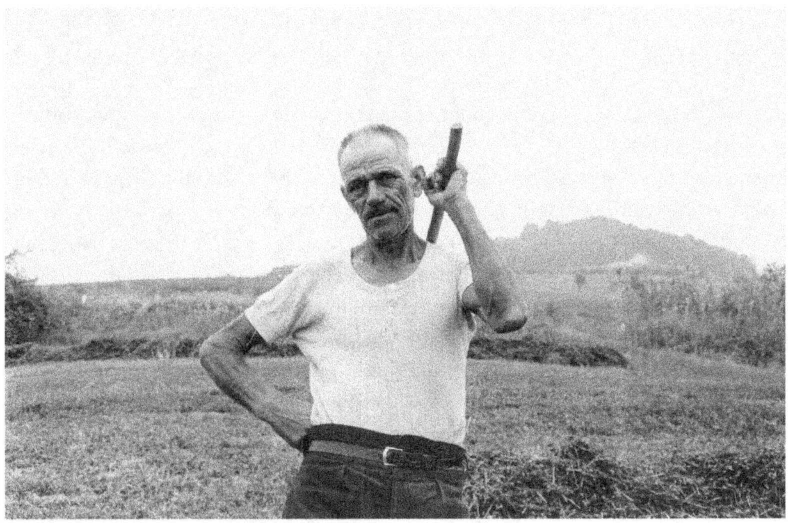

Franco Vimercati, *Contadino*, 1973, Gelatin silver print, 17 x 21.3 cm.
Courtesy Archivio Franco Vimercati, Milano e Galleria Raffaella Cortese, Milano
Courtesy Eredi Franco Vimercati

la cameriera, la pettinatrice, la maestra elementare, il bibliotecario, il medico condotto, il fornaio, il cuoco e albergatore, il mediatore di uve, il mercante di bestiame, i coniugi custodi del castello, il ciclista, i giocatori di pallone elastico, il postino, il Sindaco, la governante, il panettiere con suo figlio, l'antiquario, il giardiniere e perfino l'organizzatore del ballo a palchetto. Si tratta quindi di un lavoro che chiama in causa sia la tematica delle origini, del radicamento in un territorio e della "scoperta" delle sue tradizioni popolari, sia il problema dell'identità, in questo caso strettamente legato a un unico luogo. Un lavoro, come vedremo, di non facile interpretazione.

Tra il 2000 e il 2001 Isabella Galli, nel corso dei suoi studi per una tesi di specializzazione, ha avuto l'occasione di visionare insieme all'autore tutti i 637 scatti e ne ha tratto queste considerazioni: "Le fotografie di Vimercati sono tutte realizzate in posa ed estremamente studiate, come rivela il confronto con i negativi scartati dal fotografo, il quale elimina le immagini in cui il soggetto non è sufficientemente in primo piano e sceglie invece quelle nelle quali si crea un bilanciato equilibrio tra la persona e l'ambiente che contribuisce a 'raccontarla'"[63]. Galli ricorda che Vimercati, a questo proposito, individuava in questo lavoro la prima manifestazione della sua volontà di avere l'oggetto in primo piano e di leggerlo a fondo, come poi avrebbe fatto successivamente con i suoi oggetti. Una considerazione interessante anche se, va ricordato, formulata dall'autore a distanza di alcuni decenni.

Nel volume del 1974 Davide Lajolo, dopo una premessa d'obbligo su Cesare Pavese e Beppe Fenoglio cantori della Langa, scrive: "Ora Franco Vimercati, fotografo milanese, ha voluto riprendere con l'obiettivo quei paesi, quegli orizzonti, soprattutto quei personaggi. E Vimercati non è langarolo. È stato portato lassù dai libri di Pavese, ha assimilato la Langa come le parole del poeta, l'ha lentamente gustata, deglutita come il dolcetto o il barolo di quelle colline e per anni, ad ogni slargo di ferie, è tornato lassù a parlare con quei contadini". Quindi passa ad analizzare le opere: "[...] Queste sono fotografie scattate dopo essere entrato nell'aria delle Langhe. Sono le fotografie-verità-. La bravura tecnica non ha rilievo perché più importante è lo stato d'animo con cui sono fatte, frutto di un innamorato e di una convinzione. [...] Vimercati ha scelto come centro Monforte e le sue frazioni come poteva scegliere Mango o San Benedetto o Santo Stefano o Gorzegno o Murazzano o Monesiglio. Era eguale: l'importante è sentirsi nel cuore delle Langhe, averle nel sangue, capire gesti e sguardi delle donne e degli uomini. [...] Il paesaggio langarolo è negli occhi, nei visi della sua gente [...] Al centro di ognuna di queste fotografie è protagonista il sole"[64]. Al di là di alcune recensioni uscite fra il 1974 e il 1975, *Sulle Langhe* rimane comunque un capitolo chiuso, in un certo senso anche un poco bruscamente. Infatti Vimercati - complici gli effetti a lungo termine dell'incontro, breve ma intenso, con Ugo Mulas - proseguirà la propria attività successiva in direzione di una ricerca "sulla" fotografia e all'interno del suo linguaggio, entro le mura domestiche, in termini analitici e concettuali, e non tornerà mai più sull'esperienza langarola.

Le letture possibili di *Sulle Langhe* sono numerose e non concordi, come sempre accade di fronte a lavori di un certo spessore, anche quando privi di una piena consapevolezza. Lo dimostrano le voci contrastanti di illustri critici e storici della fotografia, pur attenti e imparziali. Anche se, bisogna ammettere, tutti sembrano essere d'accordo sulle qualità di naturalezza, di semplicità e di umiltà dello sguardo di Vimercati.

Le recensioni e le analisi critiche dedicate alla mostra e al fotolibro citano, immancabilmente, i nomi di August Sander e di Paul Strand - effettivamente "scoperti" da Vimercati in quegli anni, quando è direttore artistico di "Zoom", e qui da lui utilizzati come modelli di riferimento, nonostante la distanza delle loro ricerche - e, occasionalmente, i nomi di altri autori americani come Irving Penn, Robert Frank, Walker Evans, Dorothea Lange, Ben Shan. Tuttavia anche il già ricordato Ugo Mulas e Luigi Ghirri sono stati per lui dei riferimenti importanti.

In occasione della mostra torinese, Cesare Colombo offre una lettura in chiave antropologica o sociologica di quel "microcosmo sociale dell'Italia antica", una lettura forse troppo radicalizzata da una punta polemica contro certe operazioni di mercato. Rivolgendosi a Vimercati in forma epistolare, riconosce che le sue inquadrature "sono state consumate psicologicamente, nell'esperienza di un rapporto personale, prima di essere bloccato sul fotogramma". Quindi dichiara: "Con l'adesione al modulo ottico di Paul Strand, o di August Sander - e più recentemente di Irving Penn - la posizione frontale, il taglio a figura piena, i dettagli significativi e l'autocoscienza del soggetto... diventano anche per te Franco nient'altro che attrezzi per la costruzione di un'immagine. E quest'indagine è antropologica, o appunto sociologica, prima che artistica"[65].

Il richiamo all'indagine fotografica è esplicito anche nell'anonima recensione della mostra apparsa poco dopo su "Fotopratica", che oppone le immagini di Vimercati ai modi aggressivi dominanti il fotogiornalismo e afferma che esse "costituiscono invece, per tutti, un ripensamento sul come si realizza e conduce un'inchiesta fotografica"[66]. Una lettura condivisa, nella recensione del fotolibro, anche da Ando Gilardi e da Arturo Carlo Quintavalle. Gilardi, definito il libro "pulito lindo e onesto", scrive che esso "è l'impronta, il calco di quella terra e della sua gente" e prosegue: "Tutte le immagini sono un frammento d'ambiente [...] con dentro la presenza di un 'campione' di quelli che lo abitano [...] il fotografo si è sforzato di ritrarre l'individuo più tipico, il rappresentante della 'specie'. E lo ha fotografato con la massima semplicità possibile, il più nitidamente: per non disturbare l'impronta"[67]. Quintavalle, di fronte a quel mondo popolato soprattutto di persone anziane, "profondamente vuoto di persone ma fitto di personaggi", dichiara che la fotografia di Vimercati è "costruita come si costruisce un saggio di sociologia" e spiega: "L'idea di impiantare secondo una struttura centrica il rettangolo fotografico, di non usare obiettivi deformanti, di mettere ogni oggetto perfettamente a fuoco, di individuare per ogni categoria un "tipo" e analizzarlo a livello di ritratto, mi sembra un cospicuo risultato che a Vimercati arriva dalla grande tradizione statunitense degli anni trenta che da Walker Evans e Dorothea Lange giunge fino a Ben Shan"[68]. Su posizione contrarie, e comunque di forte cautela quanto ai riferimenti citati, si colloca invece Paolo Fossati, che senza dubbio fu la voce critica più apprezzata e stimata da Vimercati negli anni della sua attività. Fossati scrive che Vimercati "ripensa taluni possibili modelli al suo lavoro (Sander? Frank?) con bella indipendenza di giudizio [...] asciutte asciutte, sono un congruo numero di persone che si rifiutano di uscire dal loro quotidiano di vita e di lavoro [...] è saltato il tipico e l'emblematico, il neorealismo ed il documentario: si guarda in faccia, con naturalezza, della gente, senza far precedere l'aggettivo al nome, senza giocare sulla Langa [...] non sono tipi, del resto, ma modi d'essere in un che di specifico che è il loro lavoro a esporre e proporre"[69]. Fossati sottolineerà di nuovo come in questo primo lavoro Vimercati si ponga "il problema di non uscire neppure per un attimo da ciò che la fotografia è e può, cioè attento a non fare né letteratura né a sociologizzare il motivo scelto"[70]. Infine Luigi Carluccio, in due recensioni apparse su "Panorama" mette in luce l'aspetto elegiaco e malinconico, da Spoon River, di quelle fotografie. E nota in particolare "C'è una pignoleria da scuola americana nella stampa di queste belle immagini, che a volte si schiacciano un poco sul primo piano. Ma l'effetto è voluto"[71].

Quest'analisi di diverse letture contemporanee all'opera è indicativa della difficoltà di darne una definizione univoca. Né d'altra parte potrebbe essere di aiuto la letteratura critica successiva, dal momento che *Sulle Langhe* restò un episodio a sé, isolato nella carriera di Vimercati e quasi rimosso da lui stesso[72]. Fra le eccezioni, si può ricordare che in occasione della personale di Vimercati alla Galleria Martano di Torino nel 1976, ove viene presentata la sequenza *Levissima*, trentasei immagini dell'anno prima, una recensione apparsa su "Data" richiama i ritratti dei langaroli, insinuando la volontà di Vimercati di esprimere la serialità di quei ritratti, prima che egli passasse a riesaminare il "far fotografia" con la sequenza delle "bottiglie d'acqua" del 1975, in cui il soggetto perde irrimediabilmente di significato[73].

Forse l'ipotesi più sensata è quella che si sia trattato di un tentativo sperimentale, scaturito dal fascino per la fotografia di Sander e di Strand, ma senza una reale consapevolezza o progettualità. Scrive Isabella Galli, che in un apposito capitolo ha approfondito lo studio di questi due presunti modelli in relazione a *Sulle Langhe*: "Il criterio che Vimercati adotta per dare ordine a questo lavoro è quello della professione della persona ritratta, allo stesso modo di quanto fa August Sander in *Uomini del XX secolo*, di recente conosciuto dal fotografo milanese. Sander fornisce a Vimercati un modello "formale", un esempio di struttura compositiva che l'autore dei ritratti dei langaroli recupera, privandolo della sistematicità rigorosa e della matrice ideologica. [...] Il modello di Sander è filtrato e ammorbidito, nelle fotografie di Vimercati, da quello di Paul Strand, del suo libro *Un paese*. [...] [Delle fotografie di *Un paese*] si ritrova parte della narratività e la voglia di ricostruire l'immagine di un paese o di una zona senza legarla ad accadimenti particolari, ma semplicemente registrandone lo scorrere del ritmo di ogni giorno"[74].

Infatti, nel frattempo, anni di quotidiana frequentazione della fotografia e di lenta meditazione sui suoi statuti e sui suoi meccanismi, spingono Vimercati a compiere un salto decisivo, già evidente nel 1974 in *Un minuto di fotografia*, con la prima sequenza fotografica e la dichiarata polemica antibressoniana, e quindi, a partire da *Levissima* del 1975, condotto in una direzione rigorosamente analitica e concettuale. Questa nuova fase minimalista, concentrata sul gesto del fotografo, sul senso della visione e sul silenzio degli oggetti, si protrae fino al ciclo forse più celebre di Vimercati, quello sviluppato tra il 1983 e il 1992 intorno a una piccola zuppiera di ceramica bianca.

1. Franco Pinna (La Maddalena, 1925 - Roma, 1978) cominciò ad occuparsi di inchieste etnologiche insieme ad Ernesto De Martino nei primi anni Cinquanta: ricordiamo la spedizione in Lucania dell'autunno 1952, di cui oggi restano soltanto poche immagini; il viaggio in Lucania dell'agosto 1956 per la ricerca sul lamento funebre lucano; la documentazione del "gioco della falce" a San Giorgio Lucano nel giugno 1959 e, nello stesso periodo, il viaggio nel Salento per la ricerca sul tarantismo.

2. Ando Gilardi (Arquata Scrivia, 1921 - Ponzone, 2012) fece la sua prima esperienza in ambito etnografico fra il maggio e il giugno 1957 al seguito di De Martino e della sua équipe. L'indagine, che si svolse in numerosi villaggi della Lucania, era incentrata sulle condizioni di miseria psicologica e di dipendenza dall'esterno, oltre che sull'orizzonte del magismo.

3. Minervini Enzo, "Fotografia: tra documento e interpretazione", in "La ricerca folklorica", Brescia, 1980, n. 2, pp. 33-35. Interessante, nello stesso numero della rivista, anche il contributo di Ferdinando Scianna, il quale sostiene perentoriamente che tutte le fotografie sono "documentarie" (lui stesso ne ha dibattuto per oltre vent'anni con Roberto Leydi, Annabella Rossi, Leonardo Sciascia …), ma si dichiara interessato soltanto a quelle immagini che danno un'interpretazione di ciò che succede e, quindi, alla loro qualità formale. Vedi Scianna Ferdinando, *Il fotografo e l'antropologo*, in Ivi, pp. 75-78.

4. Vedi *Fotografi-artisti o artisti-fotografi?* Tavola rotonda, interventi di Renato Barilli, Jole de Sanna, Vittorio Fagone, Franco Vaccari, in "Progettare Inpiù", Jabik & Colophon Editori, Milano 1975, pp. 32-35.

5. Palazzoli Daniela, *Descrizione di una battaglia: l'Immagine*, in *Combattimento per un'immagine: fotografi e pittori*, cat. della mostra a cura di Daniela Palazzoli e Luigi Carluccio (Galleria Civica d'Arte Moderna, Torino, marzo-aprile 1973), Amici torinesi dell'arte contemporanea, Torino 1973, s. p.

6. "Ma ora il conto alla rovescia: con l'utilizzo della fotografia Paradiso è andato al polo opposto dell'utilizzazione della pietra. Se la pietra era all'origine di tutta l'arte, la fotografia si trova alla sua conclusione. Essa si trova dopo tutta l'arte. Essa è l'avversaria dell'arte nel senso più vero, non diversamente dal museo delle cere. La lotta tra arte e fotografia perdura già da quasi duecento anni. Certamente vincerà l'arte perché essa lascerà dietro a sé anche l'era della fotografia. Essa riuscirà a sottomettere la fotografia per trasformarla in arte oppure la espellerà di nuovo". Vedi Thiemann Eugen, in *A. Paradiso. Arte+Antropologia/Antropologia+Arte* (Museum am Ostwall, Dortmund, febbraio-marzo 1975), in proprio, Milano 1975, p. 11.

7. Palazzoli Daniela, *Fotomedia. 12 artisti che operano con la fotografia e il videotape. 18 artisti che operano con il videotape* (Rotonda di via Besana), Milano 24 marzo - 13 aprile 1975.

8. Thiemann Eugen, in Ivi.

9. Fagone Vittorio (a cura di), *Camere incantate, espansione dell'immagine,* cat. della mostra (Milano, Palazzo Reale, 15 maggio - 15 giugno 1980, Milano 1980), Milano 1980. Vale la pena di ricordare anche Paolo Gioli, che vi espone *Antropolaroid* del 1979, tre autoritratti stenopeici diretti su polaroid SX-70.

10. La Basilicata fu il territorio d'indagine di Cresci ininterrottamente dal 1967 al 1979 (a Matera egli creò il primo laboratorio di grafica e fotografia della Basilicata), e poi di nuovo, saltuariamente, negli anni Novanta. Il suo lavoro nel mezzogiorno d'Italia si svolse anche in Puglia, in Calabria e in misura minore in Sicilia.

11. De Seta Cesare, *Prefazione*, in Cresci Mario, *Basilicata. Immagini di un paesaggio imprevisto*, Laterza, Bari 1983, p. VIII.

12. Zannier Italo, *Il dopoguerra dei fotografi,* cat. della mostra (Bologna, Galleria Comunale d'Arte Moderna, 19 gennaio - 28 febbraio 1985), Grafis, Bologna 1985, pp. 12, 15. Nel capitolo *Neorealismo e indagine socio-antropologica* Zannier tace il nome di Cresci, mentre parla di Franco Pinna e di altri fotografi.

13. Marra Claudio, *Fotografia e pittura nel Novecento. Una storia "senza combattimento"*, Bruno Mondadori, Milano 1999, p. 195.

14. Comunicazione personale dell'artista, 24 giugno 2004.

15. Alberto Maria Cirese compare anche tra i riferimenti teorici di Claudio Costa, in particolare negli anni 1973-1975.

16. Comunicazione personale dell'artista, 24 giugno 2004.

17. Bertelli Carlo, *Il tempo fotografico*, in Cresci Mario, *Matera. Luoghi d'affezione*, testi di Carlo Bertelli, Vanni Scheiwiller e Mario Cresci, Vanni Scheiwiller, Milano 1992

18. Alla Biennale di Venezia del 1972, con l'*Esposizione in tempo reale n. 4. Lascia su queste pareti una traccia fotografica del tuo passaggio*, Franco Vaccari intendeva esprimere il concetto di fotografia come azione e non come contemplazione. Le ricerche di Vaccari sull'*Esposizione in tempo reale*, iniziate nel 1969 servendosi soprattutto della Polaroid, configurano nei decenni che seguono un lavoro ricco di implicazioni antropologiche e socioculturali, che meriterebbe un capitolo a sé.

19. Valtorta Roberta, *Il tempo circolare di Mario Cresci*, in Castagnoli P. G. - Passoni R. (a cura di), *Mario Cresci. Le case della fotografia 1966-2003*, cat. della mostra (Galleria d'Arte Moderna e Contemporanea, Torino, 7 aprile-25 luglio 2004), edizioni Gam, Torino 2004, p. 32.

20. Comunicazione personale dell'artista, 24 giugno 2004.

21. Comunicazione personale dell'artista, 24 giugno 2004.

22. Cresci Mario, *Fotografia e memoria*, in Cresci Mario, *Misurazioni. Fotografia e territorio. Oggetti, segni e analogie fotografiche in Basilicata*, "Quaderni di fotografia" 1, Edizioni Meta, Matera 1979.

23. *Ibidem*.

24. È lo stesso Cresci a spiegarci il metodo da lui seguito nel corso di questo lavoro sul paesaggio lucano inteso come "geografia umana": "La ricerca fotografica prevede: la documentazione geografica degli ambienti urbani ed extraurbani (valori economico-sociali del territorio)/ analisi del rapporto paese-agricoltura-punti di produzione e lavoro (le attività sociali ed economiche)/ sequenze dei gesti e dei comportamenti delle persone interessate (analisi dei comportamenti)/ sequenze delle fasi di lavorazione (analisi della costruzione)/ la casa, gli attrezzi, gli oggetti nei loro valori d'uso/ fotografie di oggetti, "misurati" al di fuori del loro contesto/ analogie delle forme e significati traslati su diversi materiali (legno, vimini, pietra, tessuti, tufo ecc.)". Vedi Cresci Mario, *Appunti di lavoro*, in Cresci Mario, cit., Matera 1979.

25. Vedi Valtorta Roberta, *op. cit.*, 2004, p. 33.

26. Cresci Mario, "Dall'antropologia al design. La fotografia come progetto e documento creativo", in "La ricerca folklorica", Brescia, 1980, n. 2, pp. 81-90.

27. In effetti la Regione Basilicata istituì un corso di design appositamente per avviare un programma biennale di formazione professionale per le tecniche artigianali. Ciò consentì di attuare una propedeutica "al vedere" e "al progettare", misurata sulla realtà locale e gestita a livello di gruppo con l'intervento di tecnici, artigiani e professionisti. Così nacque la Cooperativa "Laboratorio Uno", che all'epoca indicava "la necessità d'intervento nei settori dell'artigianato artistico [...] per muovere aree occupazionali [...]". Si trattava in sostanza di una precisa riflessione e consapevolezza sull'identità storico-culturale della propria regione [...]". Vedi Cresci Mario, *Cooperativa e scuola di design*, in Cresci Mario, cit., Matera 1979.

28. Colonetti Aldo, *I segni delle cose. Grafica, design, comunicazione*, La casa Usher, Firenze 1990, s.p. (sezione *Illustrazioni*).

29. Il rapporto di Cresci con la manifestazione veneziana era iniziato nel 1968 con la realizzazione del manifesto ed era proseguito nel 1972 con la partecipazione alla sezione *Grafica sperimentale nella stampa*. Ma l'artista tornerà a Venezia altre volte, ad esempio nella Biennale Arti Visive del 1993 (*Muri di carta*, a cura di Arturo Carlo Quintavalle) e in quella del 1995 (*L'io e il suo doppio, un secolo di ritratto fotografico in Italia, 1895-1995*, a cura di Italo Zannier).

30. Carluccio Luigi, *L'immagine provocata*, in *La Biennale di Venezia 1978. Dalla natura all'arte, dall'arte alla natura. Catalogo generale*, Edizioni "La Biennale di Venezia", Venezia 1978, p. 224.

31. "Per ironia della sorte, uno dei miei lavori recenti è la ristrutturazione di un ex tabacchificio nel Salento, a cinque chilometri da Santa Maria di Leuca, destinato a diventare il primo 'hotel design' nel Sud". Testimonianza orale di Francesco Spada all'autrice, 30 giugno 2004.

32. Si veda il catalogo dell'antologica più recente di Cresci: Rodeschini Maria Cristina e Cresci Mario (a cura di), *Mario Cresci. La fotografia del no*, GAMeC Books, Bergamo 2017.

33. Cresci Mario, *Martina Franca immaginaria*, testo di Enrico Crispolti, Mazzotta editore, Milano 1981, p. 8.

34. La poetica di Michele Zaza è stata da qualcuno avvicinata a quella di Mario Cresci: "La pura declinazione di un parametro specifico avvicina Mario Cresci anche a quella opera che utilizza figure molto legate alla terra su un fondo

di cieli metafisici, quella di Michele Zaza, un artista del sud". Vedi Castagnoli P. G. - Passoni R. (a cura di), *Mario Cresci...*, op. cit., 2004, p. 11. In effetti, al di là di una dimensione teatrale che è assente in Cresci, tra i due vi sono possibili analogie in una certa componente metafisica dell'immagine, nella ricerca di forme archetipe e, talora, nel rilievo dato ai "segni delle cose" (i diagrammi di pane in *Astrazione* del 1977 di Zaza).

35. A Milano nel 1972 Zaza tiene la prima personale, *Cristologia*, alla Galleria Diagramma, dove due anni dopo presenta il libro d'artista *Naufragio euforico*. Sempre nel 1974, con la personale *Dissoluzione mito e stile*, avvia rapporti di collaborazione con la Galleria Minini di Brescia, dove esporrà di nuovo nel 1979. E sempre a Milano terrà due personali (1977 e 1980) alla Galleria Françoise Lambert. I rapporti con Genova, avviati nel 1974 con *Dissoluzione e mimesi* presso Minetti Rebora-Galleriaforma e con la presenza nella collettiva *Il corpo come linguaggio* alla Unimedia, proseguiranno con le tre personali (*Terra inventata*; *Terrestre*; *Paesaggio*) alla Samangallery nel 1978, 1979 e 1980.

36. Mason Rainer Michael, *La parole au coeur de l'image. Une interview (recomposée) avec Michele Zaza*, in Mason Rainer Michael (a cura di), *Michele Zaza. Photographier mon corps comme il n'est pas. Travaux 1972 - 2002* (Genève, Cabinet del estampes du Musée d'art et d'histoire, 27 maggio - 21 settembre 2003), Genève 2003, p. 49.

37. Capasso Angelo (a cura di), *Michele Zaza. Là, dove comincia il mio corpo*, cat. della mostra (Roma, Museo Laboratorio di Arte Contemporanea, 7-28 ottobre 1999), FPM edizioni, Roma 1999, p. 12.

38. Vergine Lea, *Il corpo come linguaggio. La "Body-art" e storie simili*, Giampaolo Prearo Editore, Milano 1974, p. 4 e 4 pp. ad vocem.

39. Organizzata con la collaborazione dell'Istituto di Storia dell'Arte dell'Università di Salerno e concepita con un taglio avanguardistico, la mostra forniva comunque una panoramica piuttosto completa delle ricerche più nuove in corso a quell'epoca, anche mediante una ripartizione in cinque sezioni emblematiche: supporti dell'immaginario (Sergio Chia, Sergio Lombardo, Pino Pascali, Marisa Merz ...); la prima persona e l'arte contemporanea (Carlo Alfano, Gino De Dominicis, Fernando De Filippi, Eliseo Mattiacci, Emilio Prini, Michele Zaza ...); linguaggio come mediazione (Vincenzo Agnetti, Francesco Clemente, Bruno Di Bello, Giulio Paolini, Luca Patella ...); la riflessione sulla pittura (Giorgio Griffa, Claudio Verna ...); la proposizione ideologica (Nanni Balestrini, Gianfranco Baruchello, Luciano Fabro, Enzo Mari ...). Vedi *Italy two. Art around '70*, cat. della mostra (Museum of the Philadelphia Civic Center, 2 novembre - 16 dicembre 1973), Philadelphia 1973.

40. Ricordiamo quanto scrisse Tommaso Trini nel 1973: "Attingendo alla natura, al fango, l'artista offre alla sua pelle un contatto rigeneratore; la maschera di fango non cancella l'identità dell'individuo, bensì ne ripropone il doppio, come il calco essiccato. Tutta l'opera di Mattiacci tende a ristabilire questo contatto a livello fisiologico con la materia organica e una natura primordiale, e lo ristabilisce entro lo spazio del rito, le cui regole pur essendo elementari, non eccessivamente colte, non sono tuttavia meno contraenti per chi agisce e per chi osserva" (T. Trini, *Mattiacci*, 1973). Citato in W. Guadagnini, a cura di, *La natura, l'arte, la meraviglia*, cat. della mostra itinerante, in collaborazione con Fondazione Bevilacqua La Masa di Venezia, Regione Veneto, Verona 2002, p. 19. Nel 1975, a *Fotomedia*, Mattiacci presenterà il videotape *Sostituirsi una parte dell'artista* del 1972, in cui più persone si muovono e agiscono per quaranta minuti dopo essersi poste sulla faccia una maschera di metallo modellata sul viso dell'artista.

41. Capasso Angelo, *Corpo iconico. Opere di Michele Zaza*, cat. della mostra, Roma, Galleria Ugo Ferranti, 2002.

42. Mason Rainer Michael, *La parole ...*, cit., 2003, pp. 49-57.

43. Ivi, p. 54.

44. Dopo la citata personale a Ginevra del 2003 e la presenza, quell'anno, alla collettiva a Bordeaux *Les années 70. L'art en cause* con un'opera del 1979 (*Neo-terrestre*), ricordiamo le personali di Zaza alla Fondazione Volume! a Roma (2010), alla Galleria Giorgio Persano di Torino (2013), alla Galleria Nazionale d'Arte Moderna di Roma (2014) e le collettive *Geografia senza punti cardinali* da Persano (2010), *L'Inarchiviabile/The Unarchivable* a FM Centro per l'Arte Contemporanea di Milano (2016).

45. Mason Rainer Michael, *La parole ...*, cit., 2003, p. 56.

46. A questo proposito, ricordiamo la mostra da lui tenuta alla galleria Modernariato di Milano nel 2003 con Ettore Sottsass, un autore che nel nuovo millennio è stato quasi completamente riletto in chiave antropologica.

47. Per uno studio analitico di questi due interventi si veda Fontana Sara, "Aldo Tagliaferro: la mostra di una mostra come doppia verifica", in "Rivista di Studi di Fotografia", vol. 6, 2017, pp. 72-92. Il saggio ricostruisce in particolare la gestazione e la fortuna critica ed espositiva di *Verifica di una mostra*, un lavoro che propone una delle prime riflessioni critiche sul ruolo attivo e partecipe dello spettatore e che apre la fase concettuale di Tagliaferro.

48. *Aldo Tagliaferro*, cat. della mostra, L'Uomo e L'arte, Milano, novembre-dicembre 1973, Milano 1973, s.p. Veniva inoltre precisato che avevano collaborato, posando, i fotografi Gianni e Alberto Buscaglia.

49. Tagliaferro Aldo, *Identificazione oggettivizzata*, in *Aldo Tagliaferro 1965-2000*, testi di Vittorio Fagone e Alberto Fiz, cat. della mostra (Milano, Galleria Milano e Busto Arsizio, Fondazione Bandera per l'Arte, 2001), Cernusco sul Naviglio (Milano), Edizioni d'Arte Severgnini, 2001, p. 92.

50. Tagliaferro Aldo, *1973 - Memoria-identificazione come sovrapposizione alla realtà. Analisi sulla variabilità oggettiva attraverso la soggettività temporale*, in *Aldo Tagliaferro 1965-2000...*, op. cit., 2001, p. 77.

51. Trini Tommaso, "Mostre. Aldo Tagliaferro", in "Corriere della Sera", 23 dicembre 1973.

52. Caratteristica, questa della simulazione e dell'apparente scientificità dei materiali, che aveva indotto Günter Metken a includere Boltanski nella collettiva del 1974 *Spurensicherung: Archäelogie und Erinnerung* (*Conservazione delle tracce, archeologia e memoria*), come si è detto parlando di Claudio Costa. Ricordiamo, tra le personali di Boltanski in Italia negli anni Settanta, quelle allo Studio Sant'Andrea di Milano (1972), alla Modern Art Agency di Napoli (1973), alla galleria Forma di Genova (1974), alla galleria Cannaviello di Roma (1975) - che nel 1974 e nel 1975 ospiterà pure due collettive di *Narrative art* -, alla galleria Bruna Soletti di Milano (1977).

53. Gilardi Ando, "Aldo Tagliaferro ovvero: l'arte come fotografia", in "Photo 13", V, 11, novembre 1974, pp. 38-40.

54. Vergine Lea, *Il corpo come linguaggio. La "Body-art" e storie simili*, Giampaolo Prearo Editore, Milano 1974, s.p., 4 pp. ad vocem.

55. "[...] Ma il confronto più stimolante a livello del dire, dell'*inchiostro* di cui si diceva all'inizio nella metafora cinese assunta come termine di riferimento, corre tra l'opera più recente di Di Bello e di Tagliaferro, due artisti che usano il mezzo fotografico anche come pennello, per restare nella stessa metafora. [...] A una formulazione linguistica inconsueta, ma straordinariamente efficace, arriva Tagliaferro quando, sviluppando la più caratteristica possibilità del mezzo fotografico, usa l'immagine di due gemelli come un diverso codice di significazione. Da una parte nel confronto tra le due immagini identiche, falsamente identiche, egli stabilisce un tipo di relazione e di comunicazione, dall'altra, nell'iterazione di questa coppia di immagini trova un'altra attiva possibilità di modulazione e di significazione linguistica. Si può dire che mentre Di Bello confronta una parola con la sua radice fino al momento in cui si genera una scrittura, Tagliaferro parte da una presenza, da una doppia presenza come da un codice binario, stabilito nello spazio di comunicazione per individuare le articolazioni di un linguaggio dentro una processualità formulata dalla esplicita dichiarazione di temporalità". Vedi Fagone Vittorio, "Aree di ricerca. Il pennello e/o l'inchiostro", in "NAC. Notiziario Arte Contemporanea", 10, ottobre 1974, pp. 22.

56. Formenti Giulia - Carrù Laura (a cura di), *Aldo Tagliaferro. L'immagine trovata*, cat. della mostra a cura di Giulia Formenti in collaborazione con Archivio Aldo Tagliaferro (Gallarate, Maga 2011-2012), Artestampa, Galliate Lombardo 2011, pp. 34-37.

57. *Aldo Tagliaferro 70's. Verifica di una mostra 2.0*, testo di Daniela Palazzoli, cat. della mostra (Osart Gallery, Milano, 8 novembre 2013 – 7 febbraio 2014), Milano, Osart Gallery, 2013, pp. 18, 50.

58. Nel lavoro *Analisi della pettinatura africana. "dal segno alla scrittura"* (1979-1980) si può riscontrare un dialogo a distanza ravvicinata, quanto a scelte tematiche, con Claudio Costa. Basti pensare a *Stato della Conoscenza: tecniche del corpo. "La testa innestata"* del 1978-1979,

un'opera composta da due pezzi distinti e realizzata con fotocopie, fotografie, elementi vegetali e animali, vetro e legno. Tuttavia nell'artista genovese l'aspetto oggettuale, caldo e polimaterico prevale sull'aspetto segnico e formale, più freddo e analitico, anche se la rappresentazione della gestualità manuale viene da lui tradotta in una sequenza di immagini in bianco e nero di sapore concettuale.

59. Tagliaferri Aldo, *Introduzione*, in *A. Tagliaferro. Analisi della pettinatura africana. "dal segno alla scrittura"*, cat. della mostra, Galleria Milano, Milano, 10 marzo -10 aprile 1983.

60. *Aldo Tagliaferro. Riscrivendo*, Bottega di Cecé Casile, Milano, 27 maggio - 15 luglio 2004. Su questa mostra e sul fascino esercitato su Tagliaferro dalla scrittura, vedi Miodini Lucia, *Appunti di lettura. Aldo Tagliaferro e le scritture fotografiche nel sistema dell'immagine*, in *Aldo Tagliaferro*, cat. della mostra (Bergamo, Galleria Elleni, ottobre 2006), Bergamo 2006, pp. 12-13.

61. Comunicazione personale di Bruna Vimercati, vedova dell'artista, 16 novembre 2004.

62. Nel catalogo della Biennale di Venezia del 1978, nell'introduzione alla sezione *L'immagine provocata* da lui curata, Luigi Carluccio citerà espressamente le Langhe (insieme alle Marche di Mario Giacomelli), probabilmente pensando proprio a questo lavoro di Vimercati: "[...] Un filtro che ha bisogno di una realtà capace di produrre realtà: un paesaggio, delle Langhe o delle Marche come topologia e come luogo di un certo assetto, di un certo lavoro e delle condizioni di lavoro [...]". Vedi Carluccio Luigi, *L'immagine ...*, op. cit., 1978, p. 224.

63. Galli Isabella, *Franco Vimercati 1958-1980*, tesi di specializzazione, Scuola di Specializzazione in Storia dell'Arte, Università Cattolica del Sacro Cuore, Milano, Anno Accademico 2000-2001, p. 109.

64. *Sulle Langhe*, fotografie di Franco Vimercati, testo di Davide Lajolo, Grafiche Alfa Editrice, Torino 1974, s.p.

65. Colombo Cesare, *Franco Vimercati*, presentazione della mostra, Torino, Galleria Primopiano, 25 marzo - 8 aprile 1974.

66. "La gente delle Langhe di Franco Vimercati", in "Fotopratica", maggio 1974.

67. Gilardi Ando, "La foto e i falò", in "Photo", aprile 1975.

68. Quintavalle Arturo Carlo, "Le Langhe e la risaia: fotografie di autore", "Tempo", 11 aprile 1975, p. 74.

69. Fossati Paolo, "La fotografia. Franco Vimercati", "Il Corriere del Ticino", 22 febbraio 1975, p. 33.

70. Fossati Paolo, *Franco Vimercati*, cat. della mostra, Modena, Galleria civica d'arte moderna, 10-24 aprile 1975, Modena 1975.

71. Carluccio Luigi, "Franco Vimercati", in "Panorama", aprile 1974. Vedi pure L. Carluccio, "Franco Vimercati", in "Panorama", 23 gennaio 1975.

72. Una rimozione che in parte si ripercuoterà sulla sua fortuna critica, come sembra tradire l'esclusione di *Sulle Langhe* dall'arco cronologico analizzato nella monografia *Franco Vimercati. Opere 1975-2001*, a cura di E. Grazioli, Skira, Milano 2012. Alcune opere tratte da *Sulle Langhe* sono state invece esposte nel 2016 in una mostra presentata da Andrea Viliani e con un testo critico di Simone Menegoi, allestita nelle tre sedi della Galleria Raffaella Cortese di Milano (galleria che nel 1995 aveva inaugurato la sua attività proprio con una mostra di Franco Vimercati). Una mostra, quella del 2016, che fece seguito alle due ampie antologiche del 2012 a Palazzo Fortuny a Venezia e del 2014 alla Staatliche Kunstsammlungen Dresden di Dresda.

73. Vedi "Franco Vimercati", in "Data", 21, maggio-giugno 1976, pp. 30-31.

74. Galli Isabella, *op. cit.*, 2000-2001, pp. 52, 108.

Fotografia e materialità in Italia
Franco Vaccari, Mario Cresci,
Guido Guidi, Luigi Ghirri
di Nicoletta Leonardi

Paola Mattioli
Sguardo critico di una
fotografa
di Cristina Casero

Azioni che cambiano il mondo
Donne, arte e politiche dello sguardo
di Carla Subrizi

Arte fuori dall'arte
Incontri e scambi fra arti visive e
società negli anni Settanta
di AA.VV.

Anni Settanta
La rivoluzione nei linguaggi dell'arte
di C. Casero e E. Di Raddo

Going Public
Scrivere d'arte in chiave non
estetica
di Boris Groys

Il complesso Arte-
Architettura
di Hal Foster

Il ritorno del reale
L'avanguardia alla fine del
Novecento
di Hal Foster

L'antiestetica
Saggi sulla cultura postmoderna
di Hal Foster (a cura di)

Design & Crime
di Hal Foster

Antropologia della comunicazione
visuale
di Massimo Canevacci

Progettare oggi il mondo di domani
Ambiente, economia e sostenibilità
di John Thackara

Breve storia della curatela
di Hans Ulrich Obrist

Non volendo aggiungere altre cose
al mondo. Politiche dell'arte nella
sfera pubblica
di Emanuela De Cecco

L'exforma
Arte, ideologia e scarto
di Nicolas Bourriaud

Memento. L'ossessione del visibile
di Pietro Gaglianò

Forme di vita
L'arte moderna e l'invenzione del sé
di Nicolas Bourriaud

Il radicante
Per un'estetica della globalizzazione
di Nicolas Bourriaud

Nuove geografie artistiche
Le mostre al tempo della
globalizzazione
di Roberto Pinto

Storia del Post-modernismo
di Charles Jencks

Roberto Daolio
Aggregati per differenze (1978-2010)
di AA.VV.

Arte e antropologia in Italia negli anni Settanta
di Sara Fontana

postmedia books 2018
postmedia books 2nd edition 2020
200 pp. 26 ill.
isbn 9788874901975

Postmedia Srl
Milano
www.postmediabooks.it